U0683284

巾行政区划简图

延庆县

密云县

怀柔区

昌平区

顺义区

平谷区

门头沟区　海淀区

石景山区　　东城区

西城区　朝阳区

丰台区

房山区

通州区

大兴区

天安门广场

◆ 中央政治局委员、北京市委书记刘淇、市长郭金龙
视察崔各庄乡大望京村城乡一体化试点现场

◆ 朝阳区崔各庄乡政府领导班子成员

大望京村原貌

腾退搬迁后的望京绿化公园

新家园开工奠基仪式

村民们在新居沙盘模型前选房

新社区京旺家园

大望京村学员在培训课堂上

朝阳区崔各庄乡政府胡振俭主任
北京满天星劳务派遣公司王天军经理
北京精灵时创职业技术学校孙勇校长
分别在培训班结业仪式上发言

培训结业后全体学员和老师、乡领导合影留念

城乡一体化建设系列培训教材

北京市农村劳动力素质培训教程

编著　孙　勇　胡振俭

北京航空航天大学出版社

内 容 简 介

　　本书由北京市朝阳区崔各庄乡人民政府与北京市精灵时创职业技术学校合作编写,是北京市朝阳区崔各庄乡农村劳动力就业引导性培训课程专用教材。全书共分为13章,分别介绍了首都北京概况、崔各庄乡乡情、转变就业观念、传统文化常识、文明礼仪常识、法律常识、信息化常识、个人身心健康常识、家庭理财常识、城市社区常识、职业道德养成、面试常识、企业管理常识及个人职业生涯规划等内容,比较系统全面地介绍了北京市当前城乡一体化建设中农村劳动力走进新的社区生活、迈向新岗位应掌握的理论知识,对当前全国各地区城乡一体化建设过程中农村劳动力安置和岗前培训也有参照和借鉴意义。

图书在版编目(CIP)数据

北京市农村劳动力素质培训教程 / 孙勇,胡振俭编著. -- 北京 : 北京航空航天大学出版社,2011.2

城乡一体化建设系列培训教材

ISBN 978 - 7 - 5124 - 0331 - 4

Ⅰ. ①北… Ⅱ. ①孙… ②胡… Ⅲ. ①农民－素质教育－中国－培训－教材 Ⅳ. ①D422.6

中国版本图书馆 CIP 数据核字(2011)第 008766 号

北京市农村劳动力素质培训教程

编著　孙　勇　胡振俭

责任编辑　白雁钧

*

北京航空航天大学出版社出版发行

北京市海淀区学院路 37 号(邮编 100191)　http://www.buaapress.com.cn

发行部电话:(010)82317024　传真:(010)82328026

读者信箱:bhpress@263.net　邮购电话:(010)82316936

北京时代华都印刷有限公司印装　各地书店经销

*

开本:787×1092　1/16　印张:15.5　字数:397千字

2011 年 2 月第 1 版　2011 年 2 月第 1 次印刷　印数:5 000 册

ISBN 978 - 7 - 5124 - 0331 - 4　定价:28.00 元

《北京市农村劳动力素质培训教程》
编 委 会

顾问委员　王宝军　吕明杰

主任委员　张树宝　刘伯明

副主任委员　（排名不分先后）

胡振俭　李　欣　瞿向阳

于士学　李胜虎　付　琳

委　员　（排名不分先后）

焦成志　董燕亮　王天军

王　雷　高瑞兴　董小红

白雁钧　孙　杰　韩文秀

胡　俊　王晓霞　王文霞

本书作者　孙　勇　胡振俭

序 一

　　做好农村劳动力培训工作不仅是我国经济发展模式从依赖物资资源投入向依赖高素质人力资源转变的必然需求,也是推进城乡一体化和社会主义新农村建设的关键所在。社会主义新农村建设和城乡一体化的推进需要农民综合素质的提高。而做好农村劳动力培训可以从整体上提升农民的综合素质。

　　北京市土地腾退区域农民转变为"有房屋、有资本、有社保、有工作"的新市民,其中"有房屋、有资本、有社保"是获得性的、可见的、立竿见影的,而"有工作"则和农民个体自身的综合素质息息相关,影响着自身和家庭的前途命运,也潜在地影响着地区社会的稳定、社区和谐的幸福生活。

　　做好农村劳动力培训工作,首先,各级部门要认真贯彻落实《国务院办公厅关于进一步做好农民工培训工作的指导意见》以及相关的实施意见和细则。其次,培训机构要做好引导农民转变陈旧择业观念,以积极向上的良好心态去面对就业竞争,帮助其做好自我定位和职业设计。第三,强化职业技能培训,促使部分农村劳动力真正成长为工业和服务业领域的专业技术工人。

　　为了做好农村劳动力培训工作,本书作者积极探索创新,编写了农村劳动力引导性培训综合教材,值得推广借鉴。

徐艳杨

序　二

　　依据党的十七届三中全会关于加快形成城乡经济社会发展一体化新格局这一根本要求，北京市加快了城乡一体化建设的步伐，2009 年 2 月 9 日，崔各庄乡大望京村被北京市列为城乡一体化建设试点。

　　崔各庄乡党委、政府按照市、区相关部署，以"人文北京、科技北京、绿色北京"为准则，围绕试点基本内容，大胆探索，勇于实践，狠抓落实，创出了一条城乡结合部城乡一体化建设的新路，为城乡一体化建设确立了一种新的模式。

　　城乡一体化建设很重要的一条，就是社会保障和农村劳动力安置就业一体化。如何依据市场经济客观规律，引导农村劳动力转变就业观念，增强就业技能，提高就业竞争力，既是城乡一体化建设的需要，亦是解决农村劳动力出路的根本所在。

　　崔各庄乡充分考虑市场需求和农村劳动力就业需求，编写了农村劳动力素质培训教材。全书共分为 13 章，分别介绍了首都北京概况、崔各庄乡乡情、转变就业观念、传统文化常识、文明礼仪常识、法律常识、信息化常识、个人身心健康常识、家庭理财常识、城市社区常识、职业道德养成、面试常识、企业管理常识及个人职业生涯规划等内容，比较系统全面地介绍了北京市当前城乡一体化建设中农村劳动力走进新的社区生活、迈向新岗位应掌握的理论知识。全书结构合理，内容系统，章节严谨，深入浅出，针对性强，解决了当前城乡一体化建设中农村劳动力素质培训缺少教材的难题。

转变观念
提高技能
稳定就业

吕明志

前　言

在北京市城乡一体化建设迅速推进的形势下，大量农村劳动力向第二、三产业转移已经成为必然趋势。而保证转移就业的关键在于对农村劳动力进行文化素质和职业技能培训。

开展农村劳动力培训的目的，不仅仅是提高农民文化素质和职业技能，更重要的是真正转变农村劳动力过去的就业观念，以自信、安居乐业的良好心态面对自己的未来生活和工作，这也是保持地区社会稳定、促进新农村和谐社区生活的有力保证。

农村劳动力培训教材就是在这种大背景下编写的。全书共分13章。第一章主要介绍首都北京概况和朝阳区区情。第二章主要介绍崔各庄乡乡情以及该乡城乡一体化建设的政策、思路和成绩，目的是强化城乡一体化进程中农村劳动力的乡土认同感和归属感。第三章为转变就业观念，介绍了当前北京农村劳动力的就业环境以及农村劳动力就业观念转变的必要性。第四章至第十章着眼于传统文化、礼仪、信息化、法律常识、个人身心健康、家庭理财、社区常识，分模块介绍了由农民转变为城市市民应该具备的文化素质和生活常识。第十一章至第十三章针对农村劳动力就业、上岗和工作，介绍了职业道德养成、面试常识、企业用人制度和管理以及个人职业生涯规划等内容。

新教材的编写是一项探索性工作，本书各章节参照了大量图书文献，引用了网络信息和资源，特对提供相关内容的原创作者和网站表示感谢。由于时间紧迫，不足之处在所难免，欢迎广大读者提出宝贵意见和建议（作者电子信箱：baiyanjun@126.com），以便教材再版时补充更正。

2011 年 1 月

目　　录

第一章　热爱北京,树立首都意识

教学目标

通过学习本章内容,认识自己所在城市的概貌和取得的成绩,培养作为北京市民的自豪感,了解朝阳区区情,自觉树立首都意识。

第一节　首都概况

北京,中华人民共和国的首都,简称"京",与上海、天津、重庆同为中国四个中央直辖市,全国第二大城市及政治、交通和文化中心。在 2010 全球城市排名榜上,北京位列全球大城市第 15 位,居内地之首。

天安门广场(逯天赐　摄影)

北京位于华北平原北端,东南局部地区与天津相连,其余为河北省所环绕,全市面积 16410.54 平方千米。北京的市树为国槐和侧柏,市花为月季和菊花。北京共辖 14 个市辖区和 2 个县。全市乡镇级区划数为 317 个。全市常住人口 2200 万人(2010 年初统计)。北京市政府位于东城区正义路 2 号。

北京荟萃了元、明、清以来的中华文化,拥有众多名胜古迹和人文景观,是世界上拥有世界文化遗产最多的城市,每年吸引的游客约 1 亿 4700 万。

北京是综合性产业城市,综合经济实力保持在全国前列。北京市地区生产总值和人均

GDP,在中国大陆仅次于上海市。第三产业规模居中国大陆第一,占地区生产总值的75.8%。按照联合国粮食及农业组织的标准,北京已达到"富裕型"社会。

北京是中国最重要的金融中心和商业中心,国家金融宏观调控部门中国人民银行、中国银行业监督管理委员会、中国证券监督管理委员会、中国保险监督管理委员会均在北京。中国主要商业银行、政策性银行、金融业巨头也在北京。中国全国性保险公司总部均设在北京,北京同时还聚集了大部分国有大型企业总部。大量境外跨国公司在北京建立中国地区总部。北京零售业国际化程度列世界第六,居内地之首。

2005 年在国务院批准的《北京市城市总体规划(2004—2020)》中,北京被定位为"国家首都、国际城市、文化名城、宜居城市"。

市区规划图

第二节　认识北京

一、历史沿革

北京历史悠久。在西周时,北京就成为周朝诸侯国之一的燕国的都城。自中国金朝起成为古代中国首都——中都。自元朝起,开始成为全中国的首都。元朝皇帝忽必烈是蒙古大汗国的大汗,元朝国都元大都(或称大都),蒙古文称为"汗八里"(Khanbaliq),意为"大汗之居处"。元大都城址位于今北京市市区,北至元大都城遗址,南至长安街,东西至二环路。明朝自成祖后开始对北京进行大规模扩建,清朝在延续明北京城的基础上又进行了一些修缮和扩建。至清末北京成为当时世界上最大的城市。

北京有着 3000 余年的建城史和 857 余年的建都史。自秦汉以来北京地区一直是中国北方的军事和商业重镇,名称先后称为蓟城、燕都、燕京、涿郡、幽州、南京、中都、大都、京师、顺天府、北平以及北京等。

(一)古　代

早在西周初年,周武王即封召公于北京及附近地区,称燕,都城在今北京房山区的琉璃河镇,遗址尚存。又封尧之后人(一说黄帝后人)于蓟,在今北京西南。后燕国灭蓟国,迁都于蓟,统称为燕都或燕京。

秦代设北京为蓟县,为广阳郡郡治。

汉高祖五年,本市被划入燕国辖地。元凤元年复为广阳郡蓟县,属幽州。本始元年因有帝亲分封于此,故更为广阳国首府。

东汉光武改制时,置幽州刺史部于蓟县。永元八年复为广阳郡驻所。

西晋时,朝廷改广阳郡为燕国,而幽州迁至范阳。十六国后赵时,幽州驻所迁回蓟县,燕国改设为燕郡,历经前燕、前秦、前燕、后燕和北魏的统治而不变。

隋开皇三年废除燕郡。但很快在大业三年,隋朝改幽州为涿郡。

唐初武德年间,涿郡复称为幽州。贞观元年,幽州划归河北道管辖。后北京成为范阳节度使的驻地。安史之乱期间,安禄山在北京称帝,建国号为"大燕"。唐朝平乱后,复置幽州,归卢龙节度使节制。

五代初期,军阀刘仁恭在这里建立地方政权,称燕王,后被后唐消灭。北宋初年宋太宗在高梁河(今北京市海淀区)与辽战斗,北宋大败,对燕云十六州从此望眼欲穿;辽于会同元年(938年)起在北京地区建立了陪都(以此为起点计算北京建都史,至2009年,则为1071年),号南京幽都府,开泰元年改号析津府。

贞元元年(1153年),金朝皇帝海陵王完颜亮正式建都于北京(以此为起点计算北京建都史,至2010年,则为857年),称为中都,在今北京市西南。

元朝统一了全中国。蒙古大汗国改名中国元朝。自元朝起,开始成为全中国的首都。元朝时的北京称为元大都。元大都成为全中国的交往中心,北到岭北行省,东到奴儿干都司(治所黑龙江下游),西到西藏,南到海南,都在此交流。此后明朝在大部分时间内和清朝的都城均建立于此,明朝从永乐年间,明成祖朱棣为了便于加强北方边防,保卫北方安全,将都城迁至北京。从那之后,北京成为了明朝的新都城。成吉思汗麾下大将木华黎于1215年攻下北京,遂设置燕京路大兴府。元世祖至元元年改称中都路大兴府。至元九年,中都大兴府正式改名为大都路(突厥语:Khanbalik,意为"汗城",音译为汗八里、甘巴力克)。据马可·波罗游记叙述:元人笃信佛,象为佛教祥兽,当时大都常有象只漫步。

明朝初年,以应天府(今南京)为京师,大都于洪武元年八月改称为北平府,同年十月应军事需要划归山东行省。洪武二年三月,改为北平承宣布政使司驻地。燕王朱棣经靖难之变夺得皇位后,于永乐元年改北平为北京,是为"行在"(意为天子行銮驻跸的所在)且常驻于此,现在的北京也从此得名。北京城秩序井然,繁荣安乐。永乐十九年正月,明朝中央政府正式迁都北京,以顺天府北京为京师,应天府则作为留都称南京,明仁宗、英宗的部分时期,北京还曾一度降为行在,京师复为南京应天府。

清兵入关后即进驻北京,亦称北京为京师顺天府,属直隶省。

(二)近　代

1. 晚清时期(1860—1912)

1860年北京条约签订以后,外国使节和传教士得到特许进北京,借传教的名义促使和参与了不平等条约的签订,搜集中国情报,进行文化侵略,传教士常常诉诸该国领事,以政治势力维护"传教"活动,在城内各处兴建教堂,使馆则集中在东交民巷。1860年,英法联军打进北京;1900年,八国联军再次打进北京,北京城受到了非常严重的破坏和洗劫,大量文物被侵略军劫掠。

2. 中华民国前期(1912—1928)

1911年辛亥革命后,民国元年1月1日,中华民国定都南京,同年3月迁都北京,直至民国十七年中国国民党北伐军攻占北京,张作霖败回东北,北洋政府下台。

民国伊始,北京的地方体制仍依清制,称顺天府。直至民国三年,改顺天府为京兆地方,直辖于中央政府北洋政府。这一时期,北京新建了有轨电车系统和一批现代的文化教育机构,如清华大学、燕京大学、北京大学以及辅仁大学、协和医学院等。

3. 国军北伐至人民解放军进驻北平(1928—1949)

1928年北伐战争后,由于蒋介石不重视北方边防,把首都迁到南京,撤销原京兆地方,北京改名为北平特别市。1930年6月,北平降格为河北省省辖市,同年12月复升为院辖市。这一时期,北京尽管不具首都的地位,但在教育方面仍有关键的优势,被国际人士称为"中国的波士顿"。1937年"七·七"事变后,北平被日本占领。伪中华民国临时政府在此成立,且将北平改名为北京。1945年8月21日,入侵北京的日本军队宣布投降,第十一战区孙连仲部接收北京,并重新更名为北平。

4. 中华人民共和国建立后(1949年至今)

1949年1月31日,傅作义将军与中国共产党达成和平协议,率领25万国民党军队投向正义,中国人民解放军进入北平市,实现对北平的解放。同年9月27日,中国人民政治协商会议第一届全体会议通过《关于中华人民共和国国都、纪年、国歌、国旗的决议》,北平更名为北京。1949年10月1日,中华人民共和国中央人民政府在北京宣告成立。

中华人民共和国成立

二、地理环境

北京中心位于北纬 39 度 54 分 20 秒，东经 116 度 25 分 29 秒。位于华北平原西北边缘。毗邻渤海湾，上靠辽东半岛，下临山东半岛。北京与天津相邻，并与天津一起被河北省环绕。西部是太行山山脉余脉的西山，北部是燕山山脉的军都山，两山在南口关沟相交，形成一个向东南展开的半圆形大山弯，人们称之为"北京弯"，它所围绕的小平原即为北京小平原。

北京的气候为典型的暖温带半湿润大陆性季风气候，夏季高温多雨，冬季寒冷干燥，春、秋短促。以 2007 年为例，全年平均气温 14.0℃（北京市气象局）。1 月－4～7℃，7 月 25～26℃。极端最低－27.4℃，极端最高 42℃以上。全年无霜期 180～200 天，西部山区较短。2007 年平均降雨量 483.9 毫米，为华北地区降雨最多的地区之一。降水季节分配很不均匀，全年降水的 80% 集中在夏季 6、7、8 三个月，7、8 月有大雨。

北京太阳辐射量全年平均为 112～136 千卡/厘米。两个高值区分别分布在延庆盆地及密云县西北部至怀柔东部一带，年辐射量均在 135 千卡/厘米以上；低值区位于房山区的霞云岭附近，年辐射量为 112 千卡/厘米。北京年平均日照时数在 2000～2800 小时之间。大部分地区在 2600 小时左右。年日照分布与太阳辐射的分布相一致，最大值在延庆县和古北口，为 2800 小时以上，最小值分布在霞云岭，日照为 2063 小时。全年日照时数以春季最多，月日照在 230～290 小时；夏季正当雨季，日照时数减少，月日照在 230 小时左右；秋季日照时数虽没有春季多，但比夏季要多，月日照 230～245 小时；冬季是一年中日照时数最少季节，月日照不足 200 小时，一般在 170～190 小时。

曾经的北京及华北春季多发沙尘暴，经过多年治理，取得显著成效。2009 年北京全年空气质量达到二级和好于二级的天数为 285 天，比上年增加 11 天，占全年总天数的 78.1%。

水环境治理力度加大。2009 年北京污水日处理能力达到 356 万立方米，污水处理率达到 80%。再生水利用取得新进展，2009 年再生水利用量达到 6.5 亿立方米。北京继续积极推动其他环境污染防治工作。2009 年北京生活垃圾无害化处理率达到 95.8%。城市园林绿化步伐加快。2009 年末，北京城镇人均公园绿地面积 14.5 平方米。城镇绿化覆盖率达到 44.4%。全市林木绿化率达到 52.6%。

三、行政区划

新中国成立后，北京的行政区划范围经过五次调整，直到 2010 年形成了今天 14 区 2 县的格局。截至 2010 年，北京共有 140 个街道办事处、142 个建制镇、35 个建制乡、2554 个社区居委会和 3955 个村民委员会。其中地处北京二环路以内的东城区、西城区两个区是传统上的内城区，而随着城市的扩张，朝阳区、海淀区、丰台区和石景山区也被认为是城内地区，形成了"城六区"的概念。规划中北京市城区的范围是北京五环路以内。近年来随着城市化进程的加快，先后有数个近郊县改为区。由于北京市政治中心和文化中心的定位，工业重心正在逐渐外移。

2010 年 7 月 1 日，中国国务院正式批复了北京市政府关于调整首都功能核心区行政区划的请示，同意撤销北京市原东城区、崇文区，设立新的北京市东城区，撤销北京市原西城区、宣武区，设立新的北京市西城区。

以下为北京市各分区情况（2010调整后）：

首都功能核心区情况

首都功能核心区	面积（平方公里）	人 口	邮政区码	驻 地
东城区	42	96万	100010	钱粮胡同3号
西城区	51	132万	100032	二龙路27号

城市功能拓展区情况

城市功能拓展区	面积（平方公里）	人 口	邮政区码	驻 地
海淀区	431	211万	100089	长春桥路17号
朝阳区	465	183万	100020	日坛北街33号
丰台区	306	104万	100071	丰台街道文体2号
石景山区	86	36万	100043	石景山路18号

城市发展新区情况

城市发展新区	面积（平方公里）	人 口	邮政区码	驻 地
通州区	912	65万	101100	新华大街
顺义区	1021	57万	101300	府前中街5号
房山区	1994	77万	102488	良乡镇政通路1号
大兴区	1040	59万	102600	黄村镇兴政街
昌平区	1352	51万	102200	城北街道

生态涵养发展区情况

生态涵养发展区	面积（平方公里）	人 口	邮政区码	驻 地
怀柔区	2128	28万	101400	怀柔镇府前15号
平谷区	1075	40万	101200	平谷镇府前大街
门头沟区	1455	24万	102300	大峪街道
密云县	2227	43万	101500	鼓楼街道
延庆县	1993	28万	102100	延庆镇

四、经济发展

第一阶段，建国初期至20世纪70年代末期，北京发展以重工业为核心的工业经济，并迅速成为我国重要的工业基地。第二阶段，1979年至1991年，北京处于以工业为主导向以服务业为主导的发展理念的探索和转变时期。第三阶段，1992年至1997年，"三二一"经济结构的发展格局初步形成。第四阶段，1997年至2001年，北京市第一次明确提出了"首都经济"的概念，为北京经济发展指明了方向。第五阶段，2001年奥运申办成功以来，"科技奥运、绿色奥运、人文奥运"三大理念使首都经济发展步入新的台阶，2008年经济总量比2001年翻了一番多，达到11115亿元，年均增长11.9%。奥运以后，"三个奥运"到"三个北京"理念的成功转型，北京经济进入平稳较快的增长轨道。

五、户籍人口

2000年第五次人口普查统计全市总人口1381.9万人，2010年初统计全市常住人口2200万人。据有的调查机构估计当前北京总人口应超过3000万。

（一）北京市人口情况特点

北京市人口情况的特点如下：

一是人口自然增长得到有效控制。人口格局为"低出生、低死亡、低增长"。

二是人口地区分布由城区向近郊区扩散。人口的地区分布呈现出由城区向近郊区扩散的趋势。

三是家庭户规模不断缩小。北京市的家庭户规模在逐渐缩小，三口人和两口人的家庭户占主体，是我市推行计划生育、保持低生育水平所产生的积极效果。

四是总人口性别比略有上升。全市人口中，男女性别比（以女性为100计算，男性对女性的比例为109.0（2000年数据））与1990年第四次人口普查相比略有上升，高于1990年的107.0。总人口性别比上升主要是因为外来人口性别比高而造成的。

五是人口老龄化程度不断加剧。老年人口的迅速增加使得我市人口老龄化程度不断加剧。1990年北京市的人口年龄结构尚处在由成年型向老年型转化的过程中，到1995年，年龄结构已完全进入老年型，而到2000年，老年人口无论是在数量上还是在总人口中的比重都在不断增长，使得北京市的人口老化形势日益严峻。

六是城镇化水平发展较快。第五次人口普查数据显示，居住在城镇的人口为1071.6万人，占总人口的77.5%；居住在乡村的人口为310.3万人，占总人口的22.5%。与1990年第四次人口普查相比，城镇人口占总人口的比重上升了4.1个百分点。这表明20世纪90年代以来，我市经济社会和城市建设的快速发展极大地促进了城镇化水平的提高。

七是人口文化素质不断提高。第五次人口普查与1990年第四次相比，每10万人中拥有各种受教育程度的人数有如下变化：受过大学教育的由9300人上升为16843人；受过高中教育的由18978人上升为23151人；受过初中教育的由30551人上升为34391人；而受过小学教育的则由22579人下降为16956人。其中：受过大学及以上教育的人口增长幅度最大，增长了81.1%。全市人口中，文盲人口（指15岁及15岁以上不识字或识字很少的人）为58.5万人，与1990年第四次人口普查相比，文盲率由10.9%下降为4.9%，下降了6个百分点。

（二）北京市人口户籍

北京市人口户籍以及人口流动情况分析。现代北京人狭义的定义是身份证号110开头的中国公民。因为身份证号终身唯一不变，不随户口迁移而改变，所以可以此区分老北京人和新北京人。北京市各区县本地人口的身份证号码前六位如下：

市辖区│110100，县│110200，东城区│110101，西城区│110102，朝阳区│110105，丰台区│

110106,石景山区|110107,海淀区|110108,门头沟区|110109,燕山区|110110,房山区|110111,通州区|110112,顺义区|110113,昌平区|110114,大兴区|110115,平谷区|110117,怀柔区|110116,密云县|110228,延庆县|110229。

（三）人口流动情况分析

在京人员户籍地：根据网络结果显示，在京 20～49 岁的人群当中，按户籍地省份划分，黑龙江人占总数的 15%，北京人占 10%，其他省市人占 75%。也就是说，年轻人（劳动力）当中本地人占 10%，外地人占 90%。

而来自网易 2008 年的调查，截止 2008 年 12 月 31 日，以下五省外出生活人员合计 1310 万人，首选目的地都是北京。而北京市外出生活人员 45 万人，首选目的地是河北。

辽宁省外出生活人员 147 万人，首选目的地北京；

河北省外出生活人员 420 万人，首选目的地北京；

内蒙古外出生活人员 199 万人，首选目的地北京；

山西省外出生活人员 117 万人，首选目的地北京；

山东省外出生活人员 427 万人，首选目的地北京。

各直辖市中本地年轻人所占比例：

北京：在京外地人＝1：9，北京人占 10%；

上海：在沪外地人＝7：13，上海人占 35%；

天津：在津外地人＝9：11，天津人占 45%；

重庆：在渝外地人＝13：7，重庆人占 65%。

六、交通运输

北京市城区的路网结构以矩形环状为主，道路多以此为依托，与经纬线平行网状分布。先后依托城市扩展，建设了二、三、四、五和六环路。总长度超过 500 公里的北京新"七环路"已经形成半圆。截至 2009 年，全市公路里程 20670 公里，城市道路里程 6206 公里，轨道交通线路长度 228 公里。全市立交桥数共有 381 座，京哈、京沈、京津塘、京石、八达岭、京承、京开等多条高速公路流经北京。全市铁路总里程 962 公里，京秦铁路、京哈铁路、京沪铁路、京九铁路、京广铁路、京原铁路、京包铁路、京承铁路、京通铁路等多条铁路干线汇集于此。2009 年底，北京机动车保有量突破 400 万辆，2010 年逼近 500 万辆，城市交通面临更大考验。北京首都国际机场是亚洲第一大国际机场，目前已开通 200 多条国际国内航线，通往世界主要国家及地区和国内大部分城市，2009 年客运量超过 6500 万人次。北京已与世界上所有国家和地区通邮，国内直拨电话可达所有城市，国际直拨电话可达 200 多个国家和地区。

（一）铁　路

北京是中国铁路网的中心之一，主要有北京到香港九龙的京九铁路，北京到上海的京沪铁路，北京到广州的京广铁路，北京到哈尔滨的京哈铁路，北京到包头的京包铁路，北京到原平的京原铁路，北京到通辽的京通铁路和北京到承德的京承铁路。大同到秦皇岛的大秦铁路也过境北京。在国际铁路运输方面，去往俄罗斯各城市、蒙古都城乌兰巴托和朝鲜都城平壤以及去往越南都城河内的列车均从北京发车。京津城际铁路于 2005 年 7 月 4 日开始修建，2008 年 8 月 1 日正式开通。北京和天津两地的路程缩短为半小时。中国最长的高速铁路即京港高速铁路将于 2012 年全线贯通。

（二）航 空

北京建有全国第一大国际机场和亚洲第一大国际机场——北京首都国际机场（PEK）。北京首都国际机场位于北京市顺义区（但行政上属于朝阳区），距北京市中心 20 公里。2009 年北京首都国际机场完成旅客客运量 6533.73 万人次，同比增长 16.8%，亚洲排名第一，世界排名第三。北京首都国际机场是中国国际航空（Air China）的主要中心。机场和北京市区间由北京机场高速公路连接，在路况良好的情况下只需约 40 分钟即可到达。而乘机场轨道交通线从东直门到达首都国际机场 T2 航站楼约需 15 分钟。

（三）市内交通

1. 道 路

北京老城区（二环路以内）的城市道路是棋盘式的格局，横平竖直。东西方向的道路有长安街（复兴门至建国门）、平安大街（东四十条豁口至车公庄）、广安大街（广安门至广渠门）。南北方向的道路有中轴线，从玉蜓桥到雍和宫的东线和开阳桥到积水潭桥的西线。东线路过方庄、红桥、崇文门、东单、东四、北新桥和雍和宫；西线路过菜市口、宣武门、西单、西四、新街口。因为天安门广场和紫禁城的原因，北京的中轴线分为北中轴和南中轴。北中轴从地安门向北，经鼓楼、北辰路，达奥体中心；南中轴从前门向南，经天桥、永定门，达三营门。南中轴和 104 国道重合。

2009 年，全市公路里程 20670 公里；其中，高速公路里程 884 公里，比上年末增加 107 公里。年末城市道路里程 6206 公里。

北京外围的城市道路则是环形加放射性的格局。连接京城还有 11 条国道。

北京的道路

2. 公共交通

2009 年,北京市公共交通运营里程 18498 公里,其中轨道交通线路长度 228 公里(在中国大陆仅次于上海轨道交通);运营线路 701 条,运营车辆共 2.4 万辆,其中轨道交通 2014 辆;年客运总量 65.9 亿人次(其中轨道交通客运量 14.2 亿人次)。出租车运营车辆 6.7 万辆,年客运量 6.41 亿人次。公交车票价通常为 1 元起价,远郊区县为 2 元。

3. 轨道交通

北京地铁始建于 1965 年 7 月 1 日,1969 年 10 月 1 日第一条地铁线路建成通车,使北京成为中国第一个拥有地铁的城市。2010 年北京地铁客流超过 1000 万人次,居亚洲第二(仅次于东京)。北京地铁目前实行全程 2 元票制,成为国内票价最低的城市轨道交通系统。

目前已建成的地铁和轻轨共 9 条,运营线路总长度 228 公里,车站总计 135 座,分别为(按照建成顺序):

(1)北京地铁 1 号线:中国第一条地铁,1969 年 10 月 1 日通车,全长 30.44 公里,运营 23 座车站。由苹果园站至四惠东站。

(2)北京地铁 2 号线:又称环线地铁,全长 23.1 公里,线路东段、北段、西段的走向与北京二环路基本重叠,共 18 座车站。由西直门站至西直门站。

(3)北京地铁八通线:北京地铁 1 号线的东段延长线,全长 18.964 公里,共 13 座车站。由四惠站至土桥站。

(4)北京地铁 13 号线:大部分为地面或高架铁路,全长 40.5 公里,共 16 座车站。由西直门站至东直门站。

(5)北京地铁 5 号线:为南北走向,全长 27.6 公里,共 23 座车站。由天通苑北站至宋家庄站。

(6)北京地铁 8 号线:又称奥运支线,目前只建成一期,共 4 座车站。由北土城站至森林公园站。

(7)北京地铁 10 号线:先为东西走向,后为南北走向,全长 32.44 公里,共 22 座车站。由巴沟站至劲松站。

(8)北京地铁机场轨道交通线:终点分别至首都机场 T2 和 T3 航站楼,全长 27.3 公里,共 4 座车站。由东直门站至 3 号航站楼站。

(9)北京地铁 4 号线:北京地铁 4 号线纵贯北京西部城区南北,穿越丰台、宣武、西城、海淀四区,目前建成一期,线路长 28.177 公里,共 24 座车站。由安河桥北至公益西桥。

2010 年底,北京开通 5 条新城线,分别是顺义 15 号一期一段、房山线、亦庄线、4 号线二期(大兴线)、昌平线一期。计划建设的地铁有北京地铁 3 号线、6 号线、7 号线、8 号线全线、9 号线、10 号线二期、11 号线、12 号线、14 号线、15 号线、亦庄线、房山线、S1 线等。远期计划建设北京地铁 16 号线、17 号线和 S6 线。至 2020 年北京地铁轻轨线路将达到 30 条,总长约 1050 公里(仅次于上海),车站近 450 个,形成"中心城棋盘式+新城放射式"的线网格局。四环路内站点覆盖率达 95%,线网密度每平方公里为 1.4 公里,实现居民步行 10~15 分钟到达一个地铁车站的目标。

4. 出租车

2009 年,出租车运营量 6.7 万辆。主要车型为北京现代伊兰特、捷达和爱丽舍,此外也有少量的红旗和富康轿车。夏利曾经是北京最为普通的出租车，但在 2006 年已全部退出北京。2010 年年初亦新增加帕萨特和凯越两种车型。出租车白天起步价 10 元，2 元/公里，15 公里以后 3 元/公里。夜间（23 时至清晨 5 时）起步价 11 元，2.4 元/公里，15 公里以后 3.4 元/公里。2009 年 11 月 25 日开始，北京市出租汽车加收燃油附加费，即乘客乘坐出租汽车超过 3 公里（基价公里）的，每次在计价器显示金额外加付 1 元。

七、文化艺术

北京是有着 3000 年历史的历史文化名城。北京在历史上曾为六朝都城，在从燕国起的 2000 多年里，建造了许多宏伟壮丽的宫廷建筑，使北京成为我国拥有帝王宫殿、园林、庙坛和陵墓数量最多，内容最丰富的城市。

（一）旅游景点

北京拥有 6 处世界文化遗产，是全球拥有世界文化遗产最多的城市，是全球首个拥有世界地质公园的首都城市。北京旅游资源丰富，对外开放的旅游景点达 200 多处，有世界上最大的皇宫紫禁城、祭天神庙天坛、皇家花园北海、皇家园林颐和园和圆明园，还有八达岭长城、慕田峪长城以及世界上最大的四合院恭王府等名胜古迹。全市共有文物古迹 7309 项，99 处全国重点文物保护单位、326 处市级文物保护单位、5 处国家地质公园、15 处国家森林公园。名列世界文化遗产的有：故宫、长城、周口店北京人遗址、天坛、颐和园、明十三陵。每年有超过 1 亿 4700 万的旅客。

（二）京城饮食

北京是世界第八大"美食之城"，居内地之首。北京的风味小吃历史悠久、品种繁多、用料讲究、制作精细，堪称有口皆碑。京味小吃的代表有豆汁儿、豆面酥糖、酸梅汤、茶汤、小窝头、茯苓夹饼、果脯蜜饯、冰糖葫芦、艾窝窝、豌豆黄、驴打滚、灌肠、爆肚和炒肝等。

（三）民俗宗教

中国是一个宗教信仰自由的国家，而且充分地尊重每一种宗教。北京地区的宗教有：佛教、道教、伊斯兰教、天主教和基督教。北京的寺、庙、观、堂是宗教界和信教群众的宗教活动场所。其中最著名的有：天主教东堂、天主教南堂、缸瓦市基督教堂、崇文门基督教堂、牛街清真寺、东四清真寺、广济寺、广化寺、白云观和雍和宫等。

佛教：主要为潭柘寺（北京最古老寺庙，在北京建成 800 年前就已经建立）、云居寺、戒台寺、法源寺和报国寺等；

道教：白云观（全真道）、东岳庙（正一道）；

藏传佛教（喇嘛教）：雍和宫；

伊斯兰教：主要为牛街礼拜寺、东直门外清真寺和东四清真寺；

天主教：西什库天主堂、宣武门天主堂、王府井天主堂、西直门天主堂和东交民巷天主堂；

基督教：崇文门堂、缸瓦市堂、珠市口堂、宽街堂和海淀堂等；

北京是中国四大古都之一，有很多地方特色的民风习俗：北京小吃、京剧、京韵大鼓、相声、舞台剧、铁板快书、景泰蓝、牙雕、毛猴、漆雕、赛蝈蝈和蝈蝈笼、吹糖人、捏面人等。

（四）体育场馆

北京市曾举办第一、第二、第三、第四、第七届全国运动会，1990年北京亚运会，第二十一届世界大学生运动会，2008年北京奥运会及2008年北京残奥会。

2009年，北京市共有体育场馆共有6149个（北京市统计局），主要为国家体育场（鸟巢）、国家游泳中心（水立方）、北京奥林匹克水上公园、首都体育馆、工人体育场、北京大学生体育馆、奥体中心体育馆和五棵松体育馆等。

国家体育场——鸟巢

（五）国际会展

北京是中国唯一入选全球前10名的国际会议城市（国际大会及会议协会2010年公布）。北京已有21个展会通过国际展览联盟（UFI）认证，占全国总数的1/4以上。2010年1至7月国际化大型会展在京共举办51场，比去年同期猛增41.7％。北京国际汽车展已与底特律、法兰克福、日内瓦、东京四大"老牌"汽车展同居世界五大汽车展。北京车展规模居全球之首。

（六）新闻出版

北京市有国家级广播电台2座（中央人民广播电台、中国国际广播电台），国家级电视台2座（中央电视台、中国教育电视台），市级广播电台1座（北京人民广播电台），市级电视台1座（北京电视台）等。

（七）影视产业

中国电影诞生地是位于北京大栅栏的大观楼。北京是中国电影最大票仓城市，影院数、银幕数全国最多。"中国影都"怀柔区影视生产能力占全国60％，拥有目前全球最大面积的影视摄影棚，是全国乃至全亚洲最大的影视拍摄及后期制作基地。

（八）娱乐休闲

北京的文化生活丰富多彩，各种类型的演出、国际性的展会等一应俱全。京剧被誉为中国的"国粹"，有200余年的历史，华丽的戏服、动听的唱腔、百变的脸谱，令人印象深刻。著名的中国国家大剧院、长安大戏院、湖广会馆、老舍茶馆、中国京剧院、梅兰芳大剧院和保利剧院等都常有传统的京剧演出。北京的夜生活同样精彩，后海、三里屯、南锣鼓巷酒吧街等都是很好的去处。

（九）博物馆和现代文化

北京是"博物馆之都"，注册博物馆多达151座，列世界第二（仅次于伦敦）。国家博物馆为世界最大博物馆。故宫博物院是世界五大博物馆之一。主要有首都博物馆、中华世纪坛、北京天文馆、中国科技馆、自然博物馆、中国美术馆、抗日战争纪念馆、军事博物馆和航空博物馆等。现代文化聚集地主要有798艺术区、北京国际音乐节、糖果俱乐部、Banana舞会俱乐部、唐会、三里屯酒吧街、后海酒吧街、南锣鼓巷、Lost In Beijing、地铁客、北京时尚地图和SOHO等。

故宫博物院

（十）购物街区

北京是唯一入选世界15大购物之都的内地城市，拥有百余家大中型购物商场。王府井大街、前门大栅栏、西单商业街是北京的传统商业区；国贸商城、东方新天地、中关村广场是近年来新崛起的商业巨擘。

（十一）教育科技

北京是全国最大的科学技术研究基地，有中国科学院、中国工程院等科学研究机构和号称中国硅谷的北京中关村科技园区，每年获国家奖励的成果占全国的三分之一。1998年以来，每年都成功举办以高新技术产业为主题的大型国际活动——北京高新技术产业国际周。北京同时也是全国教育最发达的地区。截至2010年8月，北京市共有普通高等院校82所，其中包括北京大学、清华大学、中国人民大学、北京师范大学、北京航空航天大学、北京理工大学、中国农业大学等全国最为著名的学府。全年本专科在校生达到57.7万人。全市共有52所高等学校和117个科研机构培养研究生，在读研究生达到20.9万人。北京拥有世界第三、亚洲第一大图书馆：中国国家图书馆。中国科学院图书馆、北京大学图书馆跻身全国五大图书馆。

（十二）对外交流

北京与世界各国、各地区的经济、贸易、科技、教育、文化等领域的交流日益加强。政府、民间和社会团体之间的友好往来十分活跃。北京市与 72 个国家的 124 个首都和大城市有友好往来关系,其中已与 37 个国家的 41 个城市建立了友好关系。在读的外国留学生 29452 人。北京现有外国驻华大使馆 137 个,国际组织和地区代表机构 17 个,外国新闻机构 190 个。在北京设立的国外驻京代表机构已超过 7000 家,全球最大 500 家跨国公司已有 185 家来京投资。

八、环首都经济圈

环首都经济圈是在北京周边的十余个区县,建设高层次人才创业园区、科技成果孵化园区、新兴产业示范园区、现代物流园区,以新兴产业为主导的经济圈。

首都经济圈

环首都经济圈内容包括以下几点:

1 圈:以新兴产业为主导的环首都经济圈。

4 区:在环首都经济圈建设高层次人才创业园区、科技成果孵化园区、新兴产业示范园区、现代物流园区。

6 基地:在环首都经济圈内建设养老、健身、休闲度假、观光旅游、有机蔬菜、宜居生活基地。

13＋1 县(市):环绕北京的涿州市、涞水县、涿鹿县、怀来县、赤城县、丰宁满族自治县、滦平县、三河市、大厂回族自治县、香河县、广阳区、安次区、固安县、兴隆县(增补)。

(一)建设意义

1. 促进京津冀区域经济社会又好又快发展

释放首都优势,形成首都经济圈,是一种经济现象,也是城市化发展的一条规律。首都经济圈作为优质生产要素富集的特殊载体,已成为当今世界最活跃的区域经济中心。几乎任何一个国家都有首都经济圈,目前,许多国家的首都经济圈创造的生产总值占国家的三分之一以上。而京津冀三省市,2009 年 GDP 合计为 36600 亿元,占全国的比重仅为 10.9%,距离达到全国 1/3 还差 75180 多亿元。加快京津冀区域发展,就必须进一步充分发挥首都优势,放大首都辐射效应。

2. 疏解首都的城市压力

由于城市功能过度集中，近年来随着经济社会的快速发展，北京像许多国家的首都一样，出现了人口膨胀、交通拥挤、资源紧张、房价高涨、发展空间受限、改善生态环境压力加大等突出问题。借鉴国际经验，分散首都功能势在必行。河北环抱首都，有责任、有义务，也有便利条件为首都疏解压力。

（二）建设目标

坚持一年打基础、三年见成效、五年大发展，加强与首都地区在发展空间、产业功能、资源要素、基础设施、产业政策等方面的对接融合。2015年，主要经济指标比2010年翻两番，地区生产总值由2010年的1196亿元达到4784亿元，年均增长31％以上；全部财政收入由2010年的200亿元达到800亿元，年均增长32％；城区总人口由2010年的165万人达到300万人，年均增长12.7％，城镇化率由2010年的33％上升到60％，年均增长5.4个百分点。2020年，主要经济指标比2015年再翻一番，地区生产总值达到9568亿元，全部财政收入达到1600亿元，城区总人口达到400万人，城镇化率达到70％。

第三节 朝阳区区情

北京市朝阳区位于北京市的东部，西与东城区、崇文区、丰台区、海淀区相毗邻，北连昌平区、顺义区，东与通州区接壤，南与大兴区相邻，全区面积470.8平方公里，平均海拔34米，是北京市城近郊区中面积最大的一个区。全区区域轮廓呈南北略长，东西稍窄的多边形；南北长约28公里，东西宽约17公里，辖域面积470.8平方公里。

优越的地理位置，良好的人文环境，飞速发展的经济，使朝阳区成为首都东部一颗璀璨的明珠。2008年初数据统计，朝阳区常住人口300.1万人，具有北京市户籍的人口为178.4万人，外来人口96.3万人。

朝阳区历史久远。从秦至隋唐，该地区属广阳郡，后属幽州所辖的蓟县，辽时归燕京道析津府，金时属中都路大兴府，元代将中都路大兴府改为中都路大兴县，明清时属京师顺天府，仍归大兴县管辖。1925年设区，称北京市东郊区，1928年改为北平市东郊区，1958年经国务院批准改为朝阳区至今。悠久的历史给朝阳大地留下了许多历史古迹，有华北最大的道观东岳庙，京城名胜五坛之一的日坛，北京地区三大古桥之一的八里桥，京杭大运河的入京门户通惠河，汉藏人民友谊的象征西黄寺，元大都现存遗址最长久的北土城，等等。

新中国成立以后，朝阳人民用自己勤劳的双手新建了一批风格各异的新景点，如红领巾公园、团结湖公园、朝阳公园、中华民族园和亚运村。每年都吸引着数以10万计的中外游客前来观光、旅游。

新中国成立后，特别是改革开放以来，朝阳区发生了翻天覆地的变化。今日的朝阳大地，是一片生机勃勃的热土；今天的朝阳人，正以昂扬的精神风貌，向着建设一个"对外交往窗口区、首都经济发达区、功能完善新城区、社会进步文明区"的既定目标迈进。

朝阳区是首都的副食品生产基地，农村经济全面发展。全区共有菜田4.85万亩，年产蔬菜2.65亿公斤，近几年，还引进了国内外许多新品种蔬菜。肉、蛋、奶、鱼、果品生产品种多样化。全市最大的现代化养鸡场兴华鸡场的产蛋量,可满足全市消费量的七分之一,农业生产基本实现了机械化、专业化作业。

朝阳区是北京市重要的工业基地。区内集中有纺织、电子、化工、机械制造、汽车制造等工业基地。全区有工业企业 2115 家,主要行业有金属制造、建材、化工、食品、服装、毛纺织品、医疗器械、无线电元件、造纸、家具、工艺美术品等。

朝阳区市场繁荣,大型商场众多。全区共有商业网点 3 万多个,形成了十几个商业区。其中,朝外商业中心被列为北京市新建的五大市级商业中心之一。区内还分布着蓝岛大厦、友谊商店、国际商店、贵友大厦、燕莎友谊商城、赛特购物中心等十几家大型商场。另外,还有各具特色的市场 183 个,如秀水市场、雅宝路服装市场、水碓子贸易批发市场、北京图书批发市场、三里屯"汽配一条街"等。

朝阳区自古以来就是北京的东行门户,现已构成公路、铁路、航空、地铁立体交通网络。区内公路四通八达,总计 700 多公里,除十几条市内线路外,还有京津塘高速公路、首都机场高速公路、京通快速路、京石公路、京张公路、京密公路、京山公路和二环、三环等十几条干道。全区目前有立交桥 30 座,人行过街桥 42 座。现代化的国际机场——首都国际机场也坐落在朝阳区,目前拥有国内航线 140 多条,国际航线 38 条,每周定期航班 800 多班。新建的海关朝阳口岸已正式启用,缩短了朝阳区与世界交往的距离。

朝阳区能源充足,区内有北京热电总厂及 10 个高压变电站,东郊电厂正在兴建之中。区内供气设备完善,煤气热力公司、焦化厂、亚运村供热厂、酒仙桥动力厂和横穿全区的华北油田天然气长输管线,在动力和能源上为朝阳提供着有效的保障。朝阳区东部水资源丰富,地下蕴藏量大,水质好。

朝阳区对外交往活动频繁,是北京市重要的外事活动区。朝阳区是对外交往的窗口,国际化程度高。区域内汇集了北京 70% 的涉外资源、60% 以上的外国商社和 90% 的外国驻京新闻机构;聚集了世界 500 强企业 114 家,法人金融机构 151 家,金融机构代表处 146 家,成为首都金融机构最多、门类最全的区域。外国驻华使馆中除俄罗斯、卢森堡外,都在朝阳区境内。已经形成了建国门外、三里屯、亮马河三个使馆区,望京新区还将兴建第四个使馆区。全市 46 家五星级饭店中,有 14 家在朝阳区。另外,区内各种涉外单位达 1300 家,占全市涉外单位的一半以上。朝阳区高档饭店宾馆云集,有长城饭店、昆仑饭店、京广中心、长富宫饭店、建国饭店、兆龙饭店、京伦饭店、中国大饭店、亚洲大酒店等 60 多家,数量居全市之冠。国际会议中心、国际贸易中心、国际展览中心、中日青年交流中心、国际俱乐部等涉外场所均在朝阳区,国内外宾客住宿、观光、购物极为方便。

朝阳的科技文教卫生体育事业全面发展。"科技兴朝","百年大计、教育为本",正在成为全区人民的具体行动。全区目前有中央工艺美术学院、北京广播学院、北京第二外国语学院、北京化工大学、北京经济学院、北京工业大学等高等院校 33 所;有中学 103 所、小学 227 所,学龄儿童入学率达 99.95%;此外还有职业高中 33 所。闻名中外的中日友好医院、安贞医院、肿瘤医院和朝阳医院等医疗机构保证着朝阳区人民的健康。国家奥林匹克中心、北京工人体育场、北京工人体育馆、朝阳体育馆为全区人民开展丰富多彩的体育活动提供了活动场所。

朝阳区城乡环境质量不断提高,建立了以大环境绿化为中心,城乡结合、点线面结合的园林绿化网络和体系;已建成和正在建设中的万亩以上的林地有 16 处,不同特色的公园 13 个,住宅小区内的小公园 27 个;还重点建设了环形、放射形绿化带、防护林带,形成了全区的绿化骨架和网络。全区城区绿化覆盖率达 30.6%,全长 82 公里,宽 50～100 米的京都绿色屏障有 55 公里在朝阳。全区还加强环境保护工作,环境监测网络遍布全区,对大气、水源污染进行综合控治。为控制噪声污染和治理工业污染源,相继建起了防治降尘示范小区、42 平方公里噪声达标区。在污水处理上,建有北京市第一污水处理厂,日处理污水 100 万吨的高碑店二期污水处理厂正在建设中。投资 2000 多万元,建成 114 座密闭式集装箱垃圾清洁站,解决了城市垃圾暴露问题。市容面貌大为改观,连续 8 年获得北京市市容卫生杯竞赛近郊区第一名。

过去五年,朝阳区经济呈现发展快、结构好、贡献大的突出特点。全区经济平均增长速度达 13% 以上,超过全市的平均增长速度。

今日的朝阳大地,是一片生机勃勃的热土;今天的朝阳人,正以昂扬的精神风貌,向着建设一个"对外交往窗口区、首都经济发达区、功能完善新城区、社会进步文明区"的既定目标迈进。作为北京市朝阳区人,要了解朝阳、热爱朝阳,为朝阳的发展做出自己的贡献。

第四节 培养首都意识

北京是世界闻名的古都和历史文化名城,有着 3000 多年的建城史和 850 年的建都史,是中国及东方几千年古老文化的结晶和典型代表,也是现代文化和传统文化、东西文化的交汇点,底蕴深厚,博大精深,对海内外都有影响。每一个在北京居住、生活和工作的人,都会为北京这个伟大的城市而自豪,但同时也应该自觉树立"首都意识"。"首都意识"是一种积极的进取意识,也是强烈的爱国意识。增强"首都意识",有利于提高思想层次、精神境界、文明程度、工作效率和维护国家声誉的自觉性和责任感。首都意识有丰富的内涵,但最主要、最基本的是首善意识、全局意识和服务意识。

一、首善意识

首善意识是核心,《汉书·儒林传》序:"故教化之行也,建首善自京师始。"首都必须是首善之区,北京要按照"建首善、创一流"的要求,文明做人,文明办一切事情,努力成为大力发展先进文化的示范地区,成为全国社会秩序、社会治安最好,环境最清洁、最卫生、最优美,文化教育和科学技术最发达,社会风气、道德风尚、民主法治、市民素质最好的城市。这就要求在首都工作和生活的每个人,都要有高度的责任感,自觉地在工作上树立高标准,向第一流目标奋进,在生活上严要求,做遵纪守法、文明礼貌、无私奉献的表率。

二、全局意识

首都在很大程度上代表着国家的形象,在首都工作和生活,必须顾大局、识大体,必须时刻想到自己的一举一动一得一失都关系社会主义现代化建设的大局和国家的声誉。人们常说"首都无小事",原因就在于此。全局意识最重要的是和以胡锦涛同志为总书记的党中央在政治上保持高度一致,带头执行党的路线、方针、政策,努力完成中央交给的各项任务,把每个单位和同志的本职工作与国家大局紧密联系起来,牢固树立局部服从全局,地方服从中央的思想。首都不仅仅是北京市人民的,而且是全国人民的,在首都工作,着眼点不能仅仅放在北京,必须放在全国这个大局上。

三、服务意识

从首都城市性质出发,加强政治中心和文化中心的建设,更好地为中央党政军领导机关服务,为日益扩大的国际交往服务,为国家教育、科技、文化和卫生事业的发展服务,为市民的工作和生活服务。这主要是对在北京市工作的同志而言的,但其基本精神对中央党政军领导机关也是同样适用的。因为中央机关不仅有为国内外交往,为教科文卫事业发展,为全国人民服务的任务,也有相互服务的任务。因此,同样存在加强服务观念,提高服务效率的问题。全国看首都,在当前深化改革和扩大开放的新时期,强调服务意识就尤为重要。

中央对北京提出了四个服务的要求:

(1)为中央党、政、军领导机关的工作服务;

(2)为国家的国际交往服务;

(3)为科技和教育发展服务;

(4)为改善人民群众生活服务。

必须竭尽全力搞好"四个服务",这是中央赋予北京市的重大政治责任,也是由首都作为党政军首脑机关所在地这种特殊的地位所决定的。服务意味着责任,服务蕴含着发展。在全面理解和贯彻落实"四个服务"指示的同时,我们要正确处理好"服务"与发展的关系,在搞好服务的同时,要善于利用"四个服务"所提供的广阔空间和发展机遇,加快北京的前进步伐,改变"北京所属"的传统观念,确立"首都区域"的新观念。

四、效率意识

效率,就是执行力,就是生产力,就是竞争力。增强效率意识是实现各项目标任务的根本保证。爱岗敬业是增强效率意识,提高服务效能的前提。爱岗敬业是我们民族精神和公民道德中的瑰宝,它包含着这样一种意思:热爱、珍惜自己所在的岗位,不惜为自己所从事的工作付出和奉献。爱岗敬业是社会责任感的具体化,责不在大小,位不在高低,只要爱岗敬业,就能尽己所能做贡献。爱岗敬业也是积极向上的人生态度,人生的价值在于奋斗、进步与奉献,要有干一行,爱一行,研究一行,不断提高干好一行的水平和能力的精神。爱岗敬业要体现在争创一流业绩上,在工作中不能得过且过、满足于现状,要讲效率、讲水平、讲创新、讲实效。要保持良好的精神状态和高度的工作热情,一心一意干工作,全心全意谋发展,在自己的工作岗位上不断做出新的更大的奉献。

北京是党政军首脑机关所在地,是全国各行各业的指挥管理中心,首都的工作效率对全国有着示范作用。在各级党政机关和领导干部当中,树立讲效率的意识具有重要意义。

五、创新意识

创新意识是指人们根据社会和个体生活发展的需要,引起创造前所未有的事物或观念的动机，并在创造活动中表现出的意向、愿望和设想。它是人类意识活动中的一种积极的、富有成果性的表现形式，是人们进行创造活动的出发点和内在动力，是创造性思维和创造力的前提。

北京是全国的科技、教育、文化中心，创新至关重要。稳定对首都来讲始终是第一位的、压倒一切的政治任务。但切不可以稳定为由来回避创新。相反，发展和建设中遇到的许多问题，影响社会稳定的诸多因素，都需要用改革的精神、发展的办法、创新的思路来解决。因此，要切实贯彻胡锦涛同志关于"把创新作为党必须长期坚持的治党治国之道"的思想，不断推进体制创新、制度创新、科技创新以及其他方面的创新，以创新求稳定，在创新中发展，实现发展、创新与稳定的统一。

六、开放意识

北京既是北京人的首都，也是全国人民的首都，在一定程度上代表着中国的形象。北京要加快发展，就必须面向世界，适应我国加入世贸组织的新形势，以海纳百川、兼收并蓄的博大胸怀，采取更加有效的机制和方法，参与国际经济技术合作与竞争，虚心学习和借鉴国内兄弟省区市的先进经验，加强同世界银行、国际货币基金组织等国际组织合作，树立首都良好的国际形象。

作为首都，北京有许多得天独厚的优势，加快北京的发展，就是要以强烈的"首都意识"，切实把首都的资源优势转化为发展优势，即立足首都、服务全国、面向世界，以新思路、新举措，进一步发挥聚变效应，促进首都乃至更大区域范围内经济社会的全面发展、协调发展和可持续发展。

树立首都意识，就是在充分认识首都的特点，充分认识做好首都工作的特殊重要性的基础上，一言一行，一举一动都要自觉地维护首都的声誉，各方面的工作都要力争创一流水平，走在全国前列。

本章小结

本章主要介绍了首都北京概况及朝阳区区情。目的是增强学员作为北京人的自豪感和责任感，树立首都意识。本章内容建议课时为4～6小时。

本章参考的资料如下，对原文作者表示感谢。

【参考文献】

[1] 北京市统计局. 北京市 2009 年国民经济和社会发展统计公报.

[2] 首都之窗-北京市政务门户网站. http://www.beijing.gov.cn.

[3] 北京市朝阳区官方网站. http://www.bjchy.gov.cn.

[4] 百度知道网站. http://zhidao.baidu.com.

[5] 百度百科网站. http://baike.baidu.com.

第二章　崔各庄乡城乡一体化建设

教学目标

了解崔各庄乡乡域概况、经济发展和产业布局，了解崔各庄乡城乡一体化建设成就和未来规划，了解就业安置政策。

第一节　崔各庄乡乡域概况

崔各庄地区位于朝阳区东北部，东与金盏乡接壤，南邻将台乡，西靠来广营乡，北接孙河乡，辖区面积 31 平方公里，位列全区第三。崔各庄地区下辖 15 个行政村、3 个居委会，常住人口 21495 人，其中农民 10986 人，居民 10509 人。

崔各庄地区紧邻首都机场，机场高速、京承高速、机场辅路、京顺路、五环路、来广营北路、京包铁路等交通要道穿乡而过，顺白路、来广营东路、南盏路、北皋路等区域连接路横贯其中，规划中的城市轨道铁路及机场第二条高速分别从辖区通过，形成了四通八达的立体交通网络。温榆河绿色生态走廊建设总体规划已将崔各庄地区列入其中，同时第二道绿化隔离带、电子城西区北扩、大环文化产业区、第四使馆区等规划政策也使崔各庄地区面临了难得的发展机遇。

崔各庄地区辖区内土地资源比较丰富，同时影视城、中国电影博物馆、北京航空航天模型博物馆、中国铁道博物馆、左特陶瓷等文化旅游项目，六合农业出口蔬菜基地、大环生态农业等农游项目，香江别墅、观唐别墅、泉发花园、长岛澜桥等高档住宅区的聚集为本地区发展独具特色的板块式经济提供了有利条件。

在全面构建和谐崔各庄进程中，崔各庄地区工委、地区办事处牢固确立大局意识、效率意识、率先意识，坚持抓机遇、谋发展，围绕加快产业发展、保障农民就业、狠抓环境整治、创新党建机制、建设平安崔各庄的主线，坚持以经济建设为中心，按照朝阳区"组团式规划建设、板块式经济发展"思路，加快农村城市化进程，继续保持经济持续快速健康发展；坚持全面、协调、可持续的科学发展观，进一步提高规划、建设、管理和经营水平；坚持先进文化的前进方向，加快发展教育科技文化等各项社会事业，切实加强思想道德建设；坚持推进社会主义民主政治建设，实施依法治乡，确保安全稳定；坚持人民利益高于一切，努力使地区广大人民过上宽裕舒适的小康生活，并不断向更高水平前进。

第二节　城乡一体化建设及就业安置

2009 年初，在北京市各级党委政府、社会新闻媒体和广大人民群众中，突然多了一个热议词组——城乡一体化建设。于是，北京市海淀区北坞村、朝阳区大望京村骤然成了全北京乃至全国关注的焦点,北京市城乡一体化试点在北坞村和大望京村正式启动。崔各庄乡大望京村城乡一体化试点,腾退和搬迁分别仅用 25 天和 28 天时间,先后完成了 23.4 万平方米的非住宅拆迁和 25.2 万平方米的住宅拆迁,无一户上访和强拆,创造了北京腾退拆迁史中的奇迹。大望京村城乡一体化建设试点,受到了各级政府、专家学者和媒体的普遍关注,被誉为阳光工程、惠民拆迁和望京模式。

一、城乡一体化建设的由来

城乡一体化建设的思想早在 20 世纪就已经产生了。我国在改革开放后,特别是在 20 世纪 80 年代末期,由于历史上形成的城乡之间隔离发展,各种经济社会矛盾出现,城乡一体化思想逐渐受到重视。近年来,许多学者对城乡一体化的概念和内涵进行了研究,但由于城乡一体化涉及社会经济、生态环境、文化生活、空间景观等多方面,人们对城乡一体化的理解有所不同。城乡一体化建设在我国的提出与发展大致经历了三个时期:一是改革开放后到 80 年代中后期,是城乡一体化的提出与探索阶段;二是 80 年代末期到 90 年代初期开始对城乡边缘区进行研究;三是 90 年代中期至今,是城乡一体化理论框架与理论体系开始建立,研究内容日臻完善时期。中国共产党第十七届中央委员会第三次全体会议提出了加快形成城乡经济社会发展一体化新格局的根本要求。

城乡一体化建设是城市化发展的一个新阶段,是随着生产力的发展而促进城乡居民生产方式、生活方式和居住方式变化的过程,是城乡人口、技术、资本、资源等要素相互融合,互为资源,互为市场,互相服务,逐步达到城乡之间在经济、社会、文化、生态上协调发展的过程。城乡一体化就是要把工业与农业、城市与乡村、城镇居民与农村居民作为一个整体,统筹谋划、综合研究,通过体制改革和政策调整,促进城乡在规划建设、产业发展、市场信息、政策措施、生态环境保护、社会事业发展的一体化,改变长期形成的城乡二元经济结构,实现城乡在政策上的平等、产业发展上的互补、国民待遇上的一致,让农民享受到与城镇居民同样的文明和实惠,使整个城乡经济社会全面、协调、可持续发展。

城乡一体化,是一项重大而深刻的社会变革。不仅是思想观念的更新,也是政策措施的变化;不仅是发展思路和增长方式的转变,也是产业布局和利益关系的调整;不仅是体制和机制的创新,也是领导方式和工作方法的改进。城乡一体化建设以实现城乡政治一体化、经济一体化、社会一体化等,彻底打破了城乡二元体制结构。

人类社会的发展经历着乡村人口向城市集聚,大城市郊区城市化,最后迈向城乡一体化发展的进程。从世界城市化过程来看,随着城市化进程的不断加快,统筹城乡发展,推进城乡一体化也就显得日益迫切;城乡一体化发展,是世界多数国家特别是发展中国家发展到一定阶段普遍遵循的规律,对我国来说有其特殊的必然性和紧迫性。

二、望京村城乡一体化建设的基本内容

当前,在城乡一体化建设的探索中,因为历史背景、地域环境、发展趋势等不同,其核心内容也各不相同。

（一）多样化的城乡一体化建设

城乡一体化是一个世界性课题。在世界一些国家和我国其他地区都有独到的创意。德国的"巴伐利亚模式"中，农村建设不以城市为标准，树立"在农村地区生活，并不代表可以降低生活质量"、"与城市生活不同类但等值"的"城乡等值化"理念，追求与城市不同的更符合农民需求的生产和生活方式，用一定的财力、物力投入，让农民生产、生活得更美好，建设起"低消费、高福利"的新农村生活方式。英国的新市镇试验，主要是通过旧城改造，改善城区居住环境；同时对城市边缘进行重构，实现近郊农村城市化，明确城市总体功能定位和次区域功能划分，实现错位协调发展。新市镇使周边农村人口集聚，实现聚集化小城镇建设，扩大农村人口就业机会，减轻城市就业压力，实现城乡共同富裕。韩国的"新村运动"，以改善生产、生活环境为重点，强化农村基础设施建设，以增加农民收入为主，发展农产品加工为主要内容的农村工业，创造了发展中国家农村建设跨越式、超常规发展的成功模式。2009 年以来，我国其他地区都确立了城乡一体化建设试点单位，如四川成都、浙江嘉兴、山东临沂、河南新乡、江苏苏州、天津武清宝坻等都是先于望京村推行城乡一体化试点的，大都遵循着城乡一体化建设方向基本一致，内容方法各不相同的势态。苏州市城乡一体化建设试点内容：通过"三集中"（农民居住向社区集中、工业企业向园区集中、农业用地向规模经营集中）、"三置换"（鼓励农民将集体资产所有权、土地经营承包权、宅基地及住房置换成股份合作社股权、城镇保障和住房）、"三大合作"（大力发展社区股份合作、土地股份合作和农民专业合作）等一系列制度创新，建立起了一套城乡统筹发展、共同繁荣的有效运行机制。北京市海淀区北坞村试点，与崔各庄乡望京村试点也不尽相同。北坞村城乡一体化建设基本内容：北坞村属于市政府确定的第一道绿化隔离区，共有 3765 亩土地被征用变为绿地。（1）北坞旧村搬迁腾退的村民按本地区已批准的合法有效的宅基地土地面积按 1∶1 比例换回安置楼房建筑面积，互不找差价，本着谁先签订腾退协议谁先选择安置楼房的原则进行选房。（2）北坞村把开发就业岗位和安置农民就业相结合，城乡一体化发展过程中开发出来的社区保洁、种绿养绿、社区保安、公共设施维护等公共服务岗位由四季青镇政府集中管理、统一使用，另外，还将通过成立劳务派遣组织、定岗技能培训、提供创业帮扶等方式帮助农民实现就业。（3）北坞试点还考虑到农民的长远利益，将利用玉泉地区新增产业用地中的 10 公顷土地，用于村集体产业项目，营业收入作为集体经济增加农民的收入；利用规划产业用地中的 1.5 公顷土地，建设一座 2 万平方米的外来人口出租公寓，作为集体经济的长期投资为农民提供租赁收入。

（二）城乡一体化建设的基本体系

尽管各国各地区在探索城乡一体化建设中，内容和方法有所不同，但基本发展方向是一致的，都遵循着一个基本框架体系。

（1）城乡发展规划一体化。统筹城乡发展规划和布局是形成城乡经济社会发展一体化新格局的前提。把农村和城市作为一个有机整体，在统一制定土地利用总体规划的基础上，明确分区功能定位，统一规划基本农田保护区、居民生活区、工业园区、商贸区、休闲区、生态涵养区等，使城乡发展能够互相衔接、互相促进。

（2）城乡基础设施建设一体化。推进城乡基础设施建设方面统一考虑、统一布局、统一推进，把城市和农村作为一个有机整体，着眼强化城乡设施衔接、互补，加大对农村基础设施投入的力度;增加道路、水、电、通信和垃圾处理设施等方面的建设投入,提高上述设施的质量和服务功能,并与城市有关设施统筹考虑,实现城乡共建、城乡联网、城乡共享。

(3)城乡公共服务一体化。按照有利于逐步实现基本公共服务均等化的要求,加快完善公共财政体制,大力提高农村公共服务水平,从体制机制上推进城乡公共服务一体化。

(4)城乡劳动力就业一体化。逐步实现城乡就业和劳动力市场一体化,将农民就业问题纳入整个社会的就业体系中,在就业和培训等方面向农村劳动力倾斜,进一步完善和规范对劳动力市场的管理,建立适应农转工特点的社会保障制度。

(5)城乡社会管理一体化。建立有利于统筹城乡经济社会发展的政府管理体系,充分发挥政府在协调城乡经济社会发展和建立相关制度方面的作用。改革农村征地制度,引入市场机制并完善法规,切实解决好失地农民的就业和生活保障问题。

(三)望京村城乡一体化建设试点

(1)征地储备,规划建设。由朝阳区土地储备中心对大望京村实施征地,土地腾退拆迁结束后进行一级开发,实施绿化美化。

(2)政策集成,腾退补偿。参照市政府绿化隔离地区建设办法和关于村民建房用地管理规定制定了《崔各庄乡望京村城乡一体化试点工作住宅房屋腾退补偿安置办法》和《崔各庄乡望京村城乡一体化试点工作住宅房屋腾退补偿安置办法实施细则》认定宅基地,腾退补偿。

(3)转居转工,享受城保。望京村动迁之后,望京村的农民全部转居转工,进入城镇社会保障系统,劳动力妥善安置。

(4)建设新村,农民上楼。启动京旺家园建设,以此作为全乡农民安居房,定向安置望京村住宅房屋腾退的村民。

(5)优化产业,强化就业。按照"转变发展方式、提高运行质量、促进就业增收"的要求,整合资源、调整结构,构筑以电子城西区北扩高新技术产业发展为依托、以文化创意产业为支撑、以绿色休闲旅游文化产业为配套、以中央居住产业为拓展的产业发展格局,优化产业项目,保障农民就业。

(6)产权改革,股权运营。实施村级集体经济产权制度改革,建立村经济合作社,健全民主管理制度,聘请社会专业机构进行清产核资和资产评估,对集体资产进行产权界定,统计劳动年限,量化资产,确定股份;推进乡级土地股份制改革,15个村以集体土地使用权入股,组建土地股份合作公司。

(7)撤村建区,社区服务。新型集体经济组织成立后,以现有的行政村为基础,成立社区党组织和社区居民管理委员会,巩固管理职能,提高服务水平。

望京城乡一体化是城乡结合部地区直接与城市化衔接的一个典范。

三、后城乡一体化建设的地区经济社会发展

崔各庄乡地辖31.7平方公里,规划总用地面积为1928.89公顷(28933.35亩)。借鉴望京村城乡一体化成功的经验,朝阳区启动了由49个村参加,面积达28平方公里的土地储备工程。崔各庄乡15个村全部被列入土地储备序列,北皋、东营、崔各庄、善各庄和索家村等5个村已基本完成住宅、非住宅腾退工作。其他9个村将按照区委、区政府统一部署推进土地储

备。随着土地储备工作开始,崔各庄乡已实现了跨越式发展的蓝图,后城乡一体化建设的地区经济社会发展将以全新的面貌展现在人们面前。

(一)新型支柱产业屹起

按照"组团规划、集群发展、项目带动、龙头引领"的思路,逐步形成了绿色休闲、文化创意、高新技术、中央居住四大产业板块。绿色休闲产业:主要发展在京承路沿线,全力推进都市型现代农业示范区建设。规划中有全美樱桃园、葡萄示范体验园、农事体验园、现代农业园、节水地被植物生态园、龙吉特绿色生态园、污水处理与水资源循环利用技术展示基地(即崔各庄湿地公园)等9个项目,深度开发农业多种功能,发展采摘农业、观光农业、体验农业。文化创意产业:以环铁区域和何各村为核心,打造地区文化形象和品牌影响力,初步形成了以艺术品展示交易、文艺演出和博物馆群落为特色的文化创意产业格局。高新技术产业:建设单位是北京中关村电子城建设有限公司,朝阳区设电子城管委会负责协调推动该项目的建设,崔各庄乡崔各庄村、善各庄村和索家村在建设范围之内,届时将有404公顷土地引进高新技术产业项目。中央居住产业:在原有香江花园、观唐别墅、长岛澜桥等8个别墅区基础上,建成京旺家园和地铁15号线车辆段公租房,中央居住区已初具规模。

(二)商业配套设施落户

沿南皋路文化街、广顺东大街商业餐饮街和泛环铁文化产业区、京旺家园、电子城、地铁15号线车辆段等区域的商业配套设施将逐步引入建成,高品位的商业在辖区内星罗棋布,与业已建成的赛特奥莱、阿根廷烤肉、醉库葡萄酒文化主题餐厅、紫云轩秦晋风格的现代茶艺、春水堂台湾第一艺术茶艺餐饮品牌等汇聚在一起,形成繁荣社会市场的独特风景线。

(三)全面施行社会化管理

随着土储工作和产权制度的不断深化,全面推进村改居与社会化管理,村委会社会管理职能自行终止,村民不再依赖村委会,公共设施建设与维护、生产生活条件改善和环境治理等,全部由社会化管理组织负责实施。

(四)就业人员企业化管理

就业人员企业化管理是城乡一体化建设的一个重要内容。农村劳动力除作为经济合作社社员身份,享受村级集体经济组织的股权分红外,其就业必须走向社会,走进企事业单位,以自己的辛勤劳动,来获取员工工资。众所周知,任何企业都以在市场竞争中发展,以追求效益、制度配套、精细管理、按劳取酬而著称,这对安置就业的劳动力来讲,无疑是一次考验。

四、乡土地储备农转非劳动力就业安置政策

城乡一体化建设为地区的经济发展和安置就业带来了广阔的空间,为适应土地储备工作的需要,乡党委、政府从维护和保障土地储备农转非劳动力的根本利益出发,研究制定了《崔各庄乡农转非工作规定》,该规定由总则、组织领导、超转人员社会保障、学生与未成年人农转非政策、就业安置、就业管理和社会保险7个部分组成。

农转非安置对象：按照北京市征地批文时间，在法定劳动年龄范围内具有劳动能力的人员（不包括16周岁以上正在接受义务教育和学历教育的学生）为农转非劳动力。按照政策要求应全部农转非的村，坚持逢征必转，因个人原因拒不参加农转非的，将视为放弃，不再享受村相关农民待遇。

农转非安置方式：农转非劳动力安置坚持征地单位优先招用、劳动者自主择业、政府促进就业的方针。土地储备农转非由乡托底安置，主要分自谋职业与乡接收安置两种。选择就业安置的劳动力与满天星劳务派遣公司签订劳动用工合同，明确安置方式、基本工资和待遇，以及相关责任、权利和义务，经岗前培训后安置上岗。选择自主择业的劳动力与满天星劳务派遣公司签订自谋职业协议，经公证机关公证后，享受5+X的自主择业鼓励费，办理就业登记手续，其个人档案交朝阳区职业介绍服务中心。

农转非安置渠道：安置到乡属企事业单位、辖区内企事业单位和推荐给社会用人单位。安置上岗员工，须经引导性及技能培训，采取本人申请、双向选择、竞聘上岗的形式安置实际岗位。依据安置工作实际，农转非人员在安置择业时可选择：

（1）培训上岗。凡申请上岗的人员，须经过3个月以上的岗前培训，取得培训学校及相关部门认定的上岗资格证书后，方可安置上岗。培训结束后，安置就业实行就业人员与用人单位双向选择，竞聘上岗。

（2）临时待岗。因家庭和个人实际困难，经本人申请，用工单位批准，可申请办理临时待岗，待岗期间按员工标准工资的80%发放生活费，享受北京市政府规定的在职职工社会保险待遇。待岗工资标准，将依据北京市政府规定的最低工资标准的调整而调整。公司待岗人员必须服从管理，随时参加公司组织的各项活动。合同期结束后，安置单位需要临时待岗人员上岗的，临时待岗人员应无条件服从。

（3）内部退养。凡男年满50岁、女年满40岁人员，因不适应上岗或特殊情况，经本人申请，用工单位批准，可申请办理内部退养，内退工资为员工标准工资的90%，享受北京市政府规定的在职职工社会保险待遇。内部退养工资标准将依据北京市政府规定的最低工资标准的调整而调整。公司内部退养人员必须服从管理，随时参加公司组织的各项活动。内部退养员工到达退休年龄，直接办理正式退休手续。

（4）病退。因身体原因，长期不能参加正常工作的安置员工，经本人申请（需出示医保医院出具的长期不能正常工作的证明及其他有关部门的相关证明），用工单位批准，可申请办理病退。病退工资为员工标准工资的90%，享受北京市政府规定的在职职工社会保险待遇。病退工资标准将依据北京市政府规定的最低工资标准的调整而调整。

（5）停薪留职。对不愿参加培训，不接受安置上岗或自愿在社会单位就业的人员，经本人申请，用人单位批准，签订《停薪留职协议书》，可申请办理停薪留职。停薪留职期间只享受北京市政府规定的在职职工社会保险待遇（五险一金中应由个人缴纳部分由企业承担）。停薪留职协议书1~2年一签，停薪留职期外如需企业安置的，可继续办理安置手续。

农转非人员工资福利待遇：农转非人员由乡政府明确最低工资标准，依据北京市政策及时调整最低工资标准，用人单位根据本人职务、岗位和责任情况，可调整实际工资标准。农转非人员为企业无固定期限合同制职工，农转非员工除享受"五险一金"和冬季取暖补贴外，在岗人员参照相关政策，在岗一年以上还享有带薪休年假和夏季防暑费补贴。奖金、过节费、值（加、夜）班费、实物发放与本单位正式员工同等待遇。征地批复时间与实际农转非时间相隔时间较长时,征地单位应依据北京市最低工资和养老金标准予以核补,按照从事某项工作只得一份报酬和就高不就低的原则,农转非人员按高额领取其补差。

农转非人员管理:农转非人员安置由乡政府给各单位统一下达指标,委托满天星劳务派遣公司进行人事和档案管理,用人单位应无条件接收。农转非人员应与满天星劳务派遣公司签订无固定期限劳动合同,并自觉服从分配,两次不接受安置岗位的,按待岗处理,待岗工资为乡规定工资标准的 70%,一年内不再另行安置,待岗期间不享受本单位其他福利待遇。按照谁用人谁管理的原则,用人单位按照相关法律、政策和规定,依据本单位情况实际,建立劳动用工管理档案,制定日常管理规定,加强人员管理。

农转非人员社会保险:农转非人员以征地批复时间为准,核准并逐缴城镇社会保险,正式计算社会保险年限。以实际农转非始点时间为准,补缴城镇社会保险,农转非人员正式享受城镇社会保险。以农转非劳动力与用人单位签订劳动用工合同时间为准,正式享受所安置单位员工的各项工资、福利待遇。

第三节　经济发展与产业布局

自 2004 年两乡合并以来,乡党委、政府认真调查研究、分析和掌握地区资源状况及发展优势,认真贯彻落实市、区农村工作精神,统筹谋划,创新思路,不断优化发展环境和产业格局,在集体资产管理、产业项目建设、体制改革等方面取得了重大进展,地区经济实现了持续快速发展。

一、经济发展态势总体向好

近年来,全乡在经济建设方面付出了巨大努力,取得了显著成效。2009 年全乡各项经济指标保持了持续快速增长。

(1)经济总量增长明显。2009 年实现经济总收入 17.4 亿元,按可比口径,比 2004 年的 8.1 亿元增加 9.3 亿元,同比增长 114.8%。

(2)利润总额稳步增长。实现利润 7313.6 万元,按可比口径,比 2004 年的 1772.2 万元增加 5541.4 万元,同比增长 312.6%。

(3)农村税收贡献突出。2009 年上缴税金 7295.7 万元,按可比口径,比 2004 年的 3084.3 万元增加 4211.4 万元,同比增长 136.5%。

(4)人均劳动所得稳定增长。人均劳动所得 18891.9 元,按可比口径,比 2004 年的 9540.3 元增加 9351.6 元,同比增长 98%。

(5)集体经济实力不断增强。2009 年农村集体资产总额达到 20.4 亿元,净资产为 5.5 亿元,按可比口径,比 2004 年的集体资产总额 8.2 亿元和净资产 3.4 亿元,同比分别增加 148.9%和 57.7%。

二、集体资产管理扎实有效

乡党委、政府在集体资产管理方面不断创新举措,为地区经济的持续健康发展打下了坚实基础。

(一) 集体财务管理水平明显提升

2004 年两乡合并后,乡党委、政府在全乡范围内推行村级财务委托代理记账,同时不断完善乡派出纳员和财务公开等各项财务管理制度。尤其加强了财务审计工作,每年进行乡属企事业单位和 15 个村年终收益分配常规审计,提出审计建议;每年进行村级组织正常运转及村级公益事业专项资金专项审计;在村干部离任前进行干部离任审计。这些措施规范和完善了村级财务管理,有效解决了群众关注的村级财务这一焦点问题,真正做到了"给群众一个明白,还干部一个清白",极大缓解了干群关系。

在此基础上,进一步建立健全集体财务管理机制,2008 年成立崔各庄乡财务监管中心,实现了财务代记账、集体资金监控、工程项目管理、合同管理、审计监督五大职能,基本实现财务监管全覆盖。规范了村级财务行为,村级财务统一科目设置和使用,统一核算口径,有力地带动了乡村两级财务管理水平的整体提升。

(二) 集体经济合同实现规范化管理

合同管理涉及村集体土地的使用收益,对于集体资产的保值增值有重要意义,乡党委、政府给予了高度重视,按照市、区相关文件精神,采取多项措施确保合同管理的合法、规范。一是加强合同动态管理。制定崔各庄乡土地承包合同和租赁合同范本,以确保合同内容的规范性。针对新签或续签的各类经济合同,由乡经济管理委员会各成员部门联合进行前置审核,全程跟踪、监督、指导各村严格履行合同签订的民主程序和审批程序。二是加强合同兑现情况的定期监管。定期进行合同资金与兑现资金的比对分析,监督检查合同执行情况,确保租金按合同约定按时足额收取,确保集体资产的保值增值。三是开展合同专项清理。制定《关于清理和规范乡、村两级经济合同工作的实施方案》,针对不规范、长期限、低价位等问题合同,依法进行调整;并结合本地区产业发展需求,清理低级次产业,保留优势产业。四是进一步完善合同管理台账。重点加大对土地承包、房屋租赁等经济合同的统计、分析力度,促进集体经济组织和农民收益的稳步提高。

三、体制机制创新取得实质性进展

着眼于全乡可持续发展大局,未雨绸缪,从管理体制和分配制度上入手,加强政策研究,统筹各方利益,立足于构建乡级统筹的经济管理体制和社会管理体制框架。

(一) 稳步推进体制改革

围绕"建立村级股份合作社、建立乡级资产资源管理公司、农村地区推进社区化管理"三大目标,按照"资产变股权,农民当股东"的基本方向推进产权制度改革。改革工作从 2006 年开始调研,2007 年制订和完善方案,到 2008 年全面稳妥推进,克服重重困难,取得了可喜成绩。目前,崔各庄乡资源资产股份合作联社登记注册成立,村级改革分批次推进。南皋村、草场地村、奶西村等 10 个村完成产权制度改革工作,注册成立了股份经济合作社;北皋、东营、善各庄和马泉营已完成产权制度改革 80% 的工作量;望京村正在进行健全完善经济合作社社员代表大会制度工作,选举社员代表。2008 年,崔各庄乡体制改革工作列入全区试点,并于同年被评为北京市京郊农村改革先进乡镇,2009 年又被列入区政府折子工程,并被评为北京农村改革先进乡镇。

(二)全力打造"何各庄模式"

按照"尊重农民意愿、保障农民权益、乡村有效组织、依靠文化致富"的基本方向,由乡村集体组织,对农民宅基地及住房进行整体规划、集中改造及统一租赁流转,提高农村宅基地流转的组织化程度,增加村民财产性收入。目前已有 100 余户农户将住宅委托经营,其中 30 户民宅改造完毕并入住客户,70 余户正在改建。2010 年以会所、餐饮、艺术品展销以及配套服务业为重点,重点推进村中心特色街建设及村南部和东部的改造。

(三)引入专业化管理团队参与项目管理

聘请专业管理人员和专业技术人员组建工程质量监管机构,对土地储备、京旺家园回迁房建设、何各庄民宅改造、地铁 15 号线公租房建设、产权制度改革等重点项目进行全过程监管。引入工程设计、财务监管、工程监理、成本控制、物业管理等专业管理团队,确保在建设内容、资金使用、施工质量、工程进度等方面符合政策及工程技术要求。专业团队的参与大大降低了项目建设成本,提高了建设质量,保证了工程建设的有序进行。

四、产业发展布局日趋合理

结合市区对崔各庄乡新的功能定位,按照"组团规划、集群发展、项目带动、龙头引领"的思路,全乡积极整合土地资源,清理低级次产业,逐步实现全乡范围内统一功能布局、统一产业规划、统一项目引进,逐步调整各类产业比重,使地区产业结构进一步优化,产业格局逐渐清晰,逐步形成了绿色休闲、文化创意、高新技术、中央居住四大产业板块。

(一)绿色休闲产业

2007 年以来,崔各庄乡以市区大力发展设施农业为契机,在高质量完成京承绿化建设任务的基础上,对京承路沿线可视范围北三村(何各庄、奶东、奶西)的农业用地、绿色产业用地进行资源整合,全力推进北部都市型现代农业示范区建设。示范区内设计规划全美樱桃园、葡萄示范体验园、农事体验园、现代农业园、节水地被植物生态园、龙吉特绿色生态园、污水处理与水资源循环利用技术展示基地(即崔各庄湿地公园)等 9 个项目,深度开发农业多种功能,发展采摘农业、观光农业、体验农业。其中,5 个项目已启动建设,在农业设施、基础配套、节水灌溉、科普展示、科技创新等多个方面取得了积极进展。

（二）文化创意产业

自 20 世纪 90 年代中期开始，众多知名艺术家及文化创意企业自发聚集到崔各庄地区发展。500 多家文化创意机构、10 多个文化艺术园区的集聚，提升了地区文化形象和地区品牌影响力，初步形成了以艺术品展示交易、文艺演出和博物馆群落为特色的文化创意产业格局。目前全乡文化创意产业已初具规模，三大特色文化创意聚集区基本形成，包括：北部以何各庄一号地为中心的艺术机构聚集区、中部以费家村香格里拉艺术公社及索家村国际画家村为中心的原创空间、南部以草场地为核心的创意文化产业综合发展区。文化创意产业已成为本地区的支柱产业。

（三）高新技术产业

电子城西区北扩项目建设单位是北京中关村电子城建设有限公司，朝阳区设电子城管委会负责协调推动该项目的建设。该项目面积约 404 公顷，涉及崔各庄乡的崔各庄村、善各庄村和索家村。乡党委、政府以土地储备为契机，结合电子城西区北扩的功能定位，认真研究乡级产业用地的发展规划，作为功能区的配套项目规划正在深化设计之中；并结合电子城西区北扩，积极引进高新技术产业项目。

（四）中央居住产业

目前，乡域内有香江花园、观唐别墅、长岛澜桥等 8 个别墅区，地铁 15 号线车辆段公租房为保障性住房试点项目，正在积极办理规划立项手续。以大望京城乡一体化农民搬迁上楼为契机，南皋组团-京旺家园工程正在建设中，中央居住区已初具规模。

依托中央居住群落，配套商贸、餐饮服务产业逐步完善。北京赛特奥莱以其独特的建筑形式、产品定位、经济效益已成为拉升崔各庄地区产业形象的标志性企业。阿根廷烤肉南美文化餐厅、醉库葡萄酒文化主题餐厅、紫云轩秦晋风格的现代茶艺、春水堂台湾第一艺术茶艺餐饮品牌等西式餐饮已形成崔各庄特色亮点，吸引了许多高端人群。

地铁 14 号线和 15 号线穿过崔各庄地区，区域内几条主要道路也将于近期开工建设，为地区交通带来极大便利，为中央居住产业及其配套服务业的发展创造良好环境。

经过多年的努力，一批重点产业项目建成并投入运营，为地区经济发展注入了新的活力。以重点项目建设为依托，2009 年崔各庄乡被列为北京市创新型乡镇。

黑桥有机蔬菜种植园通过对黑桥村原蔬菜生产基地改造升级，建设集有机蔬菜种植、加工、销售为一体，蔬菜新技术、新品种试验示范、培训推广的有机蔬菜种植园。项目从 2007 年 3 月开工，至 2008 年 5 月全部完工。其建设规模、质量和速度得到市、区主管部门的肯定。园区采用"公司＋基地＋农户"的经营模式，实现了公司、村集体和农户三方共赢局面。在各级政府的大力支持下，黑桥永顺华蔬菜专业合作社正式成立，并于 2009 年年初开始实质性运营。

北京赛特奥莱项目依托中央别墅区，实施"名店名品"经营战略，以北京市成熟的零售市场为基础，利用赛特购物中心在零售业和消费者中的影响力及其稳定的客户资源，打造一个集购物、休闲、餐饮、娱乐于一体的高档购物中心。本项目于 2009 年 7 月底实现试营业，截至 2010 年 6 月入驻商户 170 家，上半年实现收入 20394.9 万元，形成利润 423 万元，上缴税金 575.6 万元，发挥了品牌带动效益，提升了土地资源价值和商业服务水平。

朝通物流中心是对原奶西村原废旧物资回收市场的改造升级,建设以"农副产品物流、安全农副产品展示、交易"为主要内容的"朝通物流中心",创新并完善农产品流通体系,为周边市民提供更加安全的农副产品,并借此改善奶西村环境,壮大集体经济,促进农民就业增收。目前已有 1500 家商户入驻并开始营业。

2010 年,我们重点推进 4 个农业项目和 5 个二、三产项目。樱桃园二期、绿岛蓝莓园、葡萄园二期、果园二期 4 个农业项目,主要以设施农业、休闲农业为主,当年计划投资 1 亿元,其中樱桃园二期、葡萄园二期年底具备开业条件。重点推进的二、三产项目 5 个,何各庄民宅改造、京旺家园工程正在抓紧实施,颐高圣鸿创意园功能定位为工业产品的前端设计,地铁 15 号线车辆段公租房为保障性住房试点项目,两个项目正在积极办理规划立项手续。赛特奥莱二期项目正在协调规划部门调整控制性规划。

五、经济发展环境不断优化

多年来乡党委、政府一直致力于优化企业发展环境,为地区企业发展打造服务平台,推动地区经济发展。

(一) 成立地区企业联合会

为有效整合地区企业资源,实现资源共享,在企业与政府、企业与企业、企业与社会之间架起一座沟通的桥梁,乡党委、政府经过深入调研,于 2009 年成立了崔各庄地区企业联合会。企业联合会是崔各庄地区内企业和企业家的联合组织,是经北京市朝阳区民政局核准注册登记的非营利性社会团体法人,宗旨是"团结、交流、协作、服务"。截至目前已发展会员 36 家,国门企业家会刊成功创刊发行,联合会网站正式运营。企业联合会的成功运行,可有效地对企业进行政策引导,使之符合地区产业发展规划,同时有更多的企业参与地区经济建设,为地区发展献计献策,对优化地区产业结构起到了积极作用。

(二) 强化税源建设

为有效应对金融危机带来的不利影响,实现税源建设与经济发展的互促互进,乡党委、政府非常关注企业的发展、成长,加强税源建设,切实提升为地区企业服务的水平,一是强化税源建设工作的组织保障,健全乡村税源建设领导小组工作机制,建立了"党政一把手"双组长负责制。二是建立工作激励机制,加大政策研究力度,充分利用市区税源建设相关政策,建立工作激励机制,制定了本乡清理异地纳税和新增税源专项奖励政策,调动各方参与税源建设积极性。

2009 年全年完成辖区税收 2.8 亿元,其中形成区级财政收入 1.06 亿元,同比增长 18%,完成全年任务的 113%,圆满完成全年税收任务。

在乡党委、政府及各方力量的共同努力下,全乡的经济发展水平不断提高,产业发展格局不断优化。2010 年经济工作任务艰巨,责任重大,乡村两级要把认识统一到区委、区政府对农村城市化发展的总体要求上来,把行动统一到乡党委、乡政府对城乡一体化的具体部署上来,创新工作方法,提升管理水平,努力实现崔各庄的跨越式发展。

第四节 城镇规划及土地利用

一、规划定位

崔各庄地区位于北京市中心城外围的绿化隔离地区,属于限制建设区,是中心城东部重要的生态环境保育区,同时也是中心城重要的通风走廊及市民休憩场所。

二、规划思想

崔各庄地区社会发展应服从于北京市和朝阳区整体战略思想,响应北京市总体规划布局的要求,在保护生态环境和建设和谐社会的前提下,加快地区农村城市化进程,将原来分散的乡村居民点改造成有一定规模的,配套设施完善的居民社区。

在城市化发展中要处理好三农问题,快速、稳妥地实现农民转居、劳动力安置、居民生产生活状况的改善,完善城市管理体制,促进社会协调可持续发展。

三、规划原则

城镇规划原则如下:

(1)保证通道原则——落实城市总体规划确定的公共设施走廊,如道路、市政等。

(2)生态畅通原则——保证中心城良好的生态环境,建设首都宜居城市。

(3)总量控制原则——满足该地区生态环境建设的要求,加强环境建设。

(4)生活生产原则——保证该地区经济社会可持续发展,落实生活及生产空间。

(5)聚散布局原则——各类建设采用集中与分散相结合的布局方法,达到规模适度,经济合理。

(6)内外互动原则——落实温榆河生态走廊的规划,综合考虑建设用地及生态平衡,提高规划方案的可操作程度。

四、用地布局原则

用地布局原则如下:

(1)统筹人与自然和谐发展,协调好人口、资源和环境的规划配置;结合首都发展的实际,统筹城乡发展,推进地区城市化进程。

(2)按照"内外互动"的原则,统一考虑温榆河绿色生态走廊内外的用地规模、农民安置、产业发展、资金平衡等各类问题。统筹考虑东三乡地区的用地规模和布局,打破现有行政辖区界限的限制,在均衡考虑各乡利益的前提下相互之间进行适当补充和调整。

(3)严格控制绿色生态走廊内建设用地的规模,突出温榆河沿岸的景观价值与生态功能,改善沿河生态和景观,使沿河地区成为城市居民的旅游休闲场所和观景带,创造最佳的人居环境,促进该地区的可持续发展。

(4)绿色生态走廊外围地区应充分考虑在保持地区生态环境的同时,合理安排当地农民旧村改造和产业发展用地。

(5)结合各处集中居民点的分布,以原有位置为基础规划安排各类建设用地,尽量少占或不占现有农田和绿地,努力将旧村改造后节省的土地恢复为农业用地或绿化用地。

(6)以现有建设用地为基础划定规划各建设组团的范围,同时将适量现状非建设用地划入其中,为该组团的改造建设创造可实施条件。

五、控制性规划用地指标

总用地面积 1928.89 公顷(28933.35 亩,不包括国有用地),其中:

一类居住用地 47.89 公顷(718.35 亩),占总用地的 2.48%;

二类居住用地 232.59 公顷(3488.85 亩),占总用地的 12.06%;

产业用地 254.89 公顷(3823.35 亩),占总用地的 13.21%;

商业金融用地 12.14 公顷(182.1 亩),占总用地的 0.63%;

公共设施用地 2.87 公顷(43.05 亩),占总用地的 0.15 %;

非城市道路用地 113.53 公顷(1702.95 亩),占总用地的 5.89%;

绿化用地 639.44 公顷(9591.6 亩),占总用地的 33.15%;

农业用地 380.39 公顷(5705.85 亩),占总用地的 19.72 %;

河湖水域 13.29 公顷(199.35 亩),占总用地的 0.69%;

市政设施用地 43.08 公顷(646.2 亩),占总用地的 2.23%;

铁路用地 31.25 公顷(468.75 亩),占总用地的 1.62%;

城市道路用地 157.53 公顷(2362.95 亩),占总用地的 8.17%。

第五节　乡级统筹与产权制度改革

近年来,随着北京市经济社会的快速发展,近郊农村地区城市化进程日益加快,城乡结合部地区经济社会发展迈入新阶段,农民经济收入水平有了显著提高;但与此同时,一些深层次的矛盾和问题逐渐凸现,制约着城乡结合部地区今后的健康可持续发展。以朝阳区崔各庄乡为例,对地区在发展中遇到的矛盾和问题进行认真归纳梳理,并对这些矛盾和问题产生的原因进行深入分析,在此基础之上提出解决这些矛盾和问题的措施。

一、崔各庄乡基本情况简介

崔各庄乡位于朝阳区东北部温榆河绿色生态走廊地区,辖区面积 31 平方公里,集体土地 21.4 平方公里,下辖 15 个行政村,在册人口 16.1 万人(包括本地在册居民、农民,办理暂住证的流动人口),其中,本地农业人口 1.1 万人,非农业人口 1 万人,流动人口(指外地户籍人员)

达14万人。1998年城乡体制改革以来，崔各庄乡开始步入正常发展轨道，尤其是2004年区划调整以来，乡党委和乡政府围绕富裕、文明、和谐的目标，着力优化发展环境、产业结构和空间布局，经济社会进入新的发展阶段，城市化进程明显加快。随着今后温榆河绿色生态走廊、大环文化产业园区、电子城西区北扩等建设的有序推进，崔各庄乡经济社会发展将进一步加速。与此同时，一些长期积累的深层次矛盾和问题也凸显出来，制约乡域土地利用规划和经济发展规划的实施。

二、发展过程中面临的问题

发展过程中所面临的问题如下：

（1）现有村级核算体制与"组团式规划建设，板块式经济发展"之间的矛盾日益突出，影响城市化进程的推进。根据北京城市总体规划，崔各庄乡位于北京市中心城外围的第二道绿化隔离地区，属于限制建设区，是中心城东部重要的生态环境保育区，同时是中心城重要的通风走廊及市民休憩场所。按照"组团式规划建设，板块式经济发展"的战略思路，朝阳区对崔各庄乡进行了科学的规划，但由于土地规划是以乡为单位编制的，打破了行政村界限，导致15个村的规划绿地和产业用地面积不等。在温榆河生态走廊地区总体规划（不包括望京村和其他零星土地）范围内的2.9万亩集体土地中，绿化用地占53.6%，建设用地占34.4%，公共设施用地占12.0%，其中，何各庄、黑桥、草场地、奶东、费家村、东辛店6个村近1.3万亩集体土地基本上都是规划绿地，而电子城西区北扩规划的产业用地主要集中在崔各庄、索家村、善各庄3个村，规划占地面积5265亩，占全乡建设用地面积的52.9%，占全乡可开发用地面积的62.3%。如果保持现有村级核算体制，必然造成各村发展机会不均等、两极分化不断加剧。

（2）集体经济的可持续发展问题尤为突出。一方面，集体经济底子薄，经济收入水平低、增长慢，增长方式转变困难。由于历史原因，以前对本地区农村的投资少，基础设施相对薄弱，相应形成的集体经营性资产少，这就造成目前各村集体收入来源主要是土地租赁收入。乡党委和乡政府为了增加各村集体收入，曾多次大力支持各村调整经济合同，提高土地租金，集体经济收入得到了一些增长，但相对于日益增大的集体支出，集体经济收入增长还是比较缓慢。同时，由于集体很难形成积累，很难增加对经济发展的投入，也就难以实现经济增长方式的转变。另一方面，集体各项支出不断增加，很多村连年入不敷出，集体资产不断减值。随着时间的延续，还将有更多的村背上负资产的沉重枷锁。

（3）农民就业增收困难，社会保障问题突出。由于农村大多数劳动力知识文化水平不高，就业竞争力差，很多农村劳动力很难在就业市场上找到满意的工作。农民因为不能享受城市同等的社会保障，其社会保障需求只能转向集体。近年来，面对丰厚的集体土地收益，与城乡结合部地区相似，崔各庄乡有越来越多的农民谋求在集体就业，以此参与集体收益分配，致使集体就业人数大于合理定员标准。同时，各村集体用于农民合作医疗、退休养老、待业补助等保障性福利支出也越来越多，支出规模失控，成为集体收不抵支的重要原因。

（4）社会管理与服务的难度和成本增大。首先，乡、村两级组织既要承担农民的管理，也要承担居民的管理，市政、市容管理及其他社会管理的负担日益加重，却无法享受与城市社区同等的财政支持，很多集体经济组织被迫"买单"。其次，众多的流动人口给本地区的公共管理和服务等都带来了很多的问题，如社会治安形势严峻，计划生育工作开展复杂，环境整治难度加大,水电路等基础设施无法满足需求,等等。再次,当地老百姓出于提高生活水平的需要和经济利益的驱动,想方设法地增盖出租房,有的甚至侵占宅基地外的公共区域加盖房屋出租,而乡政府和村委会出于地区未来发展的需要和相关法律政策的要求,只能加大监管力度,拆除违章建设。

三、问题产生的原因

问题产生的原因如下:

(1) 村级核算体制是制约"组团式规划建设,板块式经济发展"的主要原因。建设绿化隔离带是北京市委市政府统筹城乡经济发展,建设生态城市,实施可持续发展战略的重要举措。要落实好规划、建好绿化隔离带必然要求绿化隔离地区走"组团式规划建设,板块式经济发展"的道路。但现有的村级核算体制对下一步地区的整体发展始终是一个桎梏——规划是以乡为单位编制,全乡的产业用地、居住用地、市政配套总量是按全乡总人口、全乡劳动力总数为基本依据产生的,绿地与建设用地是按全乡乡域面积总数编制,其结果必然会打破行政村界限,导致各村的建设用地和绿化用地比例严重失调,造成各村发展机遇的不平等。如果不能解决因土地规划引起的各村之间利益失衡,整个地区的经济、社会发展和城市化进程很难稳步推进。

(2) 传统的农村集体经济产权制度是制约集体经济健康可持续发展的主要原因。首先,现行的农村集体经济管理体制是建立在集体资产成员共同共有基础之上的,但相对应的现实是农民作为集体资产所有者的地位得不到体现,每个成员都知道集体资产有自己一份,却不知道自己到底有多少份,共同拥有的实质变成了谁都没有,导致的结果是成员只顾局部的、眼前的利益,而不考虑集体经济的承受能力,不断要求集体提高分配水平和福利待遇。其次,村干部作为集体资产所有者的代表,拥有集体资产的实际控制权,为了维护基层稳定或出于其他原因,不断提高集体分配水平和福利待遇,导致集体支出规模失控。再次,现行农村集体经济管理体制缺乏广泛而有效的监督机制——集体经济每年是不是入不敷出?集体资产是增加还是减少?不考虑集体承受能力,不断提高分配水平和福利待遇是不是寅吃卯粮?没有人关心,即使想关心也缺乏必要的理由和渠道。

(3) 城乡二元的社会管理体制是制约地区农村发展的重要原因。随着城市化进程的加快,征地转居,流动人口增多,社区化发展趋势日益明显。在当前城乡二元社会管理体制下,村集体组织承担了大量公共管理和服务工作,且无法享受与城市社区同等财政支持,村集体公共支出负担严重。

四、解决问题的措施

通过调查研究,我们认为只有通过乡村联动的体制改革才能破解地区发展遇到的难题。进行农村体制改革已经迫在眉睫,不改革就没有发展,不改革就没有出路。通过创新农村体制机制,才能优化整合地区经济资源和社会资源,突破地区经济、社会发展的瓶颈,实现地区经济社会全面协调可持续发展。崔各庄乡体制改革的总体框架如下:

1. 总的指导思想

按照因地制宜、宜统则统、宜分则分、统分结合、城乡统筹的原则,坚持乡村联动、资产量化与土地入股联动、集体经济体制管理改革与社会管理体制改革联动,通过明晰集体经济产权,整合经济资源和社会资源,实现政社分开和乡级统筹,解决村级核算体制与"组团式规划建设,板块式经济发展"之间的矛盾,充分保障农村集体经济组织成员的资产收益权,促进农民共同增收致富,实现地区经济、社会全面协调可持续发展。

2. 总的原则

(1) 整合资源,促进发展。兼顾发展效率与社会公平,整合经济资源和社会资源,妥善处理乡村集体经济组织的利益关系,促进乡域经济社会持续协调发展。

(2) 保护权益,促进增收。建立产权明晰的集体经济产权制度,保护集体经济组织成员的合法财产权,发挥集体经济在促进农民群众共同致富方面的重要作用。

(3) 政社分开,城市管理。按照政社分开原则,在推进集体经济产权制度改革的同时,开展社会管理体制改革试点,减轻集体负担,加强城市管理。

(4) 加强领导,维护稳定。坚持上级党委和政府领导,依据有关法律法规和政策,充分发挥基层党组织作用,广泛听取群众意见,切实履行民主程序,维护农村社会稳定。

3. 总的任务

(1) 在明晰产权的基础上,建立乡级统筹的经济管理体制,促进区域协调发展和农民就业增收。

(2) 在整合资源的基础上,建立乡级统筹的城市管理体制,实现政社分开,促进和谐发展。

4. 改革的主要内容

(1) 实施村级集体经济产权制度改革。将各村经济合作社改制为股份经济合作社。按照"资产变股权,农民当股东"的方向,依据各村集体经济组织成员的劳动工龄,将村级集体净资产扣除一定的备用金后,以股份的形式量化到每个人员。

(2) 组建乡级土地股份合作联社。15个村以集体土地使用权入股,组建土地股份合作联社,各村作为联社股东,出资比例依据各村集体土地占全乡集体土地面积的比例确定,实现土地资源乡级统筹,土地股份合作联社负责集体土地的统一经营,具体内容在公司章程中予以明确。各村现有的土地经营、资产收益仍由各村收取,主要用于村级组织运转、公益事业开支、农民福利性支出。土地股份合作联社使用各村土地,给予一定资金补偿。土地股份合作联社的利润由股东协商确定分配比例和分配方式,实现全乡资源性资产的增值共享。

(3) 推进农村社会管理体制改革。产权制度改革完成后,以现有的行政村为基础,成立社区党组织和社区管理委员会,社区日常经费依照城市社区经费核定标准,由区财政按城市社区的管理标准统筹安排。

通过以上改革方案的设定,基本能够达到四个目的:一是通过改革促进产业发展,克服乡域统一规划与村级经济核算之间的矛盾,有利于从全乡范围内统一布局产业,统一引进项目,统一实现规划,统一实现利益再分配,形成产权改革、产业发展相互促进的良性机制,让全乡农民共享城市化成果。二是通过改革,实现农村集体经济管理体制和经营机制的根本性转变,建立适应市场经济发展要求的产权明晰、权责分明、政企分开管理科学的集体经济运行机制,增强集体经济组织自身的可持续发展能力。三是通过改革促进农民就业增收。通过组建和规范乡级土地股份合作联社、绿化保洁公司、建筑公司、水电管理公司和保安公司等,提高农民安置就业率,提高就业稳定性,增加农民收入。同时,明晰产权,增加农民的资产收益,减少对集体的依赖性，能够促进市场化就业。四是通过改革推进社会管理体制创新。在农民身份不变的情况下，成立社区，在减轻集体经济负担的同时，整合社区资源，强化社区功能，把政府的公共服务和管理向农村基层延伸，对切实解决农民群众关心的难点、热点问题，提升农村社区文明程度，促进农村社区各项事业协调健康发展具有重要作用。还可以进一步扩大群众有序的政治参与，完善基层管理和服务网络，形成一个有效的载体，让农民群众直接参与社区管理。

第六节　村委会向社区管理过渡
是城市化发展的必然趋势

城市化是随着生产力的发展，促进城乡居民生产方式、生活方式和居住方式变化的新阶段；是城乡人口、技术、资本、资源等要素相互融合、互为资源、互为市场、互相服务，逐步达到城乡之间在经济、社会、文化、生态上协调发展的渐进过程。在近年国家、市、区等各级党政等部门关于"实施城市化战略，加快郊区城市化进程，提高市区现代化水平"的精神指导下，加上崔各庄地区特殊的地理位置、历史变革、经济、社会等的发展水平，加强社区管理势在必行。

一、城市化是必经之路

1993年，国务院批准的《北京城市总体规划》提出，要将北京建设成为经济繁荣，社会安定，各项公共服务设施和基础设施以及生态环境达到世界一流水平的历史文化名城和现代化国际城市。

积极稳妥地推进城镇化，提高城镇化水平，是"十五"时期我国国民经济和社会发展的重大战略，是促进国民经济良性循环和社会协调发展的重大措施。根据这一战略要求，《北京市国民经济和社会发展第十个五年计划纲要》提出要"实施城市化战略，加快郊区城市化进程，提高市区现代化水平"。"十五"以来，在全国城镇化总体部署中，北京被作为具有较强影响力和竞争力的国际性大都市重点加以培育。

同时，党的十七大确定了"统筹城乡发展、推进城乡一体化"的重大战略方针。这是党中央对统筹城乡发展提出的新方针和新要求，是打破城乡二元结构、加快农业和农村发展、促进农民富裕的根本途径，为下一步推进城乡经济社会协调发展指明了方向。

2006年，《北京市朝阳区"十一五"时期城市规划与建设》指出：解决城乡二元结构是区域协调发展、实现农村城市化、提高农民生活水平、促进"三农"问题根本解决、改善生态环境、集约利用土地、拓展城市发展空间的客观需要。在"十一五"期间需要打破城乡二元结构，有效引导城镇化健康发展，构筑城乡一体、统筹协调发展的格局。

二、北京城市化进程

北京是一个既拥有中心城市（市区），又包括广大郊区农村的大都市地区。改革开放以来，随着国民经济的快速增长和社会的全面进步，北京的城市化稳步推进。2000年底，北京市城市中心区也由旧城区扩展到四环路以内。根据北京实施现代化建设"新三步走"的战略部署，到 2010 年北京要率先在全国基本实现社会主义现代化。

目前,北京已成为全国城市化水平较高的地区,正在向着现代化国际大都市的目标迈进。但是,北京的城市化发展还很不平衡,主要表现在郊区发展相对滞后。这些发展的相对滞后构筑了城乡分割的鸿沟,限制了人口的有序流动,阻碍了城市化水平的提高。为了率先基本实现现代化,必须进一步完善北京城镇体系,加快城市化步伐,显著提高城市化水平,缩小城乡差距,实现城乡协调发展和共同繁荣。

三、朝阳区城市规划

《北京城市总体规划(2004—2020)》确定在北京市域范围内构建"两轴—两带—多中心"的城市空间结构。朝阳区位于规划中心城区的东部,是兼有城市现代化建设及规划控制功能的城区。

朝阳区空间结构由中心地区、边缘集团、绿化隔离地区(第一道和第二道绿化隔离地区)三部分组成。《北京城市总体规划(2004—2020)》中明确,中心城区继续完善"分散集团式"布局,城市建设重点实施"两个战略转移",即城市建设重点从市区向远郊区县转移,市区建设从外延扩展向调整改造转移。因此,朝阳区未来城市空间布局以完善和局部调整为主,内部空间布局优化调整的重要举措是推进"组团式规划,板块式发展"战略,同时综合考虑基础性公共设施规划布局对朝阳区城市景观和空间布局的影响。

依托温榆河地区的整体规划,加上朝阳区东部高新技术产业的优势,将为朝阳区外围农村地区引入都市工业发展机遇,势必将加快崔各庄乡城市化和现代化发展步伐。

四、崔各庄乡产权制度改革

崔各庄乡位于北京市朝阳区东北部,面积 31 平方公里,下辖 15 个行政村、1 个居委会,毗邻电子城功能区、798 艺术区、大环影视文化产业基地等,是首都国门路上的重要城市形象节点,属典型的城乡结合部地区。

崔各庄乡有 15 个村经济合作社、20 个乡属集体企业。2004 年,崔各庄乡党委、政府首先在索家村、崔各庄和黑桥三个村进行了村级财务委托代理记账试点。经村社员代表大会民主决定,将村合作社财务会计核算工作,委托给乡政府出资聘请的会计事务所。在取得经验的基础上,2006 年全乡 15 个村经济合作社的财务会计核算工作全部实现了委托代理制。

2007 年,崔各庄乡党委、政府解放思想,审时度势,提出了进行产权制度改革的设想。2008 年,制订改革实施方案,明确了实施村级集体经济产权制度改革,推进乡级土地股份制改革及推进农村社会管理体制改革三大任务。同时,全乡按照明晰产权、统一开发、整合资源、专业管理的思路,确立了两大目标:建立乡级统筹的经济管理体制,促进区域协调发展和农民就业增收;建立乡级统筹的城市管理体制,实现政社分开,促进和谐发展。在此基础上,还坚持了三个联动,即乡村产权制度改革联动、货币资产与土地资产联动及经济体制改革与社会体制改革联动,即在朝阳区率先启动了试点改革。

2009 年,崔各庄乡资源资产股份合作联社成立,15 个村以集体土地使用权入股,组建崔各庄乡资源资产股份合作联社,各村作为联社团体股东,出资比例依据各村集体土地占全乡集体土地面积的比例确定。

目前，全乡 15 个村全部列入朝阳区土地储备计划，其中有 6 个村已经拆迁。拆迁后，村民将全部转居转工，成为城市居民，并集中安置在京旺家园，按照"产权变股权、农民当股东"的思路，享受股份合作制企业的分红。

五、社区管理是城市化的必然趋势

经过多年快速发展，崔各庄乡具备了谋求在更高层次上发展的坚实基础，按照城市管理的要求，在完成村级产权制度改革和乡级土地股份公司组建的基础上，推进农村社会管理体制改革，将农村社会发展纳入公共财政支持范围，逐步剥离村集体承担的社区公共服务职能，提高城乡公共服务均等化水平。

（一）实行社区管理是提高群众生活水平的必然要求

20 世纪 80 年代以来，崔各庄乡部分村多次经历了征地转居转工，村民有着强烈的城市化建设愿望，因而积累了一些如房屋老旧、外迁挂靠户多、流动人口集居等历史问题；由于长期未按城市规划实施开发建设，村民儿女衍生，也滋生了一些违法建设，导致乡村级集体经济的发展滞后、农民增收艰难，基础设施老化、用电紧张、供水困难，道路脏乱、交通拥挤，治安条件较差，有线、网线保障难，生活条件比较简陋艰苦。

由于历史和现实的、体制和政策的多种原因，导致崔各庄乡农民已基本没有耕地，农民靠外出打工或者干脆依赖"瓦片经济"维持生计。面对城乡一体化、农村城市化、转居转工、搬迁上楼、进入城保这样一些难得的历史机遇，打破原有社会管理模式，由村委会改社区管理，可谓是天时、地利、人和：天时是指当前正值农村城市化加快推进的关键时期；地利指的是崔各庄所处的地理位置及经济、社会的发展阶段；人和指的是地区百姓对大力推进农村配套改革、提高生活质量的需求。

（二）实行社区管理是扩大基层民主的必然要求

村委会是村民自我管理、自我教育、自我服务的群众性组织，具有明显的"村民特点"，无论是选举人、被选举人还是服务对象都非村民莫属。而社区居委会作为城市居民的自治组织，具有明显的"辖区特点"，其选举人、被选举人和服务对象都是辖区居民。现在崔各庄乡大部分村居民人数占全村总人数的一半以上，因此社区居委会的体制更有利于扩大基层民主，更适应现在人员流通频繁的"大社区"，增强辖区居民的社区归属感。

（三）村委会改社区管理有利于社区事务的规范化

按照《崔各庄乡体制改革实施方案》，启动农村社会管理体制改革，以 15 个行政村为基础，成立社区党组织和社区管理委员会，负责日常社区管理与服务。根据《城市居民委员会组织法》，居民委员会是群众性自治组织，其职责包括：办理有关居民的公共福利事项；向当地人民委员会或者它的派出机关反映居民的意见和要求；动员居民响应政府号召，并遵守法律；领导群众性的治安保卫工作；调解居民间的纠纷。实际上，社区居委会承担的社会公共管理事务越来越多。民政部《关于社区建设情况的报告》指出："据不完全统计，目前，社区承担着社会治安、社会救助、就业再就业、计划生育等 100 多项管理和服务工作,社区已成为城市社会建设和管理的重要组成部分。"

(四) 社区管理的目标

充分发挥集中居住农民自我管理、自我教育、自我服务的作用,不断提高农民群众的思想文化素质和居住区的文明形象,促进农村居民向城市居民转变、农村社区管理体制向城市社区管理体制转变,努力把农民集中居住区建设成为管理有序、服务完善、环境优美、治安良好、生活便利、人际关系和谐的新型社区。换言之,就是要改变长期形成的城乡二元经济结构,实现城乡在公共政策上的平等、产业发展上的互补、国民待遇上的一致,让农村村民沐浴到与城市居民同样的财政阳光,享受到与城市居民同样的现代文明,使城乡经济社会全面、协调、可持续发展。

(五) 村委会改社区管理的条件已基本成熟

2009 年,崔各庄乡乡级集体经济产权制度改革后,组建了崔各庄乡资源资产股份合作联社,各村以集体土地使用权入股,农民变股东,统一参与分红,农民不再以农作物收入作为生活来源,改变了原始"日出而作,日落而息"的生活形态,城市化发展导致村委会管理的目标和意义发生了变化。

崔各庄乡各村委会成建制改建成社区居委会后,将实行社区事务管理与经济管理分离。社区居委会依法承担社区事务管理职能。村集体经济组织原有集体资产在清产核资和界定产权的基础上,属公益性的资产(如小学、幼儿园、卫生站、变电站、道路、水利设施等),按照"权随责走、费随事转"的原则委托给社区居委会代管;属经营性的资产(如市场、商铺、企业净资产或股权、集体土地,以及其他经营性房产等),将由崔各庄乡资源资产股份合作联社承担集体经济经营管理职能。

乡政府帮助农民集中居住区建立治安、环卫、物管和文体等专业化队伍,指导居住区基层组织完善相关制度,规范服务管理,协调解决日常工作中遇到的问题。

总之,城市化是一场深刻的社会变革,它改变崔各庄地区的政治、经济和社会生态;社区管理为地区注入了新的生机和活力,将对地区的长远发展产生重大的影响。

第七节　京旺家园物业管理深层次探讨

自 1981 年我国第一家专业管理公司——深圳物业管理公司成立以来,全国各地的物业管理企业如雨后春笋般纷纷成立,物业管理行业迅速发展,物业管理队伍随之壮大,截至 2009 年底,本市共有物业服务企业 3050 余家,其中资质一级企业 104 家。在这群雄逐鹿、纷繁杂乱的物业行业中,我们京旺家园物业只有立足于基本、学人所长、补己所不足、完善体制、规范服务,才能创造出属于我们的事业。

物业管理的发展战略,一定是品牌化、专业化,并积极采用高科技技术。自办物业管理是在一定背景下一定阶段的产物,其存在意义是相对于这一阶段而言的。如果不对其加以一定的限制和引导,将会造成投资浪费,企业管理服务水平难以提升,因此应注意在引导其发展时应以市场手段为主,而不是以单传的行政指令来干预企业作为。

一、物业管理存在的问题

虽说部分较明智的开发单位认识到了物业管理对开发楼盘潜在的高附加值,舍得投入资金人力,花大力气搞好物业管理,但大部分的自办物业管理,一则实力弱小,即使心有余也力不足;二则机制老化,部分管理人员不专一、不负责任,缺乏进取心,企业也没有激励机制。目前物业管理行业存在多、散、杂的现象,这么多的小企业就依靠着各自当年开发时的那一点楼盘,苟延残喘,甚至把物业管理当成解决富余人员的去处,导致企业人员素质偏低。一无资金投入,二无人才优势,自然难以同其他物业管理企业竞争,难以扩大经营区域,形成不了规模经营,成本也无法降下来。人员虽多,但专业技术人员不多,懂行的人不多,能真正发挥作用的人不多。而且,现代科学日新月异,现代化的智能化设施在物业管理中的应用越来越普及,小区局域网服务、安保自动化系统、消防自动化设施、电梯运行系统等,这些专业化的设施都需要专业人员来操作和维修保养。物业管理服务范围广,由于物业类型与档次的不同,服务的内容和标准也不尽相同,对管理人员素质的要求也比较高,而企业缺的恰恰就是这些人才。如果这些问题得不到解决,又何谈创建物业管理名牌呢?

二、只有独立经营才能避免管理混乱

物业管理企业行政上不独立,财务、人事权等仍控制在开发单位手中。即使名义上分开了,但其内在联系却是千丝万缕,难以割断,造成物业管理企业财务管理混乱,虽然自办物业管理企业在一定程度上占有优势,但如果一心替开发单位遮遮掩掩,出了问题不去认真解决,对业主虚与委蛇,矛盾越积越多,不但会损害业主利益,也必然会损害开发单位的长远利益。

三、改变旧观念,重新规划健康发展

就目前而言,一方面,先进的管理理念、管理手段被不断引入,物业管理业务中的科技含量越来越高,新的管理方式、新的管理标准、新材料和新工艺等都对从业人员提出了更高要求,物业管理业务范围也不断扩大,不断创新,物业管理公司必须有足够的高素质的专业技术人员和管理人员、先进的服务设施以及必要的资金支持。而另一方面,物业管理公司人员素质低下,资金来源缺乏保障,设施不齐全,经营观念落后,将物业管理业务看做是简单劳动,认为只是搞清洁卫生,设施维修保养,保安保卫,收取房租,曲解了物业管理的内涵,只注重管理,不注重经营服务,只注重收费,不注重付出,没有统一的经营规范、经营理念、经营准则,将物业管理视为房地产开发的附属。这些问题如不能正确解决,将会给物业发展带来很大的负面影响。

当前我们应改变陈旧观念,科学严密地对京旺物业管理的发展进行规划。重要的是提高物业管理从业人员素质,引导物业管理公司健康发展。

随着社会的发展和高科技成果的运用,物业附属设备的功能越来越复杂。例如中央监控系统、中央空调系统、给排水系统、电力供应系统、消防监控系统、电梯运行系统和通讯系统等,均需要有一定专业技术的人员进行操作、管理、维修和养护,对人员的素质、管理水平,甚至外语交际能力都有一定的要求。因此,要求从事物业管理的人员要持证上岗。对于企业经理、部门经理和管理人员,按建设部规定,需在满足一定文化程度的基础上,接受上岗培训,经考核合格后方可持证上岗。这些措施的施行,在一定程度上可以解决目前物业管理中部分从业人员素质低下的问题,提高物业管理服务质量水平。积极推行ISO9000,对人员的素质要求也进一步提高。除了各政府相关机构为物业管理从业人员提供必要的指导外,还应进一步加强与高校的联系,一方面利用高校雄厚的师资力量和高素质的人才以定期提供各类培训服务,另一方面也可对物业管理过程中出现的问题作深层次的探讨,为物业管理发展提供理论指导。通过这种途径,把实践与理论相结合,更可以通过对管理人员的培训,引导物业管理企业快速发展。

这种对人力资源的培训是极为重要的。物业从业人员大多为半路出家,部分还是原开发单位的富余下岗人员。其对物业管理的法律法规不熟悉,对现代的物业管理技术不精通,更需要各种专业培训来提高专业技能,从而在激烈的市场竞争中生存,提高行业水平。

此外,各级部门要积极扶持京旺物业的成长,深入推行物业管理规范服务达标和服务承诺制度,加强监督检查,规范企业行为,为京旺物业创造一个规范严格而又积极向上的外部环境。

四、不同物业阶段的工作重点

(一) 品牌战略(走出去学、请进来教)

物业管理行业已走上品牌经营之路,全国除比较有影响力的如万科、长城、中海等一批全国物业行业的领头羊外,近95%的物业管理企业属二、三流企业。从物业管理的行政特征来看,物业管理公司虽然组织建立比较容易,但由于物业管理行业是一个服务性行业,微利保本已成为业内普遍现象,而管理服务质量优劣的体现又需要一个较长的时期,在更大范围内竖立起好口碑更要经过几年的努力,尤其是在物业管理起步之初,物业管理企业要实现自己品牌战略,实在是任重而道远。至少在目前阶段,京旺物业应当走出去学、请进来教,进一步整合人力资源,迅速培养出一支专业化、正规化的管理服务团队,才能推动京旺物业品牌建设与推广。

一般说来,提供完善的售后服务,才能获取老百姓的信任。住宅可以说是最大的消费品,居住作为"衣食住行"之一,在老百姓的生活中占了极其重要的位置。因此,对于居住物业的售后服务质量如何,自然成为老百姓极为关注的方面,也成为老百姓购房选择的一个标准,这个售后服务,就是物业管理。虽然物业管理是微利保本行业,但良好的物业管理却能给楼盘带来高附加值,从而在一定程度上给予开发单位较好的回报,并帮助开发单位树立起自己的品牌,带来高出周边楼盘的附加值,在竞争中占得上风,闯出自己的品牌,才会走上品牌战略之路。

(二) 前期物业(知己知彼、共图伟业)

前期物业期间的物业管理是一个难点问题,房地产开发单位遗留的问题多,老百姓的投诉集中,矛盾大。另外,这一期间难以把握物业交付使用关,监管会脱节,从而造成居民联名写信投诉甚至集体上访,拒交物业管理费和租金的事件也时常发生。按正常途径,物业管理公司应由业主委员会通过招投标形式予以选择,但前期物业管理时期业主委员会尚未成立,只能由开发单位自行选择。在这段时期内,由开发单位自办的物业管理企业来提供服务更好一些:一来可以避免乱选择或匆忙进行招标而出现漏洞;二来可以避免部分后期入住业主因失去招投标机会同时又对物业管理公司不满而产生摩擦,兼顾公平原则。而开发单位自办的物业管理企业,能从开发前期就介入其中,从物业管理角度提出相应的建议,监督房屋建设过程,减少房屋质量隐患,从而使物业管理企业更熟悉房屋结构,便于对业主入住装修实施监督,规范其装修行为,以避免野蛮装修给房屋安全带来的危险因素。这样,无论从沟通渠道还是从合作态度来看,开发单位自办物业管理企业要比其他物业管理企业在前期物业管理阶段更具优势,有利于物业顺利交付使用,做好开发单位与业主之间的架桥人,及时解决楼盘先天问题。

(三)自管物业(团结互助、富民强企)

物业管理虽说是保本微利的服务性行业,但一来细水长流,可以有长期稳定的收入来源,二来自管物业有助于解决开发单位富余人员的工作岗位问题。

综合以上几点,加大对物业管理方面的投入,积极引进行业先进的物业管理经验和技术,提高物业管理水平,一方面通过此途径创收,另一方面也以此提高自身开发楼盘的价值,创建房地产开发品牌和物业品牌,从而达到"双赢"效果。我们要做的是加强领导,引导物业公司正确发展,加强机构管理,完善体系执行,规范服务准则,创建京旺物业管理品牌。

本章小结

本章主要介绍崔各庄乡域概况,介绍城乡一体化建设及就业安置政策,说明村委会向社区管理过渡是城市化发展的必然趋势,最后对农转居社区——京旺家园的物业管理做了分析。本章内容建议课时为2~4小时。

本章参考的资料如下,对原文作者表示感谢。

【参考文献】

[1] 崔各庄乡报、乡志.

[2] 崔各庄乡政府领导及科室提供文献.

[3] 北京市朝阳区崔各庄人民政府网站. http://www.bjcgz.com.

[4] 百度百科网站. http://baike.baidu.com.

[5] 其他有关北京市城乡一体化建设问题的新闻、统计数据和网络文本.

第三章 转变就业观念,树立职业意识

教学目标

了解失业和就业压力,尤其是农村劳动力就业难问题的解决办法,真正转变就业观念,树立正确的职业意识。

第一节 什么是失业

失业指的是有劳动能力的、处于法定劳动年龄阶段的、并有就业愿望的劳动者,失去或没有得到有报酬的工作岗位的社会现象。失业率是劳动人口中符合"失业条件"者所占的比例。对于就业年龄,不同国家有不同的规定,美国为 16 周岁,中国为 18 周岁。国际劳工组织发布的"2010 年全球失业趋势"报告中说,2009 年全球的失业人口已接近 2 亿 1 千 2 百万人。

按照失业产生的原因划分,失业分为自愿失业、非自愿失业及隐形失业等。

一、自愿失业与非自愿失业

失业有很多种类,根据主观愿意就业与否,即自愿失业与非自愿失业。

(一)自愿失业

所谓自愿失业是指不愿意接受现行的工作条件和收入水平而未被雇用而造成的失业。由于这种失业是因劳动人口主观不愿意就业而造成的,因此称为自愿失业。这种失业无法通过经济手段和政策来消除,但可以通过引导就业观念来帮助其积极就业。

例如我们很多北京近郊农村的学员,在北京城乡一体化建设之前,虽然家庭收入因为瓦片经济,依靠房租生活很宽裕,但实际上是处于失业状态的。很多学员在出租房屋之前也是积极就业的,甚至成为某些领域的专业性人才。但发现房租收入大大高于自己的工资水平后,就放弃了原有工作,也不愿意再找工作,这种状态就是自愿失业。

(二)非自愿失业

另一种是非自愿失业,是指有劳动能力,愿意接受现行工资水平但仍然找不到工作的现象。这种失业是由客观原因造成的,因而可以通过经济手段和政策来消除。经济学中所讲的失业是指非自愿失业。

严格地说,失业是指有劳动能力并愿意工作的人得不到适当的就业机会。没有劳动能力的人不存在失业问题。有劳动能力的人虽然没有职业,但自身也不想就业的人,也不称为失业者。当前最大的社会问题是大量的自愿失业者转变为非自愿失业者,这就需要政策性引导,最直接的措施是参加岗前素质和职业技能培训。

二、非自愿失业的类型

非自愿失业又可以分成这样几种类型:摩擦性失业、结构性失业和周期性失业。

(一)摩擦性失业

摩擦性失业是指生产过程中难以避免的、由于转换职业等原因而造成的短期、局部失业。这种失业的性质是过渡性的或短期性的。它通常起源于劳动的供给一方,因此被看做是一种求职性失业,即一方面存在职位空缺,另一方面存在与此数量对应的寻找工作的失业者,这是因为劳动力市场信息的不完备,厂商找到所需雇员及失业者找到合适工作都需要花费一定的时间。摩擦性失业在任何时期都存在,并将随着经济结构变化而有增大的趋势,但从经济和社会发展的角度来看,这种失业存在是正常的。

(二)结构性失业

结构性失业是指劳动力的供给和需求不匹配所造成的失业。其特点是既有失业,也有职位空缺,失业者或者没有合适的技能,或者居住地点不合适,因此无法填补现有的职位空缺。结构性失业在性质上是长期的,而且通常起源于劳动力的需求方。结构性失业是由经济变化导致的,这些经济变化引起特定市场和区域中的特定类型劳动力的需求相对低于其供给。

造成特定市场中劳动力的需求相对低可能由以下原因所致:第一是技术变化。原有劳动者不能适应新技术的要求,或者是技术进步使得劳动力需求下降。第二是消费者偏好的变化。消费者对产品和劳务偏好的改变,使得某些行业扩大而另一些行业缩小,处于规模缩小行业的劳动力因此而失去工作岗位。第三是劳动力的不流动性。流动成本的存在制约着失业者从一个地方或一个行业流动到另一个地方或另一个行业,从而使得结构性失业长期存在。

(三)周期性失业

周期性失业是指经济周期中的衰退或萧条时,因社会总需求下降而造成的失业。当经济发展处于一个周期中的衰退期时,社会总需求不足,因而厂商的生产规模也缩小,从而导致较为普遍的失业现象。周期性失业对于不同行业的影响是不同的,一般来说,需求的收入弹性越大的行业,周期性失业的影响越严重。

也就是说,人们收入下降,产品需求大幅度下降的行业,周期性失业情况比较严重。通常用紧缩性缺口来说明这种失业产生的原因。紧缩性缺口是指实际总需求小于充分就业的总需求时,实际总需求与充分就业总需求之间的差额。

(四)隐藏性失业

除了以上几种主要失业类型外,经济学中常说的失业类型还包括隐藏性失业。所谓隐藏性失业是指表面上有工作,但实际上对产出并没有做出贡献的人,即有"职"无"工"的人,也就是说,这些工作人员的边际生产力为零。当经济中减少就业人员而产出水平没有下降时,即存在着隐藏性失业。美国著名经济学家阿瑟·刘易斯曾指出,发展中国家的农业部门存在着严重的隐藏性失业。隐藏性失业在农村并不被看做是一个问题，尽管农村劳动力的隐藏性失业人员几乎没什么事可做。

三、不充分就业

除了以上的失业类型，还有一种情况就是不充分就业。不充分就业是指那些仅能找到比正常时间短的工作的就业状态。例如兼职工人、季节性工人、打零工的人或临时工的工作状态。

不充分就业不一定表示这些人的职业技能水平低，有的反而是另一个极端，成为某个领域的行家后，兼职反而比专职工作薪资更高，工作时间更灵活。虽然这种就业工作不固定、福利待遇等于零。

四、就业压力

失业者可领取一定的失业救济金，但其数额少于就业时的工资水平，因而生活相对恶化，促使其重新就业。从这一点上来说，不少西方经济学家认为，一个合理的失业率及其失业现象的存在，是促进社会发展所必需的条件之一。

未来的一二十年是我国改革开放的关键时期，大量的农村富余劳动力要转移到城镇就业，城镇新增的适龄就业人员也有较大的就业需要，这就使得我国在未来这一二十年内面临着较大的就业压力，就业问题是我国政府宏观经济政策要解决的最主要问题之一。

第二节　农村劳动力就业难原因分析

农村劳动力就业难，主要是由于农村劳动力普遍存在"四偏现象"，即：文化素质偏低、年龄偏大、职业技能偏差、对工资待遇要求偏高。部分农村劳动力就业观念还停留在计划经济时代，认为没在有规模的企业上岗不算就业。

北京人失业待岗，而外地人在京打工，其中原因是多方面的，但细究起来，最根本的原因，就是就业观念问题。有的人就业期望值偏高，自身定位不准，理想与现实脱节；有的人则是思想保守，因循守旧，安于现状；有的人存在着不愿意从事劳动强度大或自认为是不体面的工作的认识误区；有的人由于长期以来受计划经济的思想影响，在内心仍或多或少地存在着对政府的依赖思想。

最终导致三个后果：一是失业待岗的劳动者不断增加；二是一部分工作岗位找不到就业者；三是外地人涌入占据工作岗位。

一、失业的主观原因

有就业想法但又被自己的认知水平困扰和束缚的非自愿失业者，虽然不是主流，但有一定的代表性。失业的主观原因主要有如下几点：

（一）就业观念陈旧，缺乏吃苦精神

思想上守旧，导致了就业观念陈旧。知识的贫乏，制约着人们思维水平的提高，知识结构的狭窄，是造成一部分人观念陈旧的根本原因，使一些人在思想上不能正确认识当前的发展形势，不愿从事各种条件差、待遇低的低端岗位。很多人不顾自己实际情况，择业过程中盲目攀高，希望离家近一点，效益好一点，工作轻一点，管理松一点，这"几点"的存在，使某些人缺乏吃苦就业的思想准备，就业愿望脱离自身条件和就业实际，造成了理想与现实之间的矛盾。所以，永远没有一个机会适合你，忽视了做事从最基本的一步一步做起。

（二）满足于现状，缺乏务实的就业态度

如果我们经常满足现状，觉得眼前的生活还算过得去，那么，必然导致我们缺乏志向，只会有小算计，眼光总是盯着琐碎的日常生计，无所事事，没有一点压力而显得悠闲自在，而且还会经常由于一些琐碎事情浪费自己过多的精力，久而久之，导致精神松懈，没有上进心。

（三）依赖思想严重，缺乏自信

依赖思想比较严重，体现在思维窄，择业范围局限于周边岗位，不敢向外面迈出一步，过多地依赖政府，依赖集体。所以，我们在转变观念的同时，必须改变严重的依赖思想。其实，对于就业，无论是上一级政府还是乡政府，给你提供的只是一个就业的平台，而真正要依靠的还是自己，充分挖掘自己的潜力，你才能逐步适应社会；反之，依赖现象严重，就会导致思想上的滞后，缺乏靠自己的能力去积极进取的意识，最终只能被社会淘汰。

（四）盲从观望，缺乏紧迫感和危机意识

盲从观望，缺乏紧迫感和危机意识，那么一些机会和机遇就会从我们身边溜走，而我们还是等待着下一个。一切好的工作不是等来的，而是靠自己努力做出来的。行动才会有结果，这原本是简单的道理，越简单越做不到，很多人的理由就是等，等到万事俱备了，机会已经错过了，因为各种事情总是在发展变化的。

二、失业的客观原因

北京出现的巨大的就业压力是有其形成的客观原因的：

一是劳动力供求关系上看，供大于求，就业岗位不足。当前，城乡一体化建设正在大力推进，发展极为迅速，从而造成大量劳动力从土地中剥离出来，失地农民越来越多，失业群体规模渐渐增大，导致了劳动力的就业难度也随之增加。

二是从就业结构上看，有人无岗和有岗无人的现象同时并存，矛盾仍然十分突出。虽然通过一些技能培训，其中一些人掌握了一技之长，但是职业技能相对偏低，而就业门槛却随着文化及科技的发展越来越高，单一、肤浅的技能根本无法适应一些岗位的需求，这也成为当前制约就业与再就业工作的瓶颈。

三是外来流动人口压力明显增大。随着本市各行各业的迅速发展，对劳动力的需求加大，从而吸引了更多的外来农村剩余劳动力进入北京，与本市劳动力竞争岗位。再有，对用人单位

而言，外来人员较之本市劳动力能吃苦，聘用成本低，优势不言自明，因而外地人挤占本地就业岗位的现象十分突出。

这里要特别说明的是，外来务工人员对北京的经济建设做出了巨大贡献。北京人待岗是大量外来务工人员涌入的一个重要因素。但同时也加大了北京人就业的难度。

严峻的就业形势促使我们更要转变就业观念，迎难而上，摒弃消极就业心态，建立积极就业心态，走出就业误区。

第三节　农村劳动力就业难的解决办法

解决就业难问题，从劳动力的角度，要从两个方面入手：一是了解、支持并积极参与到政府就业政策的落实；二是真正转变自己的就业观念。

一、政府的积极就业政策

根据 2009 年数据统计，北京市农村劳动力 163.2 万人，在二、三产业实现就业的约 100 万人，预计每年需要转移就业的农村劳动力约有 15 万人。解决农村劳动力就业问题，通常从政策层面有以下几个着力点：

（1）合理处理经济发展与劳动力供求关系。因地制宜统筹安排地方经济发展与劳动力供求规划。劳动力富余的地区，可考虑着重发展劳动力密集型企业；反之，则发展技术密集型企业。政府在制订扩大经济建设规模、开展招商引资计划时，充分兼顾到与劳动力需求的匹配，搞好经济发展规模与劳动力供求的平衡。

（2）引导企业转变管理观念，树立以人为本的理念。改善劳动环境和劳动条件，消除一切有碍于员工安全和身心健康的设施和隐患。加强企业生产计划管理，杜绝长期加班加点，依法保证员工节假日正常休息。企业发展生产与改善提高员工工资福利待遇并重，保持劳动力价格与价值的相对平衡。积极参加社会保险，消除员工养老、就医、失业的后顾之忧，做到留人先留心，确保员工队伍稳定。

（3）完善管理制度，搞好农村劳动力就业创业服务。建立健全覆盖城乡的职业技能鉴定服务体系，加大职业技能鉴定工作力度，落实进城务工农村劳动力初次职业技能鉴定补助政策，依法确认、核发专项职业能力证书和国家职业资格证书，促进农村劳动者实现素质就业和稳定就业。

（4）强化职业技能培训，提高农村劳动力的就业创业能力。在加强各类培训和农村劳动力转移培训基础的同时，把农村劳动力作为各类技能培训的重点，加大对农村劳动力的技能培训力度。落实农村劳动力助学优惠政策，人力社保部门将依托技工学校和各类职业培训机构，大力开展年轻农村劳动力的技能培训，加大培训投入，扩大培训规模，延长培训期限，进一步提高农村劳动力就业、再就业和创业能力，努力保持就业局势稳定。

（5）充分利用资源优势，积极扩大就业容量。充分利用重大投资建设项目，带动和促进农村劳动力就业。要指导农村劳动力积极参与重大投资项目建设和新农村建设，使部分农村劳动力在扩大内需中实现就近就地转移就业。对有创业愿望，且积聚了一定财富、掌握了一定信息的农村劳动力要求创业的,组织他们参加创业培训,并给予小额担保贷款支持及各项税费优惠政策扶持。并要充分利用各种优惠政策,吸引农村劳动力积极就业和自主创业。

二、转变自己的就业观念

观念是行动的主导,只有更新就业观念,才能适应社会发展,才能走出讲条件、怕吃苦、重待遇、轻发展,图安逸、求稳定的就业误区,树立正确的就业观念。那么,对于我们每一个人而言,应该如何转变自己的就业观念?

(一)消除听天由命、不思进取的保守思想,树立勇于应聘、事在人为的就业观念

有的人在"等、靠、要"的思想支配下,对就业问题缺乏责任感和紧迫感,不主动地了解就业信息和渠道,而是再等一等,看一看,也许会有个好机会;有的甚至存有幻想,"天生我材必有用",等用工单位找上门,一旦提到就业,就讲条件要待遇。这种态度和行为,根本的问题还是思想认识的问题。而实际上,尽管就业难度在增大,但只要本人牢固树立事在人为的思想,发挥主观能动性,不怕竞争,勇于应聘,就一定能够使就业成为现实。

(二)抛弃眼高手低、好高骛远的不实心态,树立脚踏实地、一步一个脚印的就业观念

一部分人在就业过程中存在"高不成、低不就"的问题。问题的实质,是这部分人不能正确地估价自己,把自己看得太高、太重,没有充分地认识到用工单位,不仅要看你的知识水平是否符合岗位要求,更要看你能否胜任,为本单位创造利润。因此,必须着眼现实,清除不切合实际的"理想主义",把自身的估价与用工单位的要求结合起来,低调应聘;必须立足当前,要"立长志",不要"常立志",把远大的理想目标划分为若干阶段,做好当前工作,实现近期目标;必须打牢根基,扎扎实实地做好每一项工作,一步一个脚印地前进,力戒浮躁。

(三)克服依靠政府和社会关系的依赖心理,树立自强自立、敢闯敢干的就业观念

一方面,乡政府提供的只是一个就业的平台,而真正要靠的还是自己。另一方面,不可否认,我们处在一个人情与社会关系取向比较明显的社会中。当家庭和社会人际关系不能或很少能为自己找到一份满意工作时,有的人会感到不安,甚至恐慌。在"关系危机"存在并发生作用的情况下,如何克服依赖心理是就业指导所面临的一个现实课题。克服依赖心理,树立自强自立、敢闯敢干的就业观念非常重要。要自力更生,艰苦创业;大胆探索,开拓创新;不怕失败,勇于摔打,做到对目标的专一。

(四)打消干清闲工作、干体面工作的虚荣心理,树立行行出状元、劳动光荣的就业观念

社会发展促进了人们思想观念的改变,而思想观念的更新又推动着社会发展。有的人在就业过程中,把干清闲工作、干体面工作作为自己成功就业的标志,否则不叫就业,不算就业。

这种传统的、陈旧的观念，与时代发展不相适应，与就业形势不相符合。从就业的角度来看，岗位没有高低之分，有没有岗位才是关键。岗位的归属并不重要，也许是某一个单位或部门，也许是自立门户的自主创业者；也没有体面不体面工作之别，能否服务社会、创造价值是关键。能用自己的双手，养活自己，创造财富就是真正的工作，体面的工作。

（五）就业是有竞争、有风险的，只有不断提高自身素质和技能才能立于不败之地

最后要强调的是，在真正转变旧的就业观念的基础上，在市场经济条件下，我们还应当建立如下的成熟就业观：

一是就业风险观。由于市场经济条件下企业的生存与发展充满着风险，劳动者的就业客观上也必然充满着风险，企业破产、单位减员、天灾人祸、经济不景气以及新生劳动者对现有劳动者的淘汰等，均是现阶段与未来发展中经常会出现的现象，均会导致部分劳动者失去已有的工作岗位，因此，劳动者必须树立起就业风险观。

二是就业竞争观。劳动力作为最重要的资源之一，需要通过劳动力市场来配置，但这种配置是双向选择，即劳动者不是被动地被选择，而是需要主动地参与劳动岗位的竞争来实现自己的劳动权利，否则便可能失去工作机会。因此，新时代的劳动者应当摒弃被动性的等待就业观，代之以主动性的就业竞争观。

三是终生教育培训观。时代的发展，必然带来知识与技能方面的更新，在正常的情况下，失业一般是对劳动者现有知识或技能的淘汰，再就业则意味着需要更新现有的知识与技能，因此，无论是从提高全体劳动者的素质还是维护其现有工作岗位，或防患其一旦失业时的再就业，都应当树立起终生接受知识教育和技能培训的观念。

第四节　树立正确的职业意识

主人翁精神，是计划经济时期国企员工的响亮口号，这个词汇已经被冷落很久了，但在其正面意义上，阐发出岗位主人翁、新主人翁精神等提法。事实上现在和主人翁精神对应最精准的词汇是职业意识。职业意识正确与否影响我们的就业和择业。

一、什么是职业意识

职业意识（Professional Awareness）是作为职业人所具有的意识，具体表现为：工作积极认真，有责任感，具有基本的职业道德。

职业意识既影响个人的就业和择业方向，又影响整个社会的就业状况。职业意识由就业意识和择业意识构成。就业意识指人们对自己从事的工作和任职角色的看法。择业意识指人们对自己希望从事的职业。

职业意识是人们对职业劳动的认识、评价、情感和态度等心理成分的综合反映，是支配和调控全部职业行为和职业活动的调节器，它包括创新意识、竞争意识、协作意识和奉献意识等方面。

职业意识是职业道德、职业操守、职业行为等职业要素的总和。职业意识是约定俗成、师承父传的。

职业意识是用法律、法规、行业自律、规章制度、企业条文来体现的。

职业意识是有社会共性的，也是行业或企业相通的。它是每一个人在从事自己的工作时必须牢记和自我约束的。

二、职业意识的主要内容

一是诚信意识。古人曰，"人无信不立"，"人而无信，不知其可"，市场经济是信用经济，一个企业、一个职业人的市场信誉（信誉度）至关重要，所谓名牌、品牌可以作为无形资产进行产权交易就是这个道理。

二是顾客意识。大家都明白一句话，顾客是上帝，心术不正者往往把上帝作为宰上一刀的对象。顾客是商品的接受者、选择者、购买的决定者，顾客是商家的衣食父母，对待顾客的态度，实质上就是对待自己"饭碗"的态度。市场的回报是公平又残酷的。

三是团队意识。团队与社会、团队、整体是统一的，但有时又是矛盾的，对立的，所以要正确处理与社会、整体之间的关系，我们研究的是在遵守法律、法规，服从社会利益和整体利益的前提下应该具备的团队意识。一个企业就是一个独立的社会经营团队，是由我们所有员工所组成的一个利益共同体，团队既由我们大家来维护、创造，又给每人带来了物质生活利益与精神生活上的利益。因此，我们要维护团队的声誉和利益，不说诋毁团队的话，不做损害团队的事；保守团队的商业秘密；积极主动地做好团队中自己的工作，及时提出有利于企业发展的合理化建议；尊重和服从领导，关心与爱护同事；建立团队内部的协作，开展有效、健康的部门和同事之间的合作竞争，互为平台，互通商机，共同进步。

四是自律意识。分清职业与业余的不同，从而在扮演职业角色时，能够克制自己的偏好，克服自己的弱点约束自己的行为。

五是学习意识。时代进步、社会发展突飞猛进，新的知识不断出现。每个人要想使自己有所成就，只有具备良好的学习心态、不断充电、与时俱进才能保持自己跟上时代步伐，才有可能使职业生涯取得成功，从而实现人生价值。

注意职业意识的形成不是突然的，而是要经历一个由幻想到现实、由模糊到清晰、由摇摆到稳定、由远至近的产生和发展过程。我们要培养自己的职业意识，但也不必奢望一蹴而就。

本章小结

本章主要介绍了失业的定义和类型、农村劳动力失业的主客观原因分析，介绍了政府的积极就业政策，有针对性地分析了如何转变自己的就业观念，最后介绍了树立正确的职业意识。本章的目的是引导学员正确看待失业和就业难问题，转变就业观念，以积极心态面对就业。本章内容建议课时为2～4小时。

本章参考的资料如下，对原文作者表示感谢。

【参考文献】

[1] 甄月桥.农民工就业心理透视[M].北京:科学出版社,2009.

[2] 杨万江.工业化城市化进程中的农业农村发展[M].北京:科学出版社,2009.

[3] 洪向华.新形势下农村改革发展学习读本[M].北京:人民日报出版社,2008.

[4] 赵艳霞.改善农民工就业现状的对策分析[J].商场现代化,2007(1).

[5] 百度百科网站.http://baike.baidu.com.

第四章　发扬传统文化，传承悠久文明

教学目标

系统了解中国传统文化的发展历程和表现形式，掌握传统文化的基本精神，自觉继承发扬传统文化，投入到建设中国特色社会主义新文化中去。

第一节　文化概述

中国与埃及、巴比伦、印度并称四大文明古国，中华文化流传年代久远，地域甚广，以文化圈概念亦被称为"汉文化圈"。中国文化不但对韩国、日本，而且对东南亚、南亚如菲律宾、新加坡、越南等国家和地区都产生了深远的影响，由此形成了世所公认的以中国文化为核心的东亚文化圈。随着中国国力的强盛，随着中国国际地位的提高，世界各国包括亚洲、欧洲在内的一些国家都对中国文化给予了高度的认同和重视。

一、"文化"界说

文化是人类生活的反映、活动的记录、历史的沉积，是人们对生活的需要和要求、理想和愿望，是人们的高级精神生活，是人们精神得以承托的框架。文化包含一定的思想和理论，是人们对伦理、道德和秩序的认定与遵循，是人们生活生存的方式方法与准则。思想和理论是文化的核心、灵魂，没有思想和理论的文化是不存在的。任何一种文化都包含有一种思想和理论，生存的方式和方法。西汉以后，文与化开始结合成一个整词，其含义或与天造地设的自然对举；或与无教化的"质朴"、"野蛮"对举。

二、广义文化与狭义文化

对文化的结构解剖，有两分说，即分为物质文化和精神文化；有三层次说，即分为物质、制度、精神三层次；有四层次说，即分为物质、制度、风俗习惯、思想与价值；有六大子系统说，即物质、社会关系、精神、艺术、语言符号、风俗习惯。

广义文化，着眼于人类与一般动物、人类社会与自然界的本质区别，着眼于人类卓立于自然的独特的生存方式，其涵盖面非常广泛，所以又称为大文化。

广义文化，指人类在社会历史发展过程中所创造的物质财富和精神财富的总和，特指社会意识形态。在阶级社会中，文化是阶级斗争的武器。一定文化（当做观念形态的文化）是一定社会的政治和经济的反映，又影响和作用于一定社会的政治和经济。

广义文化包括四个层次：一是物态文化层，由物化的知识力量构成，是人的物质生产活动及其产品的总和，是可感知的、具有物质实体的文化事物。二是制度文化层，由人类在社会实践中建立的各种社会规范构成，包括社会经济制度、婚姻制度、家族制度、政治法律制度，以及家族、民族、国家、经济、政治、宗教社团、教育、科技、艺术组织等。三是行为文化层，以民风民俗形态出现，见之于日常起居动作之中，具有鲜明的民族、地域特色。四是心态文化层，由人类社会实践和意识活动中经过长期孕育而形成的价值观念、审美情趣、思维方式等构成，是文化的核心部分。

心态文化层可细分为社会心理和社会意识形态两个层次。

社会心理是人们日常的精神状态和思想面貌，是尚未经过理论加工和艺术升华的流行的大众心态，诸如人们的要求、愿望、情绪等。

社会意识形态是指经过系统加工的社会意识，往往经由文化专家的理论归纳、逻辑整理、艺术完善，并以著作、艺术作品等物化形态固定下来并跨时空传播。

狭义文化：指意识形态所创造的精神财富，包括宗教、信仰、风俗习惯、道德情操、学术思想、文学艺术、科学技术、各种制度等。

狭义的文化排除人类社会一历史生活中关于物质创造活动及其结果的部分，专注于精神创造活动及其结果，主要是心态文化，又称"小文化"。1871 年，英国文化学家泰勒在《原始文化》一书中提出了狭义文化的早期经典界说，即文化是包括知识、信仰、艺术、道德、法律、习俗和任何人作为一名社会成员而获得的能力和习惯在内的复杂整体。

三、中国文化与中国传统文化

中国文化是与外国文化对举的概念，亦称为中华文化、华夏文化、华夏文明、汉文化，是指中华民族及其祖先在自己脚下这块土地上创造出来并传播到世界各地的文化总和。

所谓传统文化，是指在长期的历史发展过程中形成和发展起来的，保留在每个民族中具有稳定形态的文化。它是一个民族的历史遗产在现实生活中的展现，有着特定的内涵和占主导地位的基本精神。它负载着一个民族的价值取向，影响着一个民族的行为方式和生活方式，聚拢着一个民族自我认同的凝聚力。

所谓中国传统文化，即鸦片战争以前中国人创造的旧文化，是指在长期的历史发展过程中形成和发展起来的，保留在中华民族中间具有稳定形态的中国文化，包括思想观念、思维方式、价值取向、道德情操、礼仪制度、风俗习惯、行为方式、生活方式、宗教信仰、文学艺术、教育科技和文物典籍等。它是中华民族团结奋进，继往开来，全面建设小康社会，开创美好明天的基础。

民族性、国度性是文化的重要属性之一。中华民族是中国文化的创造主体。中国文化的基本内容包括：语言文字、文化典籍、科技工艺、文学艺术、哲学宗教和道理伦理等。中国传统文化的历史性和现实性是指中国传统文化是中华民族历史的结晶，不是博物馆里的陈列品，传统文化所蕴含的、代代相传的思维方式、价值观念、行为准则，一方面具有强烈的历史性和遗传性，另一方面具有鲜活的现实性和变异性，它无时无刻不在影响着今天的中国人，为我们开创新文化提供历史的根据和现实的基础。

四、学习中国文化的目的、意义和方法

学习中国文化的现实意义：一是有助于更加准确而深刻地认识我们民族的自身；二是有助

于更加准确而深刻地认识我们当前的国情;三是有助于以理性的态度和务实精神去继承传统,创造中华民族更加美好的未来。

学习中国传统文化方法:一是历史梳理与逻辑分析相结合;二是典籍研习与社会考察相结合;三是批判继承与开拓创新相结合。

学习中国传统文化要把握以下三点:

第一,中国传统文化的核心是中国人内在的精神生活形式,包括价值观念、审美情趣、思维习惯等;

第二,中国传统文化的内容往往也以外在的物态形式来表现,涉及人们衣食住行的风俗习惯和行为的规范等;

第三,中国传统文化具有在中华民族长期历史发展中形成的独立特征,这种民族性的文化实际上已经成为多元的世界文化的重要组成部分。

第二节 中国传统文化的发展历程

中国传统文化形成于特定的"生态环境"。这种"生态环境"的特征包括:半封闭的大陆—海岸型地理环境、家庭手工业与小农业相结合的自然经济,并辅以周边的游牧经济、家国同构的宗法—专制社会。正是这样的社会生活土壤,形成了中华民族的心理特征,产生了绚烂多彩的文化特质。

一、上古:中国文化的发生

中国文化中的上古是指发明并使用文字以前的历史阶段,此时正是中国文化发端的初始阶段。有人就有了历史和文化;中国文化的起源与中国人的起源实质上是联系在一起的,中国文化产生于从猿到人的转变过程中;其间产生出来的工具(火)不仅是人类物质文化的开端,而且直接标志着文化的起源。

中国先民的原始观念文化的主要表现形态是原始宗教和原始艺术,其中原始宗教是主流。中国先民原始宗教崇拜的对象分为三大类:一是自然崇拜;二是生殖-祖先崇拜;三是图腾崇拜。中国原始社会组织经历了母系氏族社会和父系氏族社会。其中,母系氏族从旧石器时代晚期开始,贯穿整个新石器时代。父系氏族社会铜石并用,也就是传说中的五帝时期。五帝是指黄帝、颛顼、帝喾、唐尧、虞舜。中华民族的远祖可分为华夏、东夷、苗蛮三大文化集团,经过征战和磨合,最终成为中华文化。

二、商周:从神本走向人本

至商周,中国文化的特殊面貌才开始形成。商代由掌理卜筮和记事的"贞人"书写与保存的典册,便是中国最早的一批文献。商人尊神重巫,体现了强烈的神本文化的特色。这种神本文化是人类思维水平尚处于蒙昧阶段的产物。神本文化也就是尊神,率民以事神。以神为本的文化逐渐开始向以人为本的文化过渡,其契机便是商周之际的社会大变动。

对于中国文化的发展来说,周人入主中原,具有决定文化模式转换的重要意义。周人维新,首先表现在宗法制度的建立。这种兼具政治权力统治和血亲道德制约双重功能的宗法制,其影响深入中国社会机体。周人的另一个文化创新,就是确立把上下尊卑等级关系固定下来的礼制和与之相配合的情感艺术系统,即"制礼作乐"。周代的礼制是周代制度文化、行为文化和观念文化的集中体现,它既是典章制度的总汇,又是政治生活、经济生活、社会生活和家庭生活的各种行为规范的准则。

三、春秋战国:中国文化的"轴心时代"

春秋战国时期的文化辉煌,最根本的是由于社会大变革时代为各个阶级、集团的思想家们发表自己的主张,进行百家争鸣提供了历史舞台,同时也有赖于多种因素的契合。一是礼崩乐坏的社会大裂变,将原本属于贵族最底层的士阶层从沉重的宗法制度中解放出来,产生了一个以劳心为务,从事精神文化创造的阶层。二是激烈的兼并战争打破了孤立、静态的生活格局,文化传播规模日盛,多因素交织,提供了文化重组的机会。三是竞相争霸的诸侯列国,尚未建立统一的观念形态,为多种文化的形成提供了前提条件。四是周天子共主地位丧失后,世守专职的宫廷文化官员下次向下层,推动了私家学者集团的兴起。春秋战国是中国文化的轴心时代,因为此时中国文化精神的各个侧面都得到了充分的展开和升华,中华民族的文化走向大致确定。

四、秦汉:一统帝国与文化一统

秦汉文化的主旋律是对宏阔的追求。秦始皇统一文化的主要措施:一是进行文字的整理与统一工作;二是统一车辆形制;三是统一度量衡;四是统一人们的文化心理,设官专掌教化;五是实行郡县制,废除封建制。

西汉末古文经出现,学者内部分为今文经学和古文经学两大派别。今文经是指以民间、口头流传的儒家著作为依据写成的定本;古文经是指用古籀文写成的儒家经书。

五、魏晋南北朝:乱世中的文化多元走向

魏晋南北朝战乱和割据打破了帝国的一元化政治与集权式地主经济体制,出现了文化生动活泼的多元发展局面。这表现在一是玄学的崛兴;二是道教创制与佛教传播;三是儒、玄、道、佛相与激荡。玄学是由老庄哲学发展而来的,其宗旨是"贵无",其最高主题是对个体人生意义价值的思考。玄学对魏晋文化思深潮的影响:一是玄学的思维特点是超脱多样化的现世实物而直接诉诸本体,因此使魏晋学术富于谈玄析理。二是玄学与美学联系在一起,成为魏晋美学的精魂,促成了重神理而遗形骸、重自然而轻雕饰的美学观念;三是玄学的现实意蕴对魏晋人的理想人格提供了理论上的建构。

道教酝酿于东汉,发展于魏晋,到南北朝时基本定型。

六、隋唐：隆盛时代

隋唐文化气象恢宏，与地主阶级结构的深刻变化休戚相关。在门阀世族衰落的同时，世俗地主阶级的精英分子地位上升。唐文化首先体现出来的是一种无所畏惧、无所顾虑、兼容并包的宏大气派；其次是体现在以博大的胸襟广为吸收外域文化。唐代诗、画、书、文都有着巨大的成就。

七、两宋：内省、精致趋向与市井文化勃兴

唐型文化，是一种相对开放、外倾、色调热烈的文化类型，有着昂扬的生命活力。宋型文化是一种相对封闭、内倾、色调淡雅的文化类型。宋代文化最重要的标志是理学的建构。理学是中国后期封建社会最为精致、最为完备的理论体系，其影响至深至巨。强调以天理遏人欲。两宋的士大夫文化表现出精致、内趋的性格。宋词、宋画都是这方面的体现。

两宋的市民文化逐步兴起。瓦舍勾栏是指市民文化表现自我的固定游艺场所以及专供演出的圈子。

八、辽夏金元：游牧文化与农耕文化的冲突与融汇

游牧文化与农耕文化的双重效应是指：一方面，两宋汉人因被动挨打而产生忧患文化意识；另一方面是游牧民族从汉文化中吸收到丰富营养。元朝，程朱理学开始成为官学。元杂剧的文化意义是谴责黑暗，讴歌非正统的美好追求。

元代有了规模盛大的中外文化交流，表现在：一是对欧亚大陆的征服，使中国西部和北部边界实际上处于开放状态，形成了回族；二是元代中西交通的开辟，为基督教入华创造了有利的气候和土壤；三是亚欧大陆的沟通，为东西方旅行家（如马可·波罗）远游提供了极大的方便。

九、明清：沉暮与开新

明清是中国传统文化的衰落阶段，也是传统文化向近现代文化转型的历程。文字狱是指以文字之过定罪处罚的案件，始于明初，盛于明清，大批儒生士大夫因文字而遭横祸。明清时期文化专制的表现一方面是盛行文字狱，在文化领域制造恐怖；另一方面是崇正宗，灭异端。明朝以程朱理学为宗。乾隆发动了19年的禁书活动。

明清两代的文化，一方面是文化专制主义空前，程朱理学占据统治地位；另一方面，与资本主义萌芽相适应，出现了不少具有市民反叛意识的早期启蒙思潮，如以"致良知"之说打破程朱理学一统局面的王阳明。

明清之际的三大思想家是黄宗羲、顾炎武、王夫之，他们都对封建社会晚期的正宗文化——程朱理学提出了批判。

明代中后期市民文学是城市经济发展和资本主义生产方式萌芽的社会现实反映，其理论

代表是李贽的"童心说"和公安派的"独抒性灵"说,代表作是《金瓶梅》和《三言二拍》等。明清两代进入中国古典文化的总结时期。大型类书《永乐大典》是世界上最早、最大的一部百科全书;《康熙字典》是世界上最早的字数最多的字典;《四库全书》是世界上页数最多的丛书。

西学东渐起始于明末清初,进展不快,在雍正年间几近中止。

明清文化的特点:一是空前严厉的文化专制;二是早期的启蒙思潮;三是古典文化的大总结;四是西学东渐。

十、多民族文化融合与中外文化交汇

(一) 中国各民族文化的交融

中国文化并非封闭的系统,以迁徙、聚合、贸易、战争为中介,中华各族文化以及中外文化之间都在交融共进。中国古代社会基本经济类型是农耕、游耕与游牧。秦汉以后,中国文化分为三个文化类型,即北方草原游牧文化、南方山地游耕文化和中原定居农业文化,其中中原定居农业文化是核心。

农耕与游牧这两种经济类型的交互关系,一方面是冲突、战争;另一方面是文化互补、民族融合。

汉化即少数民族融入汉族;胡化是指汉族人融入北方游牧民族;夷化是指汉族人融入南方游耕民族。少数民族对中国文化的贡献体现在经济生活、衣着服饰、日常起居、音乐舞蹈、文化、史学等诸方面。

(二) 中外文化的交汇

中国文化在发展史上,先后接纳融合了中亚游牧文化、波斯文化、印度佛教文化、阿拉伯文化、欧洲文化。

中外文化大交汇有两次:一次是汉唐时期,另一次是明清以后。从汉代开始,中国文化进入本土文化与外来文化的交汇期。当时的外来文化,先是西域文化,后是南亚次大陆文化,后者对中国文化的影响尤深。南亚次大陆的佛教文化是汉唐时期输入中国的外来文化的主体。宋明理学是中国封建社会后期的文化正宗,它是在改造了儒学和佛学的基础上产生的,是文化组合的典型。明清以后的中西文化交融,始于万历年间,以历算为开始。明清之际耶稣会士传入中国的西方文化,包括欧洲的古典哲学、逻辑学、美术、音乐、自然科学。

第三节　中国语言文字和典籍

一、汉字的结构及其人文精神

人类最初的精神产品是语言。文字的出现晚于语言,直到5000年前才产生。在一切社会现象和自然现象中,只有语言和遗传代码是人类从祖先传给后代的两种最基本的信息。

语言是人最重要的文化环境,决定了人的思维、感情、知觉意识、文化承诺等;语言又是维系人与世界各种关系的基本纽带,是表达人的思想、感情、意志的主要手段,是传统和文化发展的主要媒介。语言是民族文化最典型的表征。一个民族的文化心理结构深藏在民族语言中,因而语言结构具有民族文化的通约性。

汉语的组织方式有很强的灵活性,这种灵活性源于汉语建构的简易性;主要表现在词语的弹性上,即词义功能的发散性上。汉语在组成句子时,除了讲究语法上的选择和词汇上的选择之外,还讲究音韵上的协调平稳。

二、中国文字的形态及其演变

上古初民所采用的原始记事方式有结绳、木刻、图画,以及在器物上划刻,用以帮助记忆、交流思想。随着一些符号的反复使用及先民在使用原始记事方法中经验的积累,文字因此孕育而生。在距今 5000 年左右,出现了文字。

汉字的组字方法及规律有六书,即象形、指事、会意、形声、转注、假借。其中,指事是指用点、画来指出人或物的动作、状态或位置,是一种抽象的描绘;会意即组合两个以上已有的字,表达新的意思。现代汉字中,形声字占 80% 以上。汉字形态的演变:最初的造字过程是观物取象的过程。

汉字由图画文字发展而来,汉字的发展史又是图画文字的象形、象意特征逐渐退化的历史。这种退化不是要将汉字发展成为一堆纯粹假定性的符号,而是要使汉字的表意功能更好地适应语言和思维的发展。汉字数千年的发展过程,是其与生俱来的象形表意功能不断完善的过程。

汉字逻辑框架的核心是表意。在汉字的表意功能不断完善中,汉字的结构形态无论在历时层面还是共时层面都经历了很大的变化。从历时层面来说,汉字的文化形态经历了一个不断符号化的嬗变过程。

甲骨文是商代的文字,属于比较成熟的中国文字,具备象形、指事等多种造字法,并大量使用假借字;但还保留着种种图画文字的胎迹;与图画文字相比,其象形字部分已经线条化、轮廓化、特征化,尤其是其用形与声的互注发展了汉字的表意功能,使汉字能适应日常交际中大量新概念、新语汇的形成。

金文是周代的文字。其在结构上与甲骨文没有太大的不同。

春秋战国时期,各种地方势力和地方文化对汉字作了种种改造,或分化,或繁化,或简化,但汉字的发展历程并没有中断,作为汉字发展主流的秦系文字出现了直线化、笔画化的趋势。

小篆化是秦统一后的文字,字形简化,形体固定,异体字减少,合文淘汰。

隶书孕育于秦汉之际,其产生是汉字形态的巨变。因为此前的汉字都以曲线构形以像实物之形,小篆的象形表意作用仍很突出;隶书将圆润的线条改为方折的笔画,使汉字的书写彻底摆脱了描绘而成为符号的书写。隶书还大大简化了汉字的形符。当然,隶书并没有改变汉字象形表意的性质,只不过是使这一手段简化了。文字只有便于书写,才能更好地适应社会发展的需要;对于文字改革的迫切愿望,来自于下层的人民。

楷书孕育于汉末和南北朝时期。

汉字形态的演变是其与生俱来的象形表意功能不断完善的过程。世界上许多文字都曾经历过图画文字的阶段，后来大多走上了以字母记音的发展道路，成为语言符号。但汉字却把它以形示意的文化形态发展、保存了下来。

三、中国古代文化典籍概览

中国古代典籍分为经、史、子、集四大部类，还有类书和丛书。

经书是以孔子为代表的儒家书籍，包括儒家经典和历代对儒家经典的注疏。最早的经书包括《诗》、《书》、《礼》、《乐》、《易》和《春秋》六种。汉代失《乐经》，余五本经书合称为五经。东汉在此基础上加上《孝经》和《论语》，合称为七经。唐代则将《易》、《书》、《诗》、《周礼》、《仪礼》、《礼记》、《春秋左传》、《公羊传》、《榖梁传》称为九经，将《孝经》、《论语》、《尔雅》列入合为十二经。宋代增加《孟子》合为十三经。

《诗经》是我国最早的一部诗歌总集，分风、雅、颂三大类；《书经》是我国最早的一部历史文献汇编，包括虞夏商周的文诰号令；《易经》是占卜用书；《周礼》是一部谈论政治制度的书；《仪礼》记录了周代贵族的礼制，反映了当时的宗教仪式和风俗习惯；《春秋》三传是对我国第一部编制史《春秋》所作的阐释；《尔雅》是一部古代训诂资料汇编。

《论语》、《大学》、《中庸》、《孟子》合称为四书。

正史是指纪传体史书。最早的正史是《史记》，以人物为本位，分为本纪、表、书、世家、列传五体。东汉班固作《汉书》，将正史格局定为纪、表、志、传四体。

编年体通史的代表作是《资治通鉴》；记载历代典章制度的史书叫"政书"；断代的典章制度史称为"会要"。

诸子是指先秦到汉初各学派的著作，包括儒、道、墨、阴阳、法、名、杂、法、书等。

道家的主要经典是《老子》、《庄子》。

法家的代表作为《商君书》，其基本思想是主张法治，实行农战，加强集权，以求富强；还有《慎子》、《韩非子》。

兵家著作有《孙子》、《孙膑兵法》和《吴子》。

《管子》包含了道、名、法等家的思想。《吕氏春秋》以儒、道思想为主。

《四库全书》分为经、史、子、集四部。集部只是其中之一部，包括楚辞、别集、总集、诗文评、词曲。其中，别集是指收录个人诗文的集子，总集是指汇录多人作品的集子。

我国现存最早的诗文集是梁萧统的《文选》，收录了先秦至梁的各体诗文。

类书是中国古代典籍中一种百科全书式的资料汇编工具书，它将群书中的各种资料以类相从，供检索之用。最早的一部类书是三国魏文帝曹丕时编的《皇览》；明代以前，著名的类书有唐代的《艺文类聚》，宋代的《太平御览》、《太平广记》和《册府元龟》；明代类书规模最大的类书是《永乐大典》；清代规模最大的类书是《古今图书集成》，它是我国现存类书中规模最大、用处最广、体例最完善的一种。

丛书是将数人之书合为一编而别提一总名，以利学者系统览阅。中国古代丛书林林总总，最值得一提的是清代乾隆年间编纂成的大型丛书《四库全书》，它是丛书中的代表作。

第四节　中国古代文学

一、中国古代文学在中国文化中的地位

中国古代文学是中国传统文化中最重要、最具活力的一部分，深刻而且生动地体现着中国文化的基本精神。公元前6世纪，中国最早的诗歌总集《诗经》基本编定。其中的诗歌主要是四言诗。公元前4世纪，出现了另一类诗歌，即楚辞，属于杂言体，其句末多以"兮"结尾。中国诗歌的主要功能是抒情，在艺术上则以情景交融的意境为追求目标。《尚书》的出现标志着散文的形成。散文的三大功能是叙事、论说和抒情。其中抒情功能是在秦汉以后增加的。中国真正的叙事文学始于魏晋小说，分为志怪小说和轶事小说两大类。

中国古代文学的现代意义：是后代作家永久性的艺术典范，是传统文化中最容易为现代人理解、接受的一种形态，是沟通现代人与传统文化的最直接的桥梁，也是世界其他文化背景中的人民了解中国文化的最佳窗口。

二、中国古代文学的辉煌成就

《诗经》是中国最早的诗歌总集，编成于春秋时代，编者可能是周王朝的乐官太师。共收入诗歌305篇，分为"风"、"雅"、"颂"三大类：《风》有十五国风，《雅》有《大雅》和《小雅》，《颂》有《周颂》、《鲁颂》、《商颂》。诗篇形式以四言为主，运用赋、比、兴的手法。

《楚辞》是中国古代另一部诗歌总集，是汉代刘向、王逸等收集整理而编成的。全书以屈原的作品为主。《离骚》是屈原的代表作，是其发愤以抒情的一首政治抒情诗。诗中大量运用美人芳草的比兴手法，对后代诗歌产生了深远的影响。宋玉、贾谊等都继承了其传统。《楚辞》也因此成了一种源远流长的独特文体。

历史散文是指先秦的史官记录成的史书，如《左传》、《国语》、《战国策》等；诸子散文，是指春秋战国时期出现的诸子百家以论述为主的散文，分为战国初期的语录体、战国中叶的对话体和战国后期的专题论著三个时期，其代表作分别是《论语》、《孟子》、《庄子》、《荀子》和《韩非子》。

赋是中国特有的一种文学样式，兼有散文和韵文的性质，其主要特点是铺陈写物，不歌而诵，以汉赋为盛。汉赋按题材取向分为两类：一类是抒情述志的短赋，如《鹏鸟赋》、《吊屈原赋》；另一类是铺陈排比为主的体物大赋，这一类是汉赋的主流。

唐诗的发展经过了初唐、盛唐、中唐、晚唐四个时期，以盛唐和中唐为主。唐诗中浪漫主义以李白为首，现实主义以杜甫为首。山水田园诗派以王维、孟浩然为首；边塞诗派以高适、岑参为首。唐诗繁荣的原因：国家繁荣，社会安定，诗人们可以由多种途径实现人生的追求。

宋词分为婉约派和豪放派两大流派，前者以秦观、晏几道、李清照、柳永等为代表；后者以苏轼、辛弃疾等为代表。从总体上讲，宋词的特征是：题材走向上注重个人的生活而不是社会现实，表现功能上长于抒情而短于叙事，风格倾向上偏向阴柔和婉而非阳刚雄豪。

元曲包括元杂剧和元代散曲，以前者为主，与唐诗、宋词并称。元杂剧是融汇了歌唱、舞蹈、说白、杂技等多种艺术形式的综合艺术，是中国独特的戏剧形式——戏曲的成熟形态。剧本主要有唱词、对白、动作三部分，一般为四折。元曲四大家是指：关汉卿、马致远、白朴、郑光祖。

中国小说经历了先唐笔记小说、唐代传奇小说和宋元话本小说三个阶段。明代四大奇书是指：《三国演义》、《水浒传》、《西游记》、《金瓶梅》。清代的著名小说有《儒林外史》、《红楼梦》。

三、中国古代文学的文化特征

中国古代文学的文化特征：一是关注现实的理性精神；二是文以载道的教化传统；三是写意手法与中和之美。与西方文学相比，中国古代文学具有特别鲜明的人文色彩和理性精神。

文以载道即著书立说的目的是宣扬自己的政治理想和社会设计，文是手段，道是目的。文以载道的思想对中国古代文学有正负两方面的深刻影响：一是这种思想强调了文学的教化功能，为古代文学注入了政治热情、进取精神和社会使命感，使作者重视国家、人民利益，即使在纯属个人抒情的作品中也时刻不忘积极有为的人生追求；二是这种思想给中国古代文学带来了负面影响，使文学在一定程度上沦为政治的附庸，从而削弱了其主体意识和个体自由。

中国古代文学最重要的性质是抒情。抒情性质和写意手法使中国古代文学产生以下文化特征：一是它是古代中国社会的文学图卷，但更是古代中国人的心灵记录，是了解中华民族传统文化心理的最好窗口；二是它追求的艺术境界不是真实而是空灵，不是形似而是神似，是那种为历代文学家所憧憬的变化莫测、知其妙而不知其所以妙的艺术化境。

第五节　中国古代艺术

一、辉煌的远古艺术

彩陶是公元前6000年到公元前4000年华夏文化的核心。中国彩陶突出动态和谐。中国原始彩陶，从公元前6000年的仰韶文化到公元前4000年的大河口文化，在空间上分为三个区域，即中原地区、西北地区和东南沿海地区；在器皿造型上包括模拟植物、动物、人物、器物等。彩陶最多的是几何纹，经历了由具象到抽象、由实到虚的发展过程。彩陶暗含了两个重大的艺术法则：一是游目法则，这是后来中国绘画和中国园林的一个基本审美原则，即画面既无起点，也无终点，呈现为一个整体；二是彩陶的创造和观赏按照"仰观俯察"这一中国观照方式进行，这也是后来在诗词画和建筑中广为应用的一个基本法则。

青铜纹饰是中国远古艺术的又一高峰，大约是在公元前2000年。青铜器中最重要的是与意识形态相关的礼器。青铜纹饰有两个明显的现象：一是饕餮纹，代表了重组变形法则；二是人兽共生。

二、古代艺术各门类的风采和成就

中国古代艺术的整体构成,可分为三个显著时期:一是从远古到春秋,艺术与中国文化从原始向理性的演化相联系;二是从战国到两汉,各门艺术以其自身的功能在寻找自己的定位;三是魏晋以后,各门艺术在文化整体中的位置基本确立。

中国古代艺术并没有被古代学者作为一个整体把握过。其等级高低为:诗文最高;其次是绘画和书法;再次是建筑、雕塑。

(一)建　筑

中国古代建筑分为四大类型:宫殿、陵墓、寺庙、园林。从远古到东汉,以宫廷建筑体系为主,东晋后出现士大夫的私家园林,南北朝后出现大量寺庙建筑。宫殿建筑有四大特点,即高、大、深、庄。高是雄伟高大;大是占用空间众多;庄是以建筑完全沿中轴线对称排列;深是墙、柱、门的深红色显示。中国寺庙建筑最早见于记载的是东汉永平10年建立的洛阳白马寺。

(二)园　林

中国园林可以追溯到西周初的苑囿合池。其发展和壮大是从春秋到秦汉。园林的核心是情趣,且以自然情趣为主。

(三)雕　塑

中国的雕塑主要由四个集群组成:一是陵墓集群,包括陵墓表饰、墓室雕饰和明器艺术;二是宗教集群,即佛教寺庙和佛教石窟里的塑像、浮雕;三是建筑装饰;四是工艺雕塑。

中国雕塑从来没有脱离建筑整体而独立出来,具有很强的整体的服从性。整体性决定了中国雕塑是程式化的,它具有两个明显的绘画特点:一是平面性;二是彩绘。

(四)书　法

书法是诸艺术中最具中国独特性的,只有在中国文化中书法才成为一门举足轻重的艺术。书法作为一门艺术,从汉末魏晋开始,这时出现了专门的书法家。中国书法从字形上分为篆、隶、草、楷、行五类。

中国最伟大的书法艺术家是王羲之、颜真卿、张旭,其代表作分别是《兰亭集序》(行书)、《颜勤礼碑》(楷书)和《古诗四帖》(草书)。

(五)绘　画

魏晋六朝是中国绘画的形成时期。中国古代绘画中的人物画以顾恺之为代表;山水画以宗炳、王微为代表;宗教壁画以敦煌壁画为代表。

中国古代绘画分为五个类别,即宫廷绘画、文人绘画、宗教绘画、市民绘画、民间绘画。其中,宫廷绘画分为政教实用性的和闲适性的两类;市民绘画主要是指小说戏曲剧本中的插图。民间绘画主要是与民间习俗相关的门神等。

中国绘画显示的共同美学原则:一是散点透视;二是以大观小;三是道貌取神;四是平面色

彩与骨法用笔。

（六）音　乐

中国音乐既创立了七音阶体系，也创立了五音阶体系，以后者地位为高。中国音乐按功能分五类：一是仪式音乐，用于宗教仪式；二是宫廷舞乐，服务于舞蹈；三是声乐，用歌词的内容来规范音乐表现的多样性；四是独奏器乐；五是民乐，指民俗庆典中的音乐。

（七）戏　曲

中国古代戏曲的最优秀代表是昆曲和京剧。戏曲以其本身的综合性把各门艺术结合在一起并使之精致化。戏曲之美表现在它的程式化和虚拟化。戏剧中的生分为老生、小生、武生；小生又分为中生、冠生、穷生。戏曲程式化的表现：一是角色分行，分生、旦、净、丑四大行；二是穿戴类型；三是唱法分类。

第六节　中国传统节日

中国的传统节日形式多样，内容丰富，是我们中华民族悠久的历史文化的一个组成部分。传统节日的形成过程，是一个民族或国家的历史文化长期积淀凝聚的过程。我国的传统节日，都是从远古发展过来的。从这些流传至今的节日风俗里，还可以清晰地看到古代人民社会生活的精彩画面。

一、除　夕

时间：农历十二月三十

农历十二月三十晚上叫除夕，俗称大年三十。"除"，本义是"去"，引申为"易"；"夕"字的本义原是"日暮"，引申为"夜晚"。故而除夕之夜，便含有"旧岁到此而除，明日另换新岁"的意思。"除"乃除旧布新之意。

除夕最早源于先秦时期的"逐除"。据《吕氏春秋·季冬记》记载，古人在新年的前一天，以击鼓的方式来驱除"疫疠之鬼"，来年才会无病无灾。这就是"除夕"的由来。

"除夕"在古时有除夜、逐除、岁除、大除、大尽等别称。称呼虽多，但总不外乎送旧迎新、祛病消灾的意思。

二、春　节

时间：农历正月初一

春节是农历的一岁之首，俗称"大年"，也叫"大年初一"。

春节的来历，在我国大约有四千多年的历史了。它是我国民间最热闹、最隆重的一个传统节日。古代的春节，是指农历二十四个节气中的"立春"时节，南北朝以后才将春节改在一年岁末，并泛指整个春季，这时大地回春，万象更新，人们便把它作为新的一年的开始。到了辛亥革命后的民国初年,改农历为公历后,便将正月初一定为春节。直到 1949 年 9 月 27 日,中国人民政治协商会议上才正式把正月初一的新年定为"春节",因而至今仍有许多人将过春节叫过年。

春节是汉族最重要的节日,但是满、蒙古、瑶、壮、白、高山、赫哲、哈尼、达斡尔、侗、黎等十几个少数民族也有过春节的习俗,只是过节的形式更有自己的民族特色,更加韵味无穷。

习俗:守岁、放鞭炮、贴春联、拜年。

春节和新年的概念,最初的含意来自农业,古时人们把谷的生长周期称为"年",《说文·禾部》中有:"年,谷熟也"。在夏商时代产生了夏历,以月亮圆缺的周期为月,一年划分为十二个月,每月以不见月亮的那天为朔,正月朔日的子时称为岁首,即一年的开始,也叫年。年的名称是从周朝开始的,到了西汉才正式固定下来,一直延续到今天。但古时的正月初一称为"元旦",直到中国近代辛亥革命胜利后,南京临时政府为了顺应农时和便于统计,规定在民间使用夏历,在政府机关、厂矿、学校和团体中实行公历,以公历的元月一日为元旦,农历的正月初一称春节。

元旦与春节的关系:1949 年 9 月 27 日,新中国成立,在中国人民政治协商会议第一届全体会议上,通过了使用世界上通用的公历纪元,把公历的元月一日定为"元旦",俗称阳历年;农历正月初一通常都在立春前后,因而把农历正月初一定为"春节",俗称阴历年。

传统意义上的春节是指从腊月初八的腊祭或腊月二十三的祭灶,一直到正月十五,其中以除夕和正月初一为高潮。在春节这一传统节日期间,我国的汉族和大多数少数民族都会举行各种各样的庆祝活动,这些活动大多以祭祀神佛、祭奠祖先、除旧布新、迎禧接福、祈求丰年为主要内容。春节的活动形式丰富多彩,带有浓郁的民族特色。

三、元宵节

时间:农历正月十五

元宵节又称"上元节",是我国一个重要的传统节日。在古书中,这一天称为"上元",其夜称为"元夜"、"元夕"或"元宵"。元宵这一名称一直沿用至今。

习俗:由于元宵有张灯、看灯的习俗,民间又习称为"灯节"。此外还有吃元宵、踩高跷、猜灯谜等风俗。

我国古代历法和月相有密切的关系,正月十五,人们迎来了一年之中第一个月满之夜,这一天理所当然地被看做是吉日。早在汉代,正月十五已被用做祭祀天帝、祈求福佑的日子。后来古人把正月十五称"上元",七月十五称"中元",十月十五称"下元"。直到南北朝早期,三元都是要举行大典的日子。三元中,上元最受重视。到后来,中元、下元的庆典逐渐废除,而上元经久不衰。

四、立　春

时间:农历二十四节气中"立春"那一天

每年的第一个节气就是"立春",人们通常叫"打春"。为什么这么叫呢?我国历史上有这样一种风俗,每年立春这一天,人们穿上节日的服装,抬着一头纸糊的大耕牛,载歌载舞上街游行。游行后,把纸糊的耕牛抬到县衙的公堂上,由县官亲自执鞭打三下,意思是:大地回春,赶紧耕种。因此,人们就把立春叫做"打春"。

习俗:山西民间流行春字歌:"春日春风动,春江春水流。春人饮春酒,春官鞭春牛。"讲的就是打春牛的盛况。

五、寒食节

时间:清明节前一天(一说清明节前两天),旧俗中的一个节日

春秋时已出亡多年的晋国公子重耳回国即位,封赏随其亡的臣子,唯独漏掉了介子推。介子推于是携老母隐居绵山。晋文公得知后欲加封赏,寻至绵山,找不到他,便想烧山逼他出来。但介子推坚持不出,结果母子二人俱被烧死。晋文公于是规定每年这一天禁止人们起火烧饭,以寒食表示悼念。后来便形成了在寒食这天寒食、扫墓的风俗。

六、清明节

时间:公历四月四—六日(农历二十四节气中"清明"那一天)

清明节是我国最重要的祭祀节日,是最适合祭祖和扫墓的日子。扫墓俗称上坟,祭祀死者的一种活动。汉族和一些少数民族大多都是在清明节扫墓。

按照旧的习俗,扫墓时,人们要携带酒食果品、纸钱等物品到墓地,将食物供祭在亲人墓前,再将纸钱焚化,为坟墓培上新土,折几枝嫩绿的新枝插在坟上,然后叩头行礼祭拜,最后吃掉酒食回家。唐代诗人杜牧的诗《清明》:"清明时节雨纷纷,路上行人欲断魂。借问酒家何处有?牧童遥指杏花村。"写出了清明节的特殊气氛。

清明节,又叫踏青节,按阳历来说,它是在每年的4月4日至6日,正是春光明媚、草木吐绿的时节,也正是人们春游的好时候,所以古人有清明踏青,并开展一系列体育活动的习俗。

清明节的由来与传说:我国传统的清明节大约始于周代,已有2500多年的历史。清明最开始是一个很重要的节气,清明一到,气温升高,正是春耕春种的大好时节,故有"清明前后,种瓜种豆","植树造林,莫过清明"的农谚。后来,由于清明与寒食的日子接近,而寒食是民间禁火扫墓的日子,渐渐的,寒食与清明就合二为一了,而寒食既成为清明的别称,也成为清明时节的一个习俗,清明之日不动烟火,只吃凉的食品。

七、端午节

时间:农历五月初五

农历五月初五为"端午节",是我国一个古老的传统节日。"端午"本名"端五","端"是"初"的意思。因为人们认为"五月"是恶月,"初五"是恶日,因而避讳"五",改为"端午"。端午节早在西周初期即有记载,并非为纪念屈原而设立的节日,但是端午节之后的一些习俗受到屈原的影响。

传说屈原死后,楚国百姓哀痛异常,纷纷涌到汨罗江边去凭吊屈原。渔夫们划起船只,在江上来回打捞他的真身。有位渔夫拿出为屈原准备的饭团、鸡蛋等食物,"扑通、扑通"地丢进

江里,说是让鱼龙虾蟹吃饱了,就不会去咬屈大夫的身体了。人们见后纷纷仿效。一位老医师则拿来一坛雄黄酒倒进江里,说是要药晕蛟龙水兽,以免伤害屈大夫。后来为怕饭团为蛟龙所食,人们想出用楝树叶包饭,外缠彩丝,发展成粽子。

各地习俗如下:

悬钟馗像:钟馗捉鬼,是端午节习俗。在江淮地区,家家都悬钟馗像,用以镇宅驱邪。唐明皇开元,自骊山讲武回宫,疟疾大发,梦见二鬼,一大一小,小鬼穿大红无裆裤,偷杨贵妃之香囊和明皇的玉笛,绕殿而跑。大鬼则穿蓝袍戴帽,捉住小鬼,挖掉其眼睛,一口吞下。明皇喝问,大鬼奏曰:臣姓钟馗,即武举不第,愿为陛下除妖魔。明皇醒后,疟疾痊愈,于是令画工吴道子,照梦中所见画成钟馗捉鬼之画像,通令天下于端午时,一律张贴,以驱邪魔。

挂艾叶、菖蒲、榕枝:在端午节,家家都以菖蒲、艾叶、榴花、蒜头、龙船花、榕枝,制成人形称为艾人。将艾叶悬于堂中,剪为虎形或剪为小虎,贴以艾叶,妇人争相佩戴,以避邪驱瘴。用菖蒲作剑,插于门楣,有驱魔祛鬼之神效。

赛龙舟:当时楚国人因舍不得贤臣屈原死去,于是有许多人划船追赶拯救。他们争先恐后,追至洞庭湖时不见踪迹,是为龙舟竞渡之起源,后每年五月五日划龙舟以纪念之。借划龙舟驱散江中之鱼,以免鱼吃掉屈原的尸体。竞渡之习,盛行于吴、越、楚。清乾隆二十九年台湾开始有龙舟竞渡,当时台湾知府蒋元君曾在台南市法华寺半月池主持友谊赛。现在台湾每年五月五日都举行龙舟竞赛。香港有竞渡,近来英国人也有仿效我国人作法,组织鬼佬队,进行竞赛活动。

吃粽子:荆楚之人,在五月五日煮糯米饭或蒸粽糕投入江中,以祭祀屈原,唯恐鱼吃掉,故用竹筒盛装糯米饭掷下,以后渐用粽叶包米代替竹筒。

饮雄黄酒:此种习俗,在长江流域地区的人家很盛行。

游百病:此种习俗,盛行于贵州地区。

佩香囊:端午节小孩佩香囊,不但有避邪驱瘟之意,而且有襟头点缀之风。香囊内有朱砂、雄黄、香药,外包以丝布,清香四溢;再以五色丝线弦扣成索,作各种不同形状,结成一串,形形色色,玲珑夺目。

八、七夕节

时间:农历七月初七

农历七月初七的晚上称"七夕"。我国民间传说牛郎织女此夜在天河鹊桥相会。民间有妇女于七夕夜向织女星穿针乞巧等风俗,所谓乞巧,即在月光下对着织女星用彩线穿针,如能穿过七枚大小不同的针眼,就算很"巧"了。农谚上说"七月初七晴皎皎,磨镰割好稻。"这又是磨镰刀准备收割早稻的时候。

现在受西方国家的影响,中国越来越多的情侣把七月初七视为中国情人节,男女双方会互赠礼物,或外出约会。

九、重阳节

时间:农历九月初九

重阳节,也叫双九节,古代以九为阳,六为阴,双九就是重阳,故称重阳节。

农历的九月初九是我国传统的重阳节,同时也是中国的敬老节。在 1989 年,我国把每年农历的九月初九定为老人节,传统与现代巧妙地结合,成为尊老、敬老、爱老、助老的老年人的节日。

每到重阳,人们就会想起王维写的"独在异乡为异客,每逢佳节倍思亲。遥知兄弟登高处,遍插茱萸少一人"这首诗。自古以来,重阳节就是人们敬老爱老、思念双亲、渴望团圆的日子。具体习俗如下:

登高

在古代,民间在重阳节有登高的风俗,故重阳节又叫"登高节"。相传此风俗始于东汉。唐代文人所写的登高诗很多,大多是写重阳节的习俗。杜甫的七律《登高》,就是写重阳登高的名篇。登高所到之处,没有划一的规定,一般是登高山、登高塔。

吃重阳糕

据史料记载,重阳糕又称花糕、菊糕、五色糕,制无定法,较为随意。九月初九天明时,以片糕搭儿女头额,口中念念有词,祝愿子女百事俱高,乃古人九月作糕的本意。讲究的重阳糕要作成九层,像座宝塔,上面还作成两只小羊,以符合重阳(羊)之义。有的还在重阳糕上插一小红纸旗,并点蜡烛灯。这大概是用"点灯"、"吃糕"代替"登高"的意思,用小红纸旗代替茱萸。当今的重阳糕,仍无固定品种,各地在重阳节吃的松软糕类都称之为重阳糕。

赏菊并饮菊花酒

重阳节正是一年的金秋时节,菊花盛开,据传赏菊及饮菊花酒,起源于晋朝大诗人陶渊明。陶渊明以隐居出名,以诗出名,以酒出名,也以爱菊出名;后人效之,遂有重阳赏菊之俗。旧时文人士大夫,还将赏菊与宴饮结合,以求和陶渊明更接近。民间还把农历九月称为"菊月",在菊花傲霜怒放的重阳节里,观赏菊花成了节日的一项重要内容。清代以后,赏菊之习尤为昌盛,且不限于九月九日,但仍然是重阳节前后最为繁盛。

插茱萸和簪菊花

重阳节插茱萸的风俗,在唐代就已经很普遍。古人认为在重阳节这一天插茱萸可以避难消灾,或佩带于臂,或作香袋把茱萸放在里面佩带,还有插在头上的。大多是妇女、儿童佩带,有些地方,男子也佩带。重阳节佩茱萸,在晋代葛洪《西经杂记》中就有记载。除了佩带茱萸,人们也有头戴菊花的。唐代就已经如此,历代盛行。清代,北京重阳节的习俗是把菊花枝叶贴在门窗上,"解除凶秽,以招吉祥"。这是头上簪菊的变俗。宋代,还有将彩缯剪成茱萸、菊花来相赠佩带的。

喝重阳酒

重阳酒即用优质糯米酿成的甜酒,于重阳节装进小陶瓷坛子密封保存。可能是因为温度和湿度比较适宜,所以重阳节酿出的酒特别醇,是米酒中的上品,甘甜纯美,男女老少皆宜,起源于西北少数民族。

十、中元节

时间:农历七月十五

正月十五汉族称上元节,乃庆元宵,古已有之;

七月十五汉族称中元节,祭祀先人;

十月十五汉族称下元节,祈福解厄。

汉人于中元节放河灯,道士建醮祈祷,乃是汉族传统民俗。中元节,与正月十五的上元节和十月十五的下元节同为古老传统节日。

中元节是道教节日。道教认为,"三元"是"三官"的别称。上元节又称"上元天官节",是上元赐福天官紫微大帝诞辰;中元节又称"中元地官节",是中元赦罪地官清虚大帝诞辰;下元节又称"下元水官节",是下元解厄水官洞阴大帝诞辰。道教《太上三官经》云:"天官赐福,地官赦罪,水官解厄","一切众生皆是天、地、水官统摄"。中元节时,道教宫观,如地安门火神庙、西便门外白云观为了祈祷"风调雨顺、国泰民安",照例举办"祈福吉祥道场"。

佛教徒在这一天要举行盛大的盂兰盆会,也叫盂兰盆斋、盂兰盆供。盂兰盆会唐代即已盛行,晚清年间,北京有八百四十多座寺庙,有条件的,如广济寺、法源寺、拈花寺、广化寺、嘉兴寺、长椿寺等都举办规模不同的盂兰盆会和中元法会。民国以来,北海公园、中山公园音乐堂等处历年此时都有"追悼阵亡将士法会"。用番(喇嘛)、道(道士)、禅(和尚)三台经,供着一个"海陆空军阵亡将士"的牌位,进行公祭。

中元节期间,老北京还有举行制法船、放荷灯、莲花灯、祭祖、唱"应景戏"等活动。

十一、中秋节

时间:农历八月十五

农历八月十五,这一天正当秋季的正中,故称"中秋"。到了晚上,月圆桂香,旧俗人们把它看做大团圆的象征,要备上各种瓜果和熟食品,是赏月的佳节。中秋节还要吃月饼。

十二、冬　至

时间:农历二十四节气中的"冬至"那一天

在我国古代对冬至很重视,冬至被当做一个较大节日,曾有"冬至大如年"的说法,而且有庆贺冬至的习俗。《汉书》中说:"冬至阳气起,君道长,故贺。"人们认为:过了冬至,白昼一天比一天长,阳气回升,是一个节气循环的开始,也是一个吉日,应该庆贺。《晋书》上记载有"魏晋冬至日受万国及百僚称贺……其仪亚于正旦。"说明古代对冬至的重视。

习俗:在中国北方地区有冬至宰羊、吃饺子、吃馄饨的习俗,南方地区在这一天则有吃冬至米团、冬至长线面的习惯。各个地区在冬至这一天还有祭天祭祖的习俗。

十三、腊八节

时间:农历十二月初八

古代十二月祭祀"众神"叫腊,因此农历十二月又叫腊月。腊月初八这一天,旧俗要喝腊八粥。传说释迦牟尼在这一天得道成佛,因此寺院每逢这一天煮粥供佛,以后民间相沿成俗,直至今日。

第七节　中国古代宗教

一、中国远古宗教

宗教的本义是指人与神的一种关系。宗教的最主要特征之一,是人对某种超自然力量的盲目信仰和崇拜,这使得它与象征人类文明之理性、理智等在相当程度上是对立的。

宗教产生的认识根源——意识是人与动物的本质区别,是指对自身的本质及自身与自然界相互关系的意识。

宗教产生的本身就是人类文化活动的结果,是人类文化发展史上一个重要的环节。

中国远古宗教具有自然崇拜、动物神崇拜、鬼魂崇拜和祖先崇拜等形式,其中尤以自然崇拜和鬼魂崇拜最为盛行。自然崇拜就是把诸如日月星辰、风云雨雪乃至名山大川等自然现象神化,进而把它作为一种超自然的力量加以崇拜,祈求它的保护与赐福。其中尤以日神为重。

二、道教与中国古代文化

秦汉以后出现的道教,是一种较成熟、系统的人为宗教。道教的主要思想渊源有三:一是中国古代的鬼魂崇拜;二是战国以来的神仙方术;三是秦汉时期的黄老道。

道教成为一个有组织的独立的宗教,是在东汉时期。五斗米道主要是教人悔过奉道,以符水咒语治病,创始人是张陵,即张天师。东汉时期另一派为太平道,创始人是张角,与黄巾军有联系。

道教在魏晋时期有较大的发展,东晋葛洪从神仙方术的角度创立了道教的凡鼎系,代表作是《抱朴子》。

道教的基本信仰是"道",由道家经典《老子》而来,主张道是宇宙万物之本原,同时又是灵而有性的神异之物。道教信奉的最高神是三清尊神,最终目标是得道成仙。中国古代科学中不少学科与道教关系密切,包括化学、医学、药学、气功。道教对中国古代民俗的影响广泛、深刻,有些影响甚至延续至今。

三、佛教的中国化与中国化佛教

中国的佛教是外来宗教,来自于印度,创始人是悉达多·乔达摩。佛教四谛:苦集灭道,是佛教的四个最基本的道理或真理,也称"四圣谛"。佛教的修行方法是戒、定、慧。佛教原先比较注重个人的解脱,后者逐渐发展为强调"慈悲普度"。

公元 12 世纪左右,佛教在印度溃灭,世界佛教中心移到中国。此前,佛教在两汉之际就已传入中国。魏晋时期,佛教分为三派,即心无派、即色派、本无派。

梁武帝、慧远和竺道生是南北朝弘扬佛学说的主要代表人物,其学说是建立在中国传统的灵魂不死的思想基础上。

隋唐二代是中国佛教的鼎盛时期，就表现形式而言，这时的佛教是一种宗派佛教。

中国化佛教是中国文化的组成部分，对古代中国文化的诸多方面都有着深刻的影响。

四、三教交融与儒学的宗教功能

中国历史上的三教是指儒、释、道三教。传统儒学具有宗教色彩，因为从思想渊源上说，儒学是夏商周三代思想的继承，而在三代占统治地位的思想是天神观念，整个儒家学说都是在天之下谈道德，做文章。董仲舒主张道之大原出于天，天不变，道亦不变，把天神化，也就是把儒家学说宗教化。此外，其宗教色彩还表现在修养理论上和修行方法上。

宋明理学具有一定的宗教功能。该学说治三教于一炉，是一种新儒学，一是表现在作为其理论纲骨之"心性"学说；二是表现在其修行方法从修心养性转向禅宗式的注重证悟的明心见性。后人称理学是儒表佛里，也证明了这一点。

第八节　中国古代哲学

一、中国哲学的思想资源和思想传统

中国哲学在中国文化系统中起着主导作用。西方文化中，宗教处于核心地位；但在中国，宗教的功能基本上是由哲学承担的。

中国古代哲学萌芽于商周之际，西周初年的《尚书·洪范》提出了金木水火土五行学说，认为它们构成了世界。《周易》是占卜之书，是原始宗教、原始哲学与当时社会风俗的结合，以八卦说明自然现象和社会关系。《周易》中的八卦是指：乾坤坎（水）离（火）艮（山）兑（泽）震（雷）巽（风）。

中国的四大思想资源和思想传统是：原始儒家、原始道家、中国佛学和宋明理学。

原始儒学的精神，首先是创造性的生命精神，是人对宇宙的一种根源感，还是一种高明而中庸务实的精神，即寓伟大于平凡之中，寓理想于现实之中。

孔子哲学的基本观念是仁。仁是人之所以为人的根本。

《老子》关于道的概念：认为道是一个终极实在的概念，道可道，非常道；名可名，非常名。

中国化的佛教宗派主要有天台宗、华严宗和禅宗。

宋明理学是儒道释三大资源与传统在宋元明时期的新的综合，它以儒学为主干，融摄佛道的智慧，建立了以理气论、心性论为中心的道德形而上学体系。

朱熹是宋代理学的集大成者，他集中讨论了理气关系与心性关系的问题。他认为，理是作为类的人的本质规定。王阳明是宋明理学中心学的集大成者，知行合一和致良知教是他颇有特色的学说。

二、中国古代哲学的宇宙观念和人生境界

中国哲学中的宇宙是指无限时空及其所包含的一切。中国古人把东南西北上下四方之空间称为"宇"；把古今旦幕、往来之时称为"宙"。

中国古代宇宙的主要观点：宇宙是至大无外的；宇宙是一个生生不已的大流，即易；宇宙不是一个封闭的系统，而一个开放的、交融互摄、旁通统贯、有机联系的整体；宇宙不是孤立、静止、不变不动或机械排列的，而是创进不息、常生常化的。

天人关系问题，也就是人在宇宙间之位置问题，也就是人生的意义问题。中国哲学主要主张天人合一，也有主张天人交胜的。

中国哲学中天人合一观点有复杂的含义：第一层是指人是天地生成的，人的生活服从自然界的普遍规律；第二层是指自然界的普遍规律和人类道德的最高原则是一而二，二而一的。

中国哲学把人看做是"最为天下贵"者。境界说是中国人生哲学的一大特色。境界是指中国哲学追求的理想人格之极致的一种精神状态、精神天地。冯友兰在《新原人》中将人生境界分为：自然境界、功利境界、道德境界和天地境界。

三、中国传统思维方式和行为方式

一般说来，中国哲学家欣赏整体动态、辩证综合与直觉体悟的思维方式。《中庸》提出的为学五步骤是：博学之，审问之，慎思之，明辨之，笃行之。（简记：学问思辨行）

儒家中比较推崇逻辑之学的是荀子及其后学。中国传统思维方式特别发达的是辩证思维和直觉思维两种方式。

辩证思维方式强调整体、对待、过程、流衍、动态平衡。

直觉体悟，即直觉地把握宇宙人生之根据和全体。

中国古代哲学的知行观，即言行一致，要把自己所讲的与自家身心的修炼结合起来。

第九节　中国传统伦理道德

一、中国传统伦理道德

中国传统文化形成的两个重要基础：一是小农自然经济的生产方式；二是家国一体，即由家及国的宗法社会的政治结构。在这个基础上产生的必然是以伦理道德为核心的文化价值系统。家长制的实质就是用家族伦理的机制来进行政治统治，是一种伦理政治。中国哲学是伦理型的，哲学体系的核心是伦理道德学说。伦理道德学说在各种文化形态中处于中心地位。中国文化价值系统的特点是强调真、善、美统一，而以善为核心。没有一个民族像中国这样把道德在文化价值体系中抬高到如此重要的地位。

中国传统伦理思想的两个基本特点：其一，它是中华民族的各种文化精神互摄整合而形成

的有机体,儒、道、佛三家是其基本构成要素,其中以儒家为主;其二,它随着中华民族与中国社会的发展而生长发育,在此过程中阶级性与民族性、时代性与普遍性交错并存,浑然一体,相辅相成,相补相协。中国伦理思想体系主要由三个方面构成:人伦关系原理、道德主体品格要求、人性的认同。概括地讲就是人伦、人道、人性。

二、中华民族的传统美德

对传统美德的总结和认同,是继承和发扬民族优良伦理道德传统的关键,也是现代中国道德文明建设极为重要的源头。传统美德是传统道德规范体系中的基本内核和合理内核,是指在自觉或习俗的道德规范中那些为大多数人所接受并实际奉行的,而且是古今一以贯之的,在现代社会仍发挥着积极影响的那些道德规范。

中国传统道德规范有两种:一是由伦理学家概括出来的或由统治阶级提倡并上升为理论的规范;二是在世俗生活中得到了广泛认同与奉行的习俗规范。

中华民族十大传统美德:一是仁爱孝悌;二是谦和好礼;三是诚信知报;四是精忠爱国;五是克己奉公;六是修己慎独;七是见利思义;八是勤俭廉正;九是笃实宽厚;十是勇毅力行。

仁是中华民族的共德和恒德,在各个历史时期和各种道德中都是最基本的道德规范,在世俗生活中也是最普遍的德行标准。

礼是中华民族的母德之一。作为道德规范,它的内容较为复杂;作为伦理制度和伦理秩序,它指礼制、礼教;作为待人接物的形式,指礼节、礼仪;作为个体修养涵养,它指礼貌;作为与人相处的关系,它指礼让。好礼、有礼是中国人立身处世的重要美德。

中华民族传统美德在中国社会的发展中起着十分重要的作用。它形成一种崇高的民族精神,建立起一种具有丰富内涵的民族道德人格,也造就了种种道德人格。

第十节　中国文化的类型和特点

一、中国文化的伦理类型

任何一种文化类型的形成都有其特定的自然地理环境、特定的物质生产方式和社会组织结构。中国文化形成的三个条件是:半封闭的大陆性地域、农业经济格局和宗法与专制的社会组织结构。在这种相互影响、相互制约的环境下形成的稳定生存系统和与之相应的伦理型的中国传统文化。

德行文化,是指中国传统文化重德,以德摄智的文化。智性文化是相对于德行文化而言的,即重智的文化,是建立在西方宗教和哲学基础上的文化。

中国文化的伦理型特色表现在:把人伦的观念,贯彻到天地万物之中。中国文化的伦理型特征,主要源于中国古代社会宗法制度的完善及其影响的长期存在。宗法制度下的血亲意识有的转化为法律条文,主要是形成宗法式的伦理道德,长久地左右着人们的社会心理和行为规范。

伦理道德学说是中华学术的首要重心。中国伦理型文化的积极作用表现在,强调道德面前人人平等,鼓励人人都加强道德修养;对包括君主在内的统治者也可以形成道德制约和严格要求;此外,在特定的历史条件下,还能鼓励人们自觉地维护正义,忠于国家民族,保持高风亮节。消极作用是:它将伦理关系凝固化,绝对化,在一定程度上成为人身压迫、精神虐杀的理论之源。

孟子主张"人皆可以尧舜",王阳明说"满街都是圣人",都是肯定凡夫俗子可以通过修养达到最高境界。

二、中国文化的特点

中国文化总的特征是伦理型,此外还有:一是强大的生命力和凝聚力;二是重实际求稳定的农业文化心态;三是以家族为本位的宗法集体主义文化;四是尊君重民的相反相成的政治文化;五是摆脱神学独断的生活信念;六是重人伦、轻自然的学术倾向;七是经学优先并笼罩一切文化领域。

中国文化的生命力表现在它的同化力、融合力、延续力和凝聚力等方面。同化力的典型是佛教文化传入中国并中国化。融合力是指中国文化是以汉文化为基础并吸收了境内各民族、各地区的文化形成的中华文化。

中国文化的凝聚力具体表现为文化心理的自我认同感和超地域、超国界的文化群体归属感。中国文化的同化力和融合力,是其无与伦比的生命延续力的内在基础。

中国文化是一种农业文化,其整个文化的物质基础的主导方面和支配力量是在自然经济轨道上运行的农业。重实际求稳定的农业文化心态的形成的条件是黄河、长江哺育的中华大地,它为农业生产提供了极为优越的条件。简单的生产劳动能够维系人的生存。这一心态的主要表现:一是重农尚农的社会共识;二是重实际而黜玄想的务实精神;三是安土乐天的生活情趣;四是包含循环与恒久意识的变易观念。

第十一节 中国传统文化的基本精神

一、中国文化基本精神的含义

优秀文化传统实质上是民族文化基本精神的具体表现。文化精神是相对于文化的具体表现而言的。文化的具体表现包括器物、制度、习惯、思想意识等层面,无不和内在的文化精神相关系。文化的基本精神属于观念形态的范畴。文化的基本精神是指文化现象中最精微的内在动力和思想基础,是指导和推动民族文化不断前进的基本思想和基本观念。

中国文化基本精神是指中国传统文化中那些长期受到人们尊崇并成为生活行动的最高指导原则的思想观念和固有传统,它们在历史上起到了推动历史发展的作用,成为历史发展的内在思想源泉。

思想观念或文化传统要成为中国文化的基本精神,标准有二:一是具有广泛的影响,感染熏陶了大多数人民，为他们所认同接受，成为他们基本人生信念和自觉的价值追求；二是有维系民族生存和发展，促进社会进步的积极作用。

文化传统是指受特定文化类型中价值观念的影响，经过长期历史积淀而逐渐形成，为全民族大多数人所认同，思想和行为方式上难以移易的心理和行为习惯。

二、中国文化基本精神的主体内容

中国文化基本精神的主体内容：包括天人合一、以人为本、刚健有为、贵和尚中。中西文化的基本差异之一就是在人与自然的关系问题上，中国文化比较重视人与自然的和谐统一，主张天与人、天道与人道、天性与人性是相类相通的，可以达到统一；而西方文化强调人要征服自然，改造自然，求得自己的生存和发展。

天人合一的思想，作为明确命题，则是由北宋著名哲学家张载最先提出来的。两宋时期，天人合一思想发展成为占主导地位的社会文化思潮。张载认为，世界的本原是太虚之气，人与天地万物都是由气构成的，气是天人合一的基础。实际上是肯定人是自然界的一部分，人与自然界统一于物质性的气。

天人合一思想的实际是关于人与自然的统一问题，或者说是自然界与精神的统一问题。它充分体现了中国古代思想家对于主客体之间、主观能动性与客观规律之间关系的辩证思考。

以人为本，就是指以人为考虑一切问题的根本，就是要在天地人之间，以人为中心；在人与神之间，以人为中心。中国传统文化的基调是：人为万物之灵，天地之间人为贵。人本思想的社会功能是：它不仅有助于人们合理地对待人与神的关系，增强人的主体意识，而且有助于抵制宗教神学。

刚健有为思想是人们处理天人关系和各种人际关系的总原则，是中国人积极的人生态度最集中的理论概括和价值提炼。刚健有为的思想由孔子提出，他十分重视"刚"的品德，强调人要有坚定性，知识分子要有责任感和奋斗精神。《易传》对刚健有为、自强不息的思想作了概括的经典性的表述。它强调刚健的同时要文明，要中正，防止主观盲动等片面性。中国传统文化中也有柔静无为之说，如老庄思想、宋儒思想，但没有占上风，只是作为刚健有为思想的补充。坚持独立人格的思想是刚健自强思想的重要表现。

贵和尚中即贵和谐，尚中道，这一基本精神在中华民族和中国文化发展过程中起过十分重要的作用。和而不同，有容乃大。《易传》高度赞美并极力提倡和谐思想，提出了"太和"的观念。

中国传统文化十分重视宇宙自然的和谐，人与自然的和谐，特别是人与人之间的和谐。"中"指事物的度，即不偏不倚，既不过度，也不要不及；此外，"中"也指对待事物的态度，既不"狂"，也不"狷"。

三、中国文化基本精神的功能

中国文化基本精神的功能包括：民族凝聚功能；精神激励功能；价值整合功能。

由于文化基本精神有着巨大的思想统摄性，它可以超越地域、阶级、种族、时代的界限，将一个民族的人凝聚为一体，使之同心同德地为整个民族的利益和民族的长远利益而共同奋斗。

中国长期统一与中华文化中刚健自强、以和为贵的基本精神是分不开的。自西周以来，作为一种理性自觉，大一统的观念便深深扎根于中国人心中。中国文化的基本精神，是民族凝聚力形成并发挥作用的思想基础，也是它的思想核心；同时中国文化的基本精神也是增强并推动民族凝聚力更新的精神力量。

中国文化中刚健自强的精神，在两千多年的历史中，一直激励着人们奋发向上，不断前进，坚持与内部的恶劣势力和外来的侵略压迫作不屈不挠的斗争。中国文化中以人为本的精神，激励人们尊重人的价值和尊严，努力在现实生活中去发现人，实现人的价值。中国文化中天人合一、以和为贵的精神，激励人们维护整体利益，坚持集体主义的价值取向。

价值整合功能，即整合不同的价值观，使其在中华一体的文化格局中熔铸成为一个有机的统一整体。

第十二节　中国传统文化向近代的转变

一、中国传统文化的危机

在鸦片战争之前，中国传统文化虽然有一系列变化，但基本精神和特点没有改变，没有发生过文化危机。从广义文化视角看，中国近代民族危机根本上就是一种文化危机。鸦片战争所引起的文化危机是中国传统文化走向近代的重要契机，从这时起，中国传统文化开始向资产阶级新文化的方向转化。

林则徐是近代中国睁眼看世界的第一人，他主持编译的《四洲志》是近代中国第一部向国人系统地介绍世界地理的著作。魏源在此基础上编著的《海国图志》是一部规模宏大的世界史地著作，提出了"师夷长技以制夷"的命题，表明当时中国人已经发现了传统文化存在的不足，这是一种深刻的文化观念的变化，推动了中西文化的交流融汇，开始了中国文化近代化的历程。近代中国人对西方文化的认识还局限于物质文明，而且主要是西方的坚船利炮。

二、中国传统文化的近代化

中国文化从传统走向近代的历程是和中国近代经济、政治的变化以及中国人对西方文化的认识水平密切联系的，它大体上经历了物质层面的文化变革、制度层面的文化变革和观念层面的文化变革三个阶段。近代化的动因是民族危机引发文化危机，进而促成了中国传统文化的改革。

19世纪60年代，中国文化的近代化才形成规模。其标志是清政府的洋务运动，这是一场改革运动，指导思想是中体西用。中体西用是以中国之伦常名教为原本，辅以诸国富强之术。

早期改良主义者冯桂芬于1861年写成《校分庐抗议》，论述了学习西方的必要性、紧迫性和可行性，提出了"中学为体，西学为用"的指导思想。在政治上企图以西方资本主义先进技术来巩固衰老的封建制度，在文化上企图以西方近代科技思想来弥补儒学的不足。西技就是西方近代的自然科学和工艺技术。西政即西方的政治制度。

从 1895 年起,维新派登上政治舞台,开始启蒙宣传。维新派是资产阶级的代言人,而洋务派是地主阶级的改革派。启蒙运动是真正有近代意义的新文化运动。维新派主张在中国实行君主立宪制度,其文化宣传也是围绕这个主题进行的,其领袖是康有为和梁启超。

新文化运动是指 20 世纪初反对封建文化的思想启蒙运动。由一部分激进的资产阶级、小资产阶级民主主义者发起,目的是要打破封建主义的束缚,力争实现名符其实的资产阶级民主共和国。新文化运动以 1915 年 9 月陈独秀在上海创办《青年》杂志(1916 年 9 月起改名为《新青年》,1917 年初迁到北京)为起点和中心阵地,以民主和科学("德先生"和"赛先生")两面旗帜,向封建主义展开了猛烈的进攻。运动的代表人物是:陈独秀、李大钊、鲁迅、胡适、易白沙、吴虞、钱玄同等。运动的基本内容是:提倡民主,反对封建专制和伦理道德,要求平等自由,个性解放,主张建立民主共和国;提倡科学,反对尊孔复古思想和偶像崇拜,反对迷信鬼神,要求以理性与科学判断一切;提倡新文学,反对旧文学和文言文,开展文学革命和白话文运动。

新文化运动是一次前所未有的思想解放和启蒙运动,为马克思主义在中国的传播开辟了道路。"五四"以后的新文化运动,更是成为宣传马克思主义及各种社会主义流派的思想运动,使旧民主主义的文化运动,转变为由马克思主义理论指导的新民主主义的文化运动。新文化运动以后,无产阶级领导的新文化的兴起并逐渐取得主导地位,近代的新文化运动也从旧民主主义文化转变为新民主主义文化。

三、中国近代文化的发展方向

促使中国传统文化在不到百年时间内转变为近代型文化的原因,有的学者主张主要是西方文化的冲击,即"冲击-反应"论。这种主张是根本错误的,因为真正的、根本的原因是近代社会发展的需要,西方文化的冲击仅是其中一个方面的原因。此外,还有传统文化的内在活力因素,如经世思想等。

中国传统文化中有一些与西方近代文化相沟通、相衔接的因素,这些因素富有活力,在中国文化近代化的过程中起到了十分积极的作用,如经世思想、变易思想、民本思想。

围绕如何发展近代文化,先后有"中体西用"论、"本位文化"论、"全盘西化"论。中体西用论主张西方的物质文化为"用",中国的传统文化为"体","用"为"体"服务。这一论点的作用:一是引进西学;二是开始破坏儒家文化固有的体系。

中国马克思主义者提出建立"民族的科学的大众的文化"才是发展中国新文化的正确方向。毛泽东在《新民主主义论》中提出了这一观点。

民族的文化有两层含义:一是指它必须为解决中国近代社会的首要任务,即挽救民族危机、维护民族独立而服务;二是指新民主主义文化应当具有民族性,包括文化的民族特征和文化交流中的民族主体意识。科学的文化,一是指内容是科学的,二是指方法是科学的。大众的文化,即是民主的。

第十三节 建设社会主义的中国文化

一、中国文化发展的新阶段

中国人民革命胜利开辟了中国文化发展的新阶段,突出表现在教育体制的建立和完善,群众文化事业的发展和进步,双百方针的贯彻落实等方面。在探索过程中,中国文化的发展也经历了失误和曲折。在新民主主义文化与社会主义文化的过渡衔接上,出现过加速"社会主义改造"的错误做法,出现过错误批判电影《武训传》,进而批判胡适、胡风、梁漱溟,出现过错误批判"综合经济基础论"和"合二为一"论。

二、20世纪80年代"文化热"的反思

十一届三中全会以后,在思想文化领域出现了一个持续十余年的文化研究热潮,一般称之为"80年代的'文化热'"。文化研讨实质上是在改革开放的背景下,物质文化、制度文化变革在更深层次的思想文化层面上的必然反映。20世纪80年代文化热的特点有三方面:一是它的现实性,牢牢立足于中国的现实,对建国以来的"左倾"错误进行深刻反思,是在坚持正确的政治方向的前提下进行的,具有思想解放意义,能够产生巨大社会效能,促进两个文明建设,给改革带来了强大的思想动力;二是它的广泛性,是一次全民关注、参与的综合性研讨;三是它的世界性,是把中国置于世界文化的背景之中,把民族意识与全球意识结合起来,把民族精神与时代精神统一起来的研究。

20世纪80年代的文化热带有改革开放的时代特征。其中出现的错误观点主要有:全盘西化论;彻底重建论;复兴儒学论;西体中用论;新启蒙论等。

三、建设中国特色社会主义新文化

建设有中国特色社会主义新文化的方针和道路是:古为今用,洋为中用,批判继承,综合创新。

建设社会主义新文化的指导原则是:以马克思主义为指导的,批判继承历史传统而又充分体现时代精神的,立足本国而又面向世界的一种高度发达的社会主义精神文明。

首先,当代中国文化应以马克思主义作为自己的指导思想和理论基础。其次,当代中国文化要辩证地处理好古和今即历史传统和时代精神的关系。再次,当代中国文化要辩证地处理好"中"与"外"亦即立足本国与面向世界的关系。

文化学上的认同与适应是一对矛盾,也就是一个民族,一方面要维护自己的民族传统,保持自身文化的特色;另一方面要吸收外来文化以发展壮大自己。任何民族都有与其他民族相互区别的文化传统。文化传统是一个民族世代积累而成的精神财富,是一个民族发展的动力接连不断的源泉。文化传统可以造就一个民族的自尊心、自豪感和自强精神。

一个民族的文化只有遇到更先进的文化，在冲突与融合中才能更新发展，因此说外部挑战是文化发展的重要条件。中国文化的适应能力是比较薄弱的。中国传统文化由于地理环境的隔离机制和历史上长期的领先地位，一直有一种强烈的文化优越感和自我为中心的文化心态。

文化要素构成文化层面，文化层面构成文化系统。一个文化系统所包含的文化要素，有些是不能脱离原系统而存在的，有些则可以经过改造而融入别的文化系统中。认识到这种关系，是我们把文化当做一个动态系统来把握的关键。

建设有中国特色的社会主义文化，就是在社会主义制度下，以马克思主义为指导，建立古今中外文化的最佳互补结构，亦即批判继承历史传统而又充分体现时代精神的、立足本国而又面向世界的社会主义新文化。

本章小结

本章主要介绍了中国传统文化的发展历程和辉煌成就，概括了传统文化的特点和基本精神，介绍了传统文化近代化转变和建设社会主义新文化的方针和要求。本章内容建议课时为10～12小时。

本章参照的资料如下，对原文作者表示感谢。

【参考资料】

[1] 张岱年，方克立.中国文化概论[M].修订版.北京：北京师范大学出版社，2004.

[2] 朱耀廷.中国传统文化通论[M].北京：北京大学出版社，2005.

[3] 张岂之.中国传统文化[M].北京：高等教育出版社，1994.

[4] 百度百科网站.http://baike.baidu.com.

[5] 其他有关中国传统文化相关问题的新闻、统计数据和网络文本.

第五章 做懂文明讲礼仪的新市民

教学目标

了解礼仪的基本原则和功能,掌握个人礼仪、家庭礼仪、社交礼仪、工作礼仪、服务礼仪和涉外礼仪的基本常识。

第一节 礼仪概述

礼仪是在人际交往中,以一定的、约定俗成的程序方式来表现的律己敬人的过程,涉及穿着、交往、沟通、情商等内容。从个人修养的角度来看,礼仪可以说是一个人内在的修养和素质的外在表现。从交际的角度来看,礼仪可以说是人际交往中适用的一种艺术、一种交际方式,是人际交往中约定俗成的示人以尊重、友好的习惯做法。从传播的角度来看,礼仪可以说是在人际交往中进行相互沟通的技巧。

一、礼仪定义

礼仪指的是人们在社会交往中由于受到历史传统、风俗、宗教信仰、时代潮流等因素的影响而形成的,即为人们认同,又为人们所遵守,以建立和谐关系为目的的各种符合礼的精神及要求的行为准则或规范的总和。

中国素以"礼仪之邦"著称于世,讲"礼"重"仪"是中华民族世代相传的优秀传统,源远流长的礼仪文化是先人留给我们的一笔丰厚遗产。我国是历史悠久的文明古国,几千年来创造了灿烂的文化,形成了高尚的道德准则、完整的礼仪规范,被世人称为"文明古国,礼仪之邦"。

礼仪文明作为中国传统文化的一个重要组成部分,对中国社会历史发展起了广泛深远的影响,其内容十分丰富。礼仪所涉及的范围十分广泛,几乎渗透于古代社会的各个方面。中国古代的"礼"和"仪",实际是两个不同的概念。"礼"是制度、规则和一种社会意识观念;"仪"是"礼"的具体表现形式,它是依据"礼"的规定和内容,形成的一套系统而完整的程序。在中国古代,礼仪是为了适应当时社会需要,从宗族制度、贵贱等级关系中衍生出来,因而带有产生它的那个时代的特点及局限性。时至今日,现代的礼仪与古代的礼仪已有很大差别,我们必须舍弃那些为剥削阶级服务的礼仪规范,着重选取对今天仍有积极、普遍意义的传统文明礼仪,如尊老敬贤、仪尚适宜、礼貌待人、容仪有整等,加以改造与传承。这对于修养良好个人素质,协调和谐人际关系,塑造文明的社会风气,进行社会主义精神文明建设,具有现代价值。

在中国向世界开放的今天,礼仪不仅体现出丰厚的历史优秀传统,更富有鲜明的时代内涵。随着人与人、国与国之间交往的日益频繁,讲究礼仪,礼尚往来,对营造和谐的人际关系,显得尤为重要。

礼仪无处不在,它不仅可以展现一个人的风度和魅力,还体现一个人的内在学识和文化修养。

可以说,礼仪是一张人际交往的名片。礼仪可以帮助我们"规范言谈举止,学会待人接物;塑造良好形象,赢得社会尊重;架设友谊桥梁,通向成功之路"。礼仪又是帮助我们获得成功,创造幸福的通行证。所以说:知礼懂礼,注重礼仪,是每个人立足社会的基本前提之一,是人们成就事业、获得美好人生的重要条件。

二、礼仪的基本原则

礼仪有以下几项基本原则:

1. 宽容的原则

即人们在交往活动中运用礼仪时,要严于律己,更要宽以待人。

2. 敬人的原则

即人们在社会交往中,要敬人之心长存,处处不可失敬于人,不可伤害他人的个人尊严,更不能侮辱对方的人格。

3. 自律的原则

这是礼仪的基础和出发点。学习、应用礼仪,最重要的就是自我要求、自我约束、自我控制、自我对照、自我反省、自我检点。

4. 遵守的原则

在交际应酬中,每一位参与者都必须自觉、自愿地遵守礼仪,用礼仪去规范自己在日常生活中言行举止。

5. 适度的原则

应用礼仪时要注意做到把握分寸,认真得体。

6. 真诚的原则

运用礼仪时,务必诚信无欺,言行一致,表里如一。

7. 从俗的原则

由于国情、民族、文化背景的不同,必须坚持入乡随俗,与绝大多数人的习惯做法一致,切忌目中无人、自以为是。

8. 平等的原则

这是礼仪的核心,即尊重交往对象,以礼相待,对任何场合交往对象都一视同仁,给予同等程度的礼遇。

➤ 社交礼仪的原则有哪些?

遵时守约的原则、女士优先的原则、礼仪顺序的原则、TPO原则(T—Time 时间、P—Place地点、O—Objective 目的)、互动原则、尊重风俗的原则、理解宽容的原则、遵纪守法的原则。

三、礼仪功能和作用

沟通的功能：人们在社会交往中，只要双方都能自觉地遵守礼仪规范，就容易沟通感情，从而使交往容易成功。

协调的功能：在社会交往中，只要人们注重礼仪规范，就能够互相尊重，友好合作，从而缓和和避免不必要的冲突和障碍。

维护的功能：礼仪是社会文明发展程度的反映和标志，同时也对社会的风尚产生广泛、持久和深刻的影响。讲礼仪越多，社会便会越和谐稳定。

教育的功能：礼仪通过评价、劝阻、示范等教育形式纠正人们不正确的行为习惯，倡导人们按礼仪规范的要求协调人际关系，维护社会正常生活。讲究礼仪的人同时也起着标榜的作用，潜移默化地影响周围的人。

学习礼仪有以下现实意义：

学习礼仪是国际化交往和竞争的需要；讲究礼仪是弘扬我国礼仪传统的需要；实践礼仪是社会主义精神文明建设的需要；落实礼仪是社会和谐事业成功的需要。

第二节　个人礼仪

一、为什么要注重个人礼仪

个人礼仪是一个人的生活行为规范与待人处事的准则，是个人仪表、仪容、言谈、举止、待人、接物等方面的具体规定，是个人道德品质、文化修养、教养良知等精神内涵的外在表现。

对个人来说，是文明行为的道德规范与标准；对国家来说，是一个国家文化与传统的象征，个人礼仪所形成的一种具有较强约束力的道德力量，使每一个社会成员能自觉地按照要求，调整行为，摒弃陋习。个人礼仪从这个侧面反映了一个社会的文明程度。

二、个人仪表

个人仪表要注意以下几方面：

1. 头　发

保持清洁，修饰得体，并与本人自身条件、身份和工作性质相适宜。

2. 面　容

男士应每天修面剃须，女士化妆得体，并注意化妆时间和场合。在正式的场合，女士不化妆被认为是不礼貌的。同时注意在公众场合不能补妆。

3. 表　情

自然从容，目光温顺平和，嘴角略带微笑，让人觉得真诚可信，和蔼可亲。

4. 手 部

保持清洁,勤洗手、剪指甲,在正式的场合忌有长指甲和修饰不当。

5. 衣 着

整洁大方,忌另类服装。

6. 体 态

保持端庄、典雅,不要做作和故弄。

➢ 人际交往时目光有什么要求?

目光注视的时间:在交谈时,人们视线接触对方脸部时间占全部交谈时间的 30%~60%,过长会被认为对对方本人比对其谈话内容更感兴趣;过短则相反。

目光注视的位置:自然、稳重、柔和为主,不能紧盯着对方某一部位,或者上下打量,注视对方位置不同,所传达的信息也有所不同。

➢ 不同场合下目光注视有哪些不同?

公务注视区间:范围一般是以两眼为底线,以前额上端为顶点所形成的三角区间。注视这一区间能造成严肃认真、居高临下、压住对方的效果。多用于商务谈判、外事交往和军事指挥。

社交注视区间:范围一般是以两眼为上线,以下颌为下点所形成的倒三角区间。注视这一区间容易产生平等的感觉,让对方感到轻松自然,从而创造良好的氛围。多用于日常社交场合。

亲密注视区间:位置是对方的眼睛、双唇和胸部。注视这些位置能激发感情,表达爱意,是具有亲密关系的人在对话时采取的注视区间。

三、着装礼仪

着装的礼仪要注意:

(1)合体。要与身材、体形相协调,根据自己的体形和特点做到扬长避短。

(2)合适。在服装穿着、饰物佩戴和配件使用等方面,都必须适应具体的时间、地点和目的的要求。

(3)合意。根据自己的爱好、情趣、个性和审美观,按照着装的基本要求选择合意的服装,穿出自己的风格和魅力。

➢ 如何搭配服装的颜色?

(1)同类色组合:以某种颜色为中心,全部搭配这一色系,以其色彩的深浅变化即不同的明度进行组合。如白色与白色,黑色与黑色,浅蓝与深蓝等。西服套装、套裙就是典型的同色系组合,这种组合能够产生和谐统一的整体美感。

(2)相近组合:利用色环上相近的颜色进行搭配,如黄色与绿色、绿色与蓝色、蓝色和紫色等。这种配色方法既丰富多彩,又柔和协调,需要注意的是色彩之间的深浅、明暗要有差别,否则会杂乱而刺眼。

(3)对比颜色:用两种特性相反的色彩进行搭配,如用柔和的青绿色配红色,鲜艳的黄色配紫色,白色配黑色。这种色彩搭配方法,醒目清新,能够表现鲜明的个性,给人留下深刻的印象。

无论用什么样的色彩组合法,颜色不要过多,尤其是正式场合的服装搭配。一个人全身服装的颜色,最好不要超过三种。

> 饰物有哪些,佩戴饰物时应注意什么?

饰物是能起到装饰作用的物件,如耳环、项链、戒指、手镯、眼镜、领带等。佩戴应遵循的原则如下:

(1)饰物的佩带要顾及人体本身的因素,与体形、发型、脸型、肤色和服装和谐。

(2)考虑场合和活动的内容。如上班、旅游时要少佩戴珍贵的饰物;吊唁时只能戴结婚戒指、珍珠项链和素色饰物。

(3)男女有别。女性饰物种类繁多,选择范围比较广;男士只能佩戴戒指、领饰、袖饰、项链等,所以应注重少而精,以显阳刚之气。

(4)注意协调。考虑到人、环境、心情、服饰风格等诸多因素间的关系,力求整体搭配协调。遵守以少为佳、同质同色、符合身份和传统习俗的原则。

> 正式场合,男士服饰穿戴应该注意什么?

不求华丽、鲜艳,以色彩和谐为宜,遵循不超过三种颜色的原则。

穿着西装时应注意的礼仪规范如下:

(1)讲究规格。男士西装有两件套和三件套之分,穿着时务必整洁、笔挺。正式场合应穿着统一面料、统一颜色的套装,内穿单色衬衫,系好领带,带领夹,穿深色皮鞋。三件套的西装,在正式场合下不能脱下外套。按照国际惯例,西装里面不能穿毛背心和毛衣,在我国最多只加一件"V"字领毛衣,以保持西装的线条美。

(2)穿好衬衫。衬衫的领子要挺阔,不可有污垢、油渍。衬衫下摆要塞进裤子里,系好领扣和袖扣;衬衫领扣和袖口要长于西服上装领口和袖口1~2厘米,以显有层次感,衬衫里面的内衣领口和袖口不能外露。

(3)系好领带。领带结要饱满,与衬衫领口吻合要紧;领带的长度以系好后大箭头垂到皮带扣为准。西装穿着系纽扣时,领带夹夹在衬衫的第二粒与第三粒纽扣之间为宜;西装敞开穿时,领带夹夹在衬衫的第三粒与第四粒纽扣之间为好。

(4)注意鞋袜。鞋子最好是黑色,面料为牛皮或羊皮,穿着时注意鞋子的保洁和完好。袜子应选择深色的,切忌黑皮鞋配白袜子。

> 女士着装的礼仪规范有哪些?

(1)内衣。内衣不能外露,不能外穿。

(2)丝袜。穿裙子时穿丝袜,不仅是礼仪的需要,而且还能掩饰腿部的缺陷,增加腿部的美感。袜子的颜色原则上与裙子的颜色相协调,腿粗的人适合穿深色袜子,较细的适合穿浅色袜子。一般不要选择鲜艳的、带有网格的或明显花纹的丝袜。袜子口避免露在裙子外面。避免穿破损的袜子,这样是不雅的。

(3)鞋子。要根据舒适、方便、协调而不适文雅的原则选择不同款式的鞋子。根据自己的身高,选择高矮跟的鞋子。年纪大的女士,选择鞋跟不能过高。

(4)短裙。年轻女性的短裙至膝盖上3~6厘米,但不能短至只有大腿根部到膝盖处的二分之一长,中老年女性的短裙一定要长及膝下3厘米左右。

四、谈话中的礼仪

谈话中要注意的礼仪如下：

（1）谈话时态度要诚恳、自然、大方，语言要和气亲切，表达得体。

（2）要注意听取对方的话。

（3）对长辈、师长、上级说话，要表示尊重；对下级、晚辈、学生说话，则注意平等待人和平易近人。

（4）谈话时不可用手指指人，可做手势但是动作幅度要小。

（5）同时与几个人谈话，不要把注意力集中在一两个人身上，要照顾到在场的每一个人，不要冷落了任何人。

（6）当遇到意见不一致时，保持冷静，或者以豁达的态度包容异己，或回避话题。忌在公众场合为非原则性问题大声喧哗、争执打闹。

（7）在公共场合，男女之间不要耳鬓厮磨或与非亲属关系的异性长时间攀谈、耳语。

（8）不可出言不逊、强词夺理，不可谈人隐私，揭人短处，不可背后议论他人，拨弄是非。不说荒诞离奇、耸人听闻的事，不搞小广播以充"消息灵通人士"。

（9）遇有攻击、侮辱性言辞，一定要表态，但要掌握尺度。

（10）谈话者应保持一定距离。

五、姿态礼仪

➤ 正确的站姿是怎样的？

挺直、舒展、收腹、眼睛要平视对方，嘴微闭，手臂自然下垂。正式场合不应将手插在裤袋里或交叉在胸前，更不要有下意识的小动作。男性通常可采取双手相握、叠放在腹前的前腹式站姿；或将双手背于身后，两手相握的后背式站姿，双脚可以少许叉开，与肩部同宽为限。女性的主要站姿为前腹式，但是双腿要基本并拢，脚位应与服装相适应，穿紧身短裙时，脚跟靠近，脚掌分开呈"V"状或"Y"状；穿礼服或者旗袍时，可双脚微分。

➤ 如何保持良好坐姿？

入座时动作应轻而缓，轻松自然。不可随意拖拉椅凳，留意从椅子的左侧入座，背部要与椅背平行，沉着安静地坐下。女士着裙装入座时，应将裙子后片拢一下。坐时，要保持上身端正，两手应自然下垂，肩部放松，五指并拢。男性可以微分双腿（一般不要超过肩宽），双手自然放在膝盖上或椅子扶手上。女性并膝或双腿交叉坐，双手放在膝盖上。离座时，应请身份高者先离开，离座时动作要轻缓，不发出声响。坚持"左入左出"，从座位的左侧离开，站好再走，保持体态轻盈、稳重。

➤ 什么是正确的走姿？

行走时，应抬头，身体重心稍前倾，挺胸收腹，上体正直，双肩放松，两臂自然前后摆动，脚步轻而稳。

➢ 走路时应注意哪些礼节、礼貌？

要遵守行路规则。过马路要走人行道。再有规定的地方要自觉地走过街天桥或地下通道。行人之间互相礼让。给长者、老弱病残者让路，让负重的人或孕妇、儿童先走。走路遇到熟人应主动打招呼或进行问候。若需要交谈，应靠边站立，不要妨碍交通，并注意安全。走路时目光自然，不要左顾右盼，东张西望。不要一边走路一边吃东西或抽烟。

➢ 怎样礼貌地问路？

总的原则是不轻易打扰别人。问讯前要热情、礼貌的称呼对方。当别人回答了你的问题，应真诚地道谢。如回答不了，也应礼貌道谢。

➢ 并行走路时应遵循什么原则？

男女一起走时，男人一边走在外侧，提东西的人通常走在右边，男子应帮助女子提东西，但不能帮助女子提坤包。三人并行，老人走在中间。车子多的地方，男人走在人行道靠马路的一侧。四人同行，最好前后两两并行。

六、乘车礼仪

➢ 怎样文明驾驶汽车？

遵守交通法则，遵守交通信号，不闯红灯和交通标线。控制好车速，不开快车、英雄车、斗气车。并线要柔和，不猛拐、不来回穿插、别车等。不在快车道上开慢车。爱护公共卫生，不乱扔杂物和吐痰。礼让非机动车和行人，特别在下雨下雪时，注意不要让雨雪溅在行人身上。停车时要将车停在车位中，不要妨碍别人停车。不要猛按喇叭。夜间驾车要正确使用远、近光灯。

➢ 怎样文明骑自行车？

严格遵守交通法，不闯红灯，不在机动车专用道上和人行道上行驶。不勾肩搭背，不互相追逐或曲折行驶，不在市区骑车带人，不带超重的超大的物品，拐弯前先做手势。要尊重行人，不要横冲直撞，过道口时主动礼让行人。骑车进入工厂、学校、机关、营房，要下车推行。

➢ 乘扶梯时的文明礼仪有哪些？

应靠右侧站立，为有急事赶路的人空出左侧通道。手应扶在电梯扶手上，以免失足。主动照顾通行的老人、小孩和行动不便的人乘扶梯。有急事走急行通行道时要确保安全和礼貌。

➢ 乘箱式电梯应注意哪些礼节、礼貌？

上下电梯时应礼让，做到先出后进；尽量让老人、小孩和妇女先行；先上的人尽量往里站。不要大声喧哗，爱护公物。与同乘电梯的人不认识时，不要四处张望或盯着某一个人看，目光自然平视。

➢ 乘坐公共汽车和地铁列车时应遵循哪些礼节、礼貌？

排队候车，先下后上。让妇女、老人、小孩和残疾人先上车。注意安全，扶好、坐好。不要将身体伸出车外，或随意动车厢里的设施。主动给老人、病人、残疾人、孕妇和带小孩的妇女让座。尊重司乘人员，主动按规定买票。爱护环境卫生，保持车厢和站内的环境卫生，不能向窗外扔东西。

➤ 乘坐出租车时的礼节、礼貌有哪些？

乘客应当坐后排。一女二男时，女士坐边上，不在中间。应照顾长辈和女士先上车，一般是男士和晚辈先下，然后照顾长辈和女士再下。注意带好随身物品，不要将垃圾废弃物留在车上。

➤ 乘坐小轿车时的座次如何安排？

乘坐有专职司机驾驶的轿车时，其座次自高而低为：后排右座，后排左座，后排中座，前排右座。当主人驾车时，其座次自高而低为：前排右座，后排右座，后排左座，后排中座。

➤ 乘飞机时应注意哪些礼仪？

严格按照乘务员的要求去做。接受乘务员服务时要礼貌感谢。交谈时不要影响他人休息，不要涉及不安全话题。上下飞机礼让，飞机停稳后才能站起身来拿行李。

➤ 乘坐火车时的基本礼仪是什么？

将较大的行李放在行李架上，不要占用公共空间。注意保持车厢内安静，谈天、打扑克、听广播不要打扰别人。不要随意脱鞋，将脚放在对面的座位上。需要吸烟时，到吸烟区去吸烟，把废弃物品扔回到垃圾箱，自觉维护车厢内的卫生环境。不长时间占用洗手间，带小孩的旅客应看管好自己的孩子。

第三节　家庭礼仪

➤ 夫妻间应做到的礼仪要求是什么？
夫妻平等、互相尊重、互相关心、互相宽容和互相谅解。

➤ 子女对父母的礼仪有哪些？
孝敬父母，包括公婆和岳父母。不做干涉父母权益的事情。要维护父母的尊严和名誉。

➤ 兄弟姐妹之间的礼仪有哪些？

互相尊重，互相谦让、互相支持、互相帮助。哥哥姐姐要照顾、谦让弟弟妹妹，做好榜样。各自组成家庭后，要注意处理好兄弟、妯娌之间的感情，彼此宽容，避免家庭纠纷。同时还经常相互走动，避免感情淡漠，在任何一方有困难时，应积极帮助。

➤ 建立和睦的邻里关系应从哪方面做起？

尊老爱幼，互相帮助。不在背后议论他人，不猜疑，谈笑逗趣有分寸，尊重他人隐私。见面主动打招呼，亲切随和，主动参加一些联络邻里感情的活动。善待邻居家的小孩，不要大声喧哗和行为不当产生噪声，影响他人生活休息。看电视听音响时，考虑是否会影响左邻右舍。适时主动拜访邻居，但不要妨碍他人的正常生活。孩子在住宅和大院的不妥行为，家长应及时教育、提醒。合理使用住宅的公共设施。

➤ 拜访搬入新居的邻居时应注意什么？

注意拜访时间不要影响他人休息。拜访时间长短的把握一般在十分钟左右。仪容得体适度，不要穿拖鞋和睡衣、头发蓬乱等。注意话题的选择不要涉及他人隐私。注意交谈时所处的位置，一般不要直接进入室内，应在门口寒暄几句。

第四节 社交礼仪

一、敬 礼

敬礼的种类主要有注目礼、点头礼、握手礼、鞠躬礼、举手礼、吻手礼、屈膝礼、拥抱礼和亲颊礼等。

➤ 敬礼的一般顺序和注意事项是什么？

职位低者应主动向高者致意。年幼者应主动向年老者致意。资历年岁相仿者,以身份高低及交往的目的互相敬礼。未婚女子应主动向已婚女子敬礼,德高年迈者除外。在正式场合致意时,忌口含香烟或口香糖,仪容须端庄。升降国旗或演奏国歌时,须就地驻足行注目礼或举手礼。但是收音机所播放的,则不必敬礼。在不方便的场所,如厕所、浴室、病房、理发厅或紧急场合,如火灾、火警、空袭等,均不必教条致意,但却极需谦让、互助和友爱。受礼者,应及时答谢。

二、握 手

与他人握手时,应注视对方,微笑致意,不可心不在焉,左顾右盼。握手时需要脱帽、起立,不能把另一只手放在口袋里,男士不能戴着手套与别人握手,女士可以,但不能戴着手套与女士握手。标准的握手姿势应该是平等式,即大方地伸出右手,用手掌或手指用力一点握住对方的手掌,通常以三秒钟左右为宜。

握手时应注意:

正式场合上下级之间,应在上级伸手后,下级才能伸手;日常生活长辈与晚辈之间,长辈伸手后,晚辈才能伸手;社交场合男女之间,女士伸手后,男士才能伸手;在多人同时握手时,忌交叉握手;不要跨着门槛握手。

三、介 绍

介绍分为自我介绍、居中介绍和集体介绍三种情况。

自我介绍的基本程序是:先向对方点头致意,得到回应后再向对方介绍自己的名字、单位和身份,同时递上事先准备好的名片。自我介绍时要注意把握好时机,如初次见面的时机或对方有兴趣的时机。内容繁简适度,实事求是,态度谦虚,注意礼节。时间一般以半分钟之内为宜,如对方有认识自己的意愿可以继续介绍。

居中介绍即他人介绍,把一个人引荐给其他人相识沟通的过程,介绍时一定要注意介绍顺序。介绍者在作介绍时,态度要热情友好,语言清晰明快,应抬起前臂,五指并拢,手掌向上倾斜,指向被介绍者,不能用手拍被介绍者的肩、背等部位,更不能用食指或拇指指向介绍人的任何一方。介绍人在介绍时要先向双方打招呼,使之有思想准备,介绍语言应简明扼要,分寸恰当,使用敬语。

集体介绍分单位介绍和多项介绍,单项介绍,如演讲、报告时,只介绍主角。多项介绍原则上按居中介绍内容要求。

➢ 介绍的顺序是什么?

应将男性介绍给女性,将年轻的介绍给年长的,将职位低的介绍给职位高的。未婚的通常也先介绍给已婚的,除非前者比后者年纪大得多。先把晚到的客人介绍给早到的,再自然地介绍其他在座的客人,介绍时,男性应礼节性地起身,女性则可视具体情况而定。如男性年纪大得多,年轻的女性则应礼节性地起身表示致意。招待会或者客人很多的场合,或主动找人交谈时,一般由来宾做自我介绍。

四、打招呼

➢ 打招呼致意的一般规则是什么?

男性先向女性致意,年轻的不分男女都应先向老者致意,下级向上级致意。两对夫妻见面,女性先互相致意,然后男性分别向对方的妻子致意。

在大街上打招呼,三四步远是最好的距离。男子可欠身或点头,如果戴着帽子则应该摘掉;女性在各种生活场景中,均应主动微笑点头致意,以示亲和。

在饭店等室内场合遇到相识的亲友,应友好的点头或躬身致意。有人向自己致意时,应还礼答谢。

五、道歉和致谢

道歉有以下几种形式:

1. 直接式

开诚布公地向对方道歉,这样坦白的态度容易得到别人的原谅。

2. 书信式

如果你觉得道歉的话说不出口,可以用传真、信件表达歉意。可以免去尴尬局面。

3. 转达式

求助于第三者。可以将自己的歉意直接或间接告诉双方都熟悉的人,请求他代你表达歉意。

4. 替代式

现实的生活告诉我们,一束鲜花可以使前嫌尽释,用小礼物寄歉情,无声胜有声。

5. 改正式

有些过失是口头歉意不能奏效的,必须用行动表示证明,这样的改正过失的行动,往往是最真诚、最有力、最实际的道歉。

致谢的几种方式:

事情不论大小,都应该真诚致谢。可以口头致谢,电话致谢,书信致谢,由他人转达谢意。

六、拜　访

1. 时间的选择

考虑到主人的方便,尽量避开吃饭的时间,节假日和周末没有预约也不要贸然前往,预先约定时间,最符合礼貌。

2. 服装的选择

服装要整洁、大方、朴素即可,不必太过华丽,但是衣冠不整、蓬头垢面对主人不敬。

3. 进门的时候

应先敲门或先按门铃,等主人开门说"请进"后再进去。进门后向主人问好,如果不是预先约定好的,也先问主人是否有时间,简短地说几句就告辞。

4. 有别人在场

与主人谈话,来了别的客人,不管认识与否,应主动起身打招呼。如果自己的话说得差不多了,可以起身告辞。

5. 在主人家里

在别人家里做客时,随手乱翻,到处乱闯,是对主人的不尊重;一般不宜带年幼的孩子去做客,增加主人的麻烦,更不应该在别人家责骂孩子。

6. 交谈的时候

谈吐文雅,对主人家的家庭情况作一般了解,关心过度,反复盘问,就显得粗鲁无礼了。交谈时先要把事说完,不要滔滔不绝,让主人插不上嘴。主人说话时留心倾听,观察心理,主人有不耐烦的神色时,适时起身告辞。

7. 告辞的时候

一般性质的访友,以半小时为佳,告辞时对自己的打扰和主人的款待表示谢意;有长辈时应先与长辈告辞;女士和男士告别应先伸出手握手;如果与年长的妇女告辞,则应等对方先伸出手。出门后,主动请主人"留步",不用远送。

七、参加宴会

若是做客参加宴会,可以在适当时间回请主人,答谢盛情。去做客时,也可以给主人或主人家的小孩子带点小礼物。

邀请、接待客人时应注意的礼节如下:

1. 邀请的方式

结婚等隆重的庆典,预先发请帖;小型聚会,口头电话邀请就可以了。客人来之前,要将用于招待的物品放在方便之处,屋子稍作收拾,杂乱无章会令客人不舒服,整齐到令客人拘束也不必。主人提前在家等候,客人到了主人不在就太失礼了。

2. 主人的服装

依聚会的性质而定。主妇的打扮可以讲究些。如果是邀请客人前来赴宴,主人家门口最好有一个人在门口迎候。主人将刚到的客人迎进屋后,应将她(他)介绍给其他已经在场的客人。

3. 待客的礼节

主人必须等客人全体坐下后,才能坐下。中途自己有事情必须暂时外出时,应与客人打招呼不让客人干坐。正与客人交谈时有客来访,与早来的客人互不相识,主人应替双方介绍。对来的客人要一视同仁。

4. 送别客人时

客人告辞时,主人应先挽留,再让客人走。客人走时可以让他自己开门,主人开门的话好像在下逐客令,当然这是指在家里;在饭店和服务性企业和正式聚会上,是不应该让客人开门的,送客送到门外,住楼房的,应将稀客和长辈送至楼下,握手说"再见",目送客人离去。有单身女子一人来做客的,主人可委托客人或自己家的亲属护送她回家。

八、送 礼

➤ 送礼应注意哪些礼节?

1. 送什么样的礼

彼此关系亲密的话,不妨问问对方喜欢什么,对于经济尚未独立的年轻人来说,有时,象征意味很浓的小礼物最能表达彼此间的友情,一般不应送贵重的物品。

2. 送礼的方式

送的礼物,除鲜花外,都必须带着包装。写有价钱的标签也应及时摘掉,将发票连同礼物一同送上的也有,那是商品附带有保修单等,方便日后退换和修理。

在与主人见面或者快告辞时,大大方方地送给主人即可。

➤ 收礼时应注意什么?

1. 受礼时的表示

接过礼物时,不管礼物是否合自己的心意,都应表示对这份礼物的重视,尽快打开包装欣赏一番;如果觉得送礼者另有所图,应向他暗示送礼不妥的原因和拒收的理由,态度可以坚决但是方式要委婉。

2. 返礼时的做法

接受了他人的馈赠,应在日后适当的时候准备礼物馈赠对方。结婚时收到的贺礼,当日请他参加婚宴就是回礼。如果自己经济条件不好,也可回送小的礼品做纪念。对当天有事未能参加婚宴的,主人可带小礼物拜访致谢。

接受了礼物并不一定都要立即返礼,对方有同样事情可以庆贺时,送去礼物表示心意就可以了。

九、参加舞会

参加舞会时应注意的礼仪如下:

根据舞会的形式适当修饰自己的外表,不可过分随便,不修边幅,无论男士还是女士,都应整洁讲究,不应太透、太露。

进入舞场后,言谈举止要文明,不要高声说笑,不要在舞池中穿行。邀人跳舞时要注意礼节,多为男士请女士跳舞,当舞曲响起后,男士走到女士面前,弯腰鞠躬做出邀请手势,并轻声邀请,女士如有同伴在身旁,邀舞者应先向其点头致意。邀舞时表情谦恭自然,不要紧张做作,更不能流于粗俗。作为女士一般不随便拒绝别人的邀请,拒绝时应婉言拒绝,并向对方表示歉意,不要在同一支舞曲里拒绝前者又接受后者的邀请。邀请者面对拒绝,也应该坦然自如,不要再三强迫或表示不满。

十、宴　席

> 宴席座位的礼仪有哪些?

一般的宴会,除自助餐、茶会及酒会外,主人必须安排客人的席次,不能以随便坐的方式,使得客人不知所措。

1. 桌次的顺序

如宴席设在饭店或礼堂,圆桌两桌,或两桌以上时,则必须规定其大小。其定位的原则,以背对饭厅或礼堂为正位,其右旁为大,左旁为小,如场地排有三桌,则以中间为大,右旁次之,左旁为小。

2. 座次图与座位签卡

遇到宴会人多,超过 20 个以上,或宴席设两桌以上,宜备座次图,供客人找到自己的座位。

3. 座次的安排

以右为尊,如宴席设两桌,则以右桌为大。主人坐定后,其右侧为主宾位。职位或地位高者为尊,高者坐上席。女士以夫为贵,但如果邀请对象是女宾,夫不见得与妻同贵。

欧美国家视宴会为最佳社交场合,所以采取分座原则,即:男女分坐,排位时男女互为间隔;夫妇、父女、母子、兄妹等必须分开;有外宾在座,则中国人与外宾插坐。遵守社会伦理,长幼有序,师生有别,正式的宴会场合,与应严格遵守。座位的末座,不能安排女宾。

> 就座和离席应注意什么?

等长者坐定后方可入座,如果有女士,等女士入座后方可入座。拖拉座位要轻,不要发出难听声音,坐立姿势要端正,与餐桌距离保持适宜。餐后,须待男女主人离席,客人始离座,离开时,应招呼邻座长者和女士,帮忙拖拉座椅。女士携带手提包,宜放在背部和椅背之间。中途有急事需要离席,应先向主人打招呼,切勿过分打扰他人。

> 日常饮食的礼仪,应遵守哪些规则?

餐具保持清洁,使用时切勿出声。就餐时,应与餐桌保持一定距离,身体端正,与同席者同时进食,谈话不宜声音太高,对方能听到就好。吃饭细嚼慢咽,力避有声。欲先离席,须向主人及同席者致歉。全桌食毕,等主人起立,然后离席。

> 使用餐巾应注意什么?

必须等到大家坐定后才可使用餐巾,应放置在大腿上,切勿系入腰带,或挂在西装领口。不要擦拭餐具,主人会认为你嫌餐具不洁。不可用餐巾擦脸擦鼻涕,如果手上没有手帕,可以去洗手间。餐巾主要是防止弄脏衣服和擦去手上的油渍。

餐中暂时离席,应将餐巾放在座位上,饭后把餐巾折好,置放餐桌上再离席。若主人将餐巾放在座子上,表示宴会结束。

➤ 餐桌上一般的礼仪是什么?

入座后姿势正确,脚踏在本人座位下,不可任意伸直,手肘不得靠桌沿或放在邻座背上。用餐时须温文尔雅,从容安静,不能急躁。在餐桌上不能只顾自己,也要关心别人,尤其要招呼两边的女客。口内有食物避免说话,自用餐具不可伸入公用餐盘取菜,舀汤要用公共勺子。吃进口的东西不能吐出来,如果是很烫的食物,可喝水或果汁缓解。两肘向内靠拢,避免碰到邻座。自己手上有刀叉时,或者别人在吃东西时,避免和别人说话或敬酒。好的吃相是食物就口,不可将口就食物。食物带汁,不能匆忙送入口中,否则汤汁滴在桌布上,极其不雅观。用牙签时,注意用手帕或手遮掩。避免在餐桌上咳嗽、打喷嚏、打嗝及放屁。万一不禁要说"对不起"。

喝酒宜各自随意,礼到为止,不要猜拳、吆喝或用酒杯敲击玻璃转盘"过电"。如果餐具不小心掉到地上,可由服务人员拾起来。有意外,如不慎将酒、水、汁汤溅到他人衣服上,应立刻表示歉意,叫服务生即可,不必恐慌赔罪,令对方难为情。如果要拿同桌其他客人面前的调味品,可以请别人帮忙传递,不可伸手横越。如果是主人亲自作的食物,不要忘记称赞。吃到不洁或者异味的食物,不可吞入,应轻巧地取出,放入盘子里。如果发现有昆虫或异物,不要大惊小怪,可以轻声告诉侍者更换。

饭后,餐具务必摆放整齐,不可零乱放置,餐巾应折好,放在桌上。

主食进行中不宜抽烟,如需抽烟,必须先征得邻座的同意。餐厅就餐的时候不能抢着付账,实为不雅。进餐的速度不宜太快,不宜太慢,宜与男女主人同步。

餐桌上不谈悲戚之事,否则会破坏欢愉的气氛。在招呼服务员时不要大声吆喝,注意礼貌,可用眼神或举手示意。

➤ 饮酒时的一般礼仪有哪些?

通常情况下,不管你是否会喝酒,在主人的盛情之下还是应该把杯子倒满,不要生硬拒绝别人的酒,或把手蒙在杯子上坚决不喝。

主人应先为主宾斟酒,若有长辈、首长、远道来的客人应先为他们斟酒,如果没有,则应该按照顺时针的方向,斟酒时要满但是不能溢出来,主人为自己倒酒时,应手扶杯子表示恭敬和致谢。正式的宴会上,主人均应添酒。敬酒时是目光对着对方,面带微笑,用简单合乎酒席的祝酒话,会喝酒的客人,应回敬主人。对不胜酒量的宾客和开车的朋友不应劝酒。

➤ 吃自助餐式的礼节是什么?

按照正常顺序取食物,如:汤、冷菜、热食品、甜食、咖啡或茶。不可一次把食物乱堆在盘子里,或者一次取得过多。若有同伴陪同要等同伴坐好后一起进食。切忌浪费。取食物时不要用用过的盘子取食物,也不要用自己的餐具取食物。应到指定的吸烟区去抽烟,如没有限制,应征得同桌的同意。

➤ 如何掌握吸烟的时机?

不应在禁烟的地方吸烟。到朋友家做客,如果主人没有主动提议抽烟,不能一见面就拿出烟来。过了一段时间,客人可以问一下主人:"可以抽烟吗?"一般主人不应禁止客人抽烟。宴会当中应该少抽烟,中式宴会一般等送来水果甜汤后才可以拿出烟来,西式宴会要等喝过咖啡以后才能抽烟。一般的宴请在别人吃饭时，不要吸烟，在两道菜之间可以吸上一支。

身旁是女子，如果要吸烟，请先征得女子的同意。不可一边叼着烟卷，一边同女人握手，更不可一边挽着她的胳膊一边抽烟。

➤ 饮茶的礼节、礼貌是什么？

请客人喝茶，要将茶杯放在茶盘上，双手奉上，茶杯应放在客人的右手前方，及时给客人添水。客人则须善"品"，小口斟饮，而不是大口喝。

十一、公共场所

➤ 在影剧院怎样做一名文明观众？

应提前到场入座，如果迟到，等到幕间休息再入场，尽量不打扰他人，遇到他人让路要致谢。在观看演出时，不戴帽子，不吃带皮和声响的食物，不把脚踩在前排的座位上。尊重演员，演出结束后要报以掌声，演员谢幕前不提前退席。

➤ 观看体育比赛时应遵守哪些礼节和礼貌？

文明观赛事，礼貌对输赢。主场观众应体现出东道主的风度和公平精神，为双方鼓掌。语言文明、着装得体、热情大度。不乱抛物，爱护公物和环境卫生。

➤ 在图书馆里的礼节、礼貌是什么？

保持安静，爱护图书，不损毁图书，尊重图书管理员，不再阅览室内吃东西，不占座位。

➤ 旅游观光有什么礼节、礼貌？

尊重异域文化。保护环境，爱护公物和文物。人多时讲究礼让。在旅游景区浏览时不要打领带、穿高跟鞋。

➤ 在饭店、旅馆住宿时的礼节、礼貌是什么？

自觉遵守规章制度，尊重旅馆工作人员的劳动。爱护公共财产，在公共场合不大声喧哗，着装适度，不穿睡衣和拖鞋出现。不影响他人休息。

➤ 在商场购物时的礼节、礼貌是什么？

注意个人着装得体，挑选商品时注意摆放整齐，不损坏商品，用完手推车放回原处，不要妨碍他人。有纠纷和争执时主动谦让，妥善解决。人多时自动排队。购物完毕和服务员道谢。

➤ 到医院看望病人时应注意哪些礼貌、礼节？

闲谈话题应轻松愉快，尽量绕开病情，注意忌讳。探望时间不要太频繁。时间长短以10分钟到半小时左右为宜。可以带鲜花和水果，长期住院可带书籍和杂志。探望者不宜浓妆艳抹。

十二、电话礼仪

➤ 接、打电话时应注意哪些方面？

（1）要问候，自报家门，声音清晰，咬字清楚，语调适度，保持一张笑脸，姿势良好。

（2）应迅速接听，不应让铃响超过三次。

（3）转接电话一定要确认对方的身份和姓名。

（4）备好便纸条，左手握电话，右手执笔。

(5) 不要忘记礼貌性的寒暄。

(6) 打电话一方先挂电话，话筒要轻放。

(7) 如果为他人记留言，一定要记录清楚，及时传达。

➤ 如何正确使用手机？

除了要遵守电话礼仪外，还应该注意：

在会议、影剧院等明显影响他人的环境下，应关机或将铃声处于静音状态。如需要在电梯内、车厢内、餐厅里等公共场合、正式活动中使用手机，应尽量压低说话声音，或起身迅速离开，在不影响他人的地方接听。不得不当众使用时，应向周围人道歉。不能一边与别人交谈，一边接听手机。遵守加油站、医院、飞机上等场所不得使用手机的规定，在驾驶车时按照规定使用耳机，接听电话，确保安全。若接到他人电话，应及时回复，更换了手机号码要及时告诉自己的重要交往对象，确保联络畅通。不用手机讨论机密事件或私人隐私。不通过手机短信传播低俗、污秽、虚假、违法的信息。手机一般应放在公文包、坤包或上衣口袋中，不易握在手里、挂在衣服外边或腰带上。

第五节 工作礼仪

一、面试的基本礼仪

➤ 面试的基本礼仪有哪些？

(1) 提前 5～10 分钟到达面试地点，以表示求职者的诚意，给对方以信任感，同时也可调整自己的心态，作一些简单的仪表准备，以免仓促上阵，手忙脚乱。为了做到这一点，一定要牢记面试的时间地点，有条件的最好能提前去一趟，这样，一来可以观察熟悉环境，二来便于掌握路途往返时间，以免因一时找不到地方或途中延误而迟到。如果迟到了，肯定会给招聘者留下不好的印象，甚至会丧失面试的机会。

(2) 进入面试场合时不要紧张。如门关着，应先敲门，得到允许后再进去。开关门动作要轻，以从容、自然为好。见面时要向招聘者主动打招呼问好致意，称呼应当得体。在主考官没有请你坐下时，切勿急于落座。主考官请你坐下时，应道声"谢谢"。坐下后保持良好的体态，切忌大大咧咧，左顾右盼，满不在乎，以免引起反感。离去时应询问"还有什么要问的吗？"，得到允许后应微笑起立，道谢并说"再见"。

(3) 对主考官的问题要逐一回答。对方给你介绍情况时，要认真聆听。为了表示你已经听懂并对考官所提的问题感兴趣，可以在适当的时候点头或适当提问、答话。回答主试者的问题，口齿要清晰，声音要适度，答话要简练、完整，尽量不要用简称、方言、土语和口头语，以免对方难以听懂。一般情况下不要打断主考官的问话或抢问抢答，否则会给人急躁、鲁莽、不礼貌的印象。问话完毕，听不懂时可要求重复。当不能回答某一问题时，应如实告诉主考官，含糊其辞和胡吹乱侃会导致面试失败。对重复的问题也要有耐心，不要表现出不耐烦。

(4) 在整个面试过程中，要保持举止文雅大方，谈吐谦虚谨慎，态度积极热情。如果主考官有两位以上时，回答难的问题，你的目光就应注视谁，并应适时地环顾其他主考官以表示你对他们的尊重。谈话时，眼睛要适时地注意对方，不要东张西望，显得漫不经心，也不要眼皮下垂,显得缺乏自信。激动地与主考官争辩某个问题也是不明智的举动,冷静地保持不卑不亢的风度是有益的。有的主考官专门提一些无理的问题试探你的反应,如果你"一触即发",乱了方寸,面试的效果显然不会理想。

二、同事、下属和领导

> 同事之间应遵循的礼仪是什么?

尊重对方,行为举止有尺度。物质上的来往应有是非标准。对同事的困难给予关心和慰问,对力所能及的事情尽量帮忙。不在背后谈论同事隐私。不说长道短,不搬弄是非。

> 下属对领导应有哪些礼仪?

尊重领导。应自觉维护领导职务及职位应有的尊严,公共场合不易采用有失双方身份的方式交流,确实有意见分歧,选择适当的场合交换意见。遵从领导指挥。对领导在工作方面的安排、命令、指令、口令应服从。对领导的工作不能求全责备。应多提意见、建议;不要在同事间随意议论领导、指责领导。提建议要考虑场合,讲求方法,以使领导易于接受。

> 领导对下属应尽的礼仪有哪些?

尊重下属的人格。这是作为一个领导最基本的修养和对下属最基本的礼仪。善于听取下属的意见和建议。宽待下属,领导心胸要开阔,对下属的失礼、失误应用宽容的胸怀对待,尽力帮助下属改正错误。尊重有才干的下属。

> 接待来访时注意哪些礼仪?

接待人员对来访者,一般起身握手相迎。不能让来访者坐冷板凳。认真倾听来访者的叙述。对于来访者的意见和观点不要轻率表态,应思考后再作答复。一时不能回答的,要约定一个时间再联系。

对能够马上答复或立即办理的事,要当场答复,迅速办理,不要让来访者无所谓地等待或者再次来访。对来访者的无理要求或者错误意见,应礼貌地拒绝,不要使来访者难堪。如果要结束招待,可以婉言提出,也可用起身的体态语言告诉对方就此结束谈话。

三、参加工作会议

> 参加工作会议的一般礼仪有哪些?

衣着整洁,仪表大方,准时入场,进出有序,按会议安排落座,开会时认真听讲,及时记录,不要私下小声说话或交头接耳,发言人发言结束时,应鼓掌致意。中途退场,应轻手轻脚,不打扰其他人。注意文明使用手机、呼机。

> 会议主持人的礼仪有哪些?

衣着整洁,大方稳重,精神饱满。如站立主持,应双腿并拢,腰背挺直。持稿时,右手持稿的底部中间,左手五指并拢自然下垂。双手持稿时,应与胸齐高。坐姿主持时,身体挺直,双肩前倾,两手轻按桌沿。主持过程中切忌出现揉眼、抖腿等不雅观的动作。言谈应口齿清楚,思维敏捷,简明扼要。应根据会议性质调解会议气氛,或庄重,或幽默,或沉稳,或活跃。在会场上不能与熟人打招呼,更不能寒暄交谈。

> 会议发言人的礼仪有哪些?

正式发言者应衣冠整洁，走上主席台时步态自然，钢劲有力。发言时口齿清晰，讲究逻辑，简明扼要。如果是书面发言，要时常抬头扫视一下会场，不能低头念稿，旁若无人。发言完毕，应对听众致谢。

➤ 自由发言时应注意那些？

发言要讲究顺序和秩序，不能争抢发言。发言前自我介绍。发言应简短，观点明确，有不同意见的要以理服人，态度平和。听从主持人安排。

➤ 小型会议中座位如何安排？

小型会议，一般是指参加者较少，规模不大的会议，主要特点是全体与会者都应安排座位，不设立专用的主席台。小型会议的排座可采取三种形式：

（1）自由择座。不安排固定的具体座位，由全体与会者自由的选择座位就座。

（2）面门设座。一般以面对会议室正门之位为会议主席的座位，其他的与会者可在两侧自由而依次地入座。

（3）依景设座。会议主席的位置不必面对会议室正门，而是应背依会议室之内的主要景致之所在，如字画、讲台等。其他与会者的排座，略同于前者。

➤ 大型会议的排座原则有哪些？

大型会一般指与会者众多、规模比较大的会议。最大的特点是应分设主席台与观众席。

（1）主席台排座。大型会议主席台，一般应面对会场入口。与群众席面对面之势。每一位成员面前的桌子上，均应摆放双向桌签。主席团排座原则：前排高于后排，中央高于两侧，左侧高于右侧。

（2）主持人坐席。一是居于前排中央；二是居于前排两侧；三是按其具体身份排座，但应就座于前排。

（3）发言者席位。发言者发言时不宜就座于原处。常规位置：一是位于主席团的正前方，二是位于主席台的右前方。

（4）群众席排座。主持台之下的一切坐席均称为群众席。

（5）自由式择座。即不进行统一安排，自由择座而定。

（6）按单位就座。可依参加单位的笔画、拼音顺序，也可按平时约定俗成的序列。可自前往后进行横排，也可自左而右进行竖排。同一楼层，应以前排为高，或以左排为高。楼层不同，则楼层越高，排序越低。

第六节　服务礼仪

一、服务礼仪概述

➤ 什么是服务礼仪？其主要内容是什么？

通常指的是礼仪在服务行业的具体运用。服务礼仪主要泛指服务人员在自己的工作岗位上所应严格遵守的行为规范。服务礼仪的实际内涵是指服务人员在自己的岗位上向服务对象提供服务的标准的、正确的做法。

服务礼仪主要以服务人员的仪容规范、仪态规范、服饰规范、语言规范和岗位规范为基本内容。

➤ 服务行业的文明用语有哪些特征？

主要是指服务过程中表示服务人员自谦、恭敬之意的一些约定俗成的语言及其特定的表达形式。其主要特征包括主动性、约定性、亲密性。通常分为问候用语、迎送用语、请托用语、致谢用语、征询用语、应答用语、赞赏用语、祝贺用语、推托用语、道歉用语等。

➤ 微笑的主要特征是什么？微笑有哪些作用？

主要特征：面含笑意，但是不明显。不闻其声，不见其齿。

保持微笑，不但可以调节情绪，还可消除隔阂，获取回报，有益身心健康。

二、服务礼仪一般要求

➤ 服务人员的一般礼仪要求有哪些？

热心于本职工作，这是服务员最基本的素质要求。它包括正确认识和理解本行业工作的意义，提高和增强专业水平，在工作中保持饱满的精神。

必须以热情耐心的态度去接待服务对象，尤其当服务对象比较挑剔或有较多困难的时候，遇到麻烦的时候，一定要注意保持耐心，冷静，不厌其烦，把工作做完。无论是行走还是坐着，服务人员都应按照体态的标准严格要求自己。

➤ 常规的服务人际距离有几种？

就服务员来说，在自己的工作岗位上所需要与服务对象彼此保持的常规的人际距离，大致可以分为以下五种：

（1）服务距离是服务人员与服务对象之间所保持的一种最常规的距离。主要适用于服务人员应服务对象的要求，为对方直接提供服务时。一般情况下，服务距离以 0.5～1.5 米为宜。具体的服务距离还应根据服务的具体情况而定。

（2）展示距离实际是服务距离的一种较为特殊的情况，即服务人员需要在服务对象面前进行操作示范，以便使后者对服务项目有更直观、更充分、更细致的了解。展示距离以 1～3 米为宜。

（3）引导距离是指服务人员为服务对象带路时彼此双方之间的距离。根据惯例，服务人员行进在服务对象左前方 1.5 米左右最合适。

（4）待命距离特指服务人员在服务对象尚未传唤自己、要求自己提供服务时，所需与对方自觉保持的距离。正常情况下，应当在 3 米以外。只要服务对象视线所及即可。

（5）信任距离是服务人员为了表示自己对服务对象的信任，同时也是为了使对方对服务的浏览、斟酌、选择或体验更为专心而采取的一种距离，即离开对方而去，在对方的视线中消失。但采取这种距离时，因注意两点：一是不要躲在附近，似乎在暗中监视；二是不要去而不返，令服务对象在需要服务时找不到人。

三、注意自己的服务形象

➤ 为什么一定要注意自己的"服务形象"？

服务行业的全体人员都必须明白，不论是自己的个人形象，还是本单位的企业形象，都是为顾客提供服务的有机组成部分。

形象是一种服务。个人形象、企业形象被塑造好了,不仅会令顾客受到应有的尊重,而且还会使其在享受服务时感到赏心悦目,轻松舒畅。形象是一种宣传。在服务行业,个人形象、企业形象被塑造好了,就会使广大消费者有口皆碑,广为宣传,进而为自己吸引来更多的消费者;形象是一种品牌。在任何一个服务单位,个人形象、企业形象真正为社会所认同,久而久之,就形成一种"形象品牌"。

形象是一种效益。就形象塑造而言,投入与产出是成正比的。

➤ 什么是服务人员的岗位规范?主要包括哪些内容?

岗位规范主要是指服务人员在其工作岗位上面对服务对象时,要遵守的,以文明服务、礼貌服务、优质服务为基本目的的各项有关的服务标准和服务要求。实际上就是服务人员在服务于对象时的标准的、正确的做法。

服务人员的岗位规范主要由服务态度、服务知识和服务技术三部分构成。

➤ 服务人员在上岗前应怎样做好准备?

(1)自身准备。休息充分、讲究个人卫生、修饰外表、心理稳定、提前到岗。

(2)环境准备。进行岗前店容整理和服务柜台、商品陈列的清理和准备。

(3)工作准备。包括工作交接、更换工装、验货补货、标签检查、辅助用具的准备。

(4)台面清理。对自己使用的办公桌、文件柜,负责的柜台、货架一定要收拾整齐,保持清洁。

➤ 何谓服务人员的"接待三声"?

接待三声即迎客之声、介绍之声、送客之声。

第七节　涉外礼仪

➤ 如何理解女士优先的原则?

"女士优先"是国际社会公认的"第一礼俗"。在一切社交场合,每一名成年男子,都有义务主动自觉地以自己的实际行动去尊重女士,关心女士,保护女士,照顾女士,并且要为女士排忧解难。国际社会公认,唯有这样的男子才具有绅士风度,才有教养。

➤ 如何称呼外国人?

在涉外交往中,对男子一般称先生,女子称小姐、太太。对未婚女子,无论年纪大小,都称小姐。对已婚的女子称太太,对不了解婚姻状况的女子称女士。对地位较高,年龄稍长的女子称夫人。近年来,女士已经逐渐成为对女子最常用的称呼。对有学衔、军衔、技术职称的人士,可以称呼其头衔。一般而言,对外国部长以上的高级官员,可以称"阁下"。

对国王、王后可称"陛下",对王子、公主、亲王可称"殿下"。对社会主义国家和各国马列主义兄弟党的人士,均可称"同志"。

➤ 西方人交谈时的"八不问"是什么?

年龄、婚否、收入、经历、住址、个人生活、宗教信仰与政治见解,以及不谈对其他人的看法。

➤ 日常涉外交往的礼节有哪些?

遵守时间、不得失约;谦恭礼让、女士优先;尊重隐私、选择话题;谈吐文雅、举止得体;讲究卫生、注意仪表。

本章小结

　　本章主要介绍了日常文明礼仪常识，主要包括个人礼仪、家庭礼仪、社交礼仪、工作礼仪、服务礼仪和涉外礼仪。本章内容建议课时为 2～4 小时。

　　本章参考的资料如下，对原文作者表示感谢。

【参考资料】

　　[1] 金正昆.社交礼仪教程[M].北京：人民大学出版社，2005.

　　[2] 郝铭鉴，孙为.中国应用礼仪大全[M].上海：上海文化出版社，1991.

　　[3] 陈萍.最新礼仪规范[M].北京：中国线装书局，2004.

　　[4] 李荣建，宋和平.礼仪训练[M].武汉：华中理工大学出版社，1999.

　　[5] 百度百科网站.http://baike.baidu.com.

　　[6] 其他有关礼仪常识和规范等相关问题的新闻、统计数据和网络文本.

第六章　了解法律常识，树立法律意识

教学目标

帮助学员领会社会主义法律的常识，树立社会主义法制观念，维护法律权威，培养依法办事的思维方式。

第一节　法律概述

一、什么是法律

法律是由国家制定或认可并以国家强制力保证实施的、反映由特定社会物质生活条件所决定的统治阶级意志的规范体系。

法律是由国家创制并保证实施的行为规范。

法律规范区别于其他社会规范的首要之处在于，它是由国家创制并保证实施的行为规范。国家创制法律的方式主要有：一是制定，即国家机关在法定的职权范围内依照法定程序，制定、修改、废止规范性法律文件的活动。二是认可，即国家机关赋予某些既存社会规范以法律效力，或者赋予先前的判例以法律效力的活动。

法律不但由国家制定或认可，而且由国家保证实施。也就是说，法律具有国家强制性。这里的强制性是一种可能性，即并不必然出现强制，它是潜在的。这里的强制力既包括保护力也包括约束力。

法律是统治阶级意志的体现（阶级性）。

（1）在阶级社会，法是统治阶级意志的体现。

（2）法体现的是统治阶级的整体意志，而不是个别统治者的意志，也不是统治者个人意志的简单相加。

（3）法上升为国家意志的统治阶级意志。法律所体现的并不是统治阶级意志的全部，而仅仅是上升为国家意志的那部分意志。统治阶级意志的体现还包括国家政策、统治阶级的道德、最高统治者的言论等形式。

法律由社会物质生活条件决定（物质制约性）。

社会物质生活条件是指与人类生存、发展相关的地理环境、人口状况和物质资料的生产方式。生产方式是生产力与生产关系的对立统一。生产力是代表人与自然界关系的因素，是社会发展最终的决定力量，是法的本质的最终决定因素。生产关系是代表生产过程中所发生的人与人关系的因素，是社会性质的直接决定力量，是法的本质的直接决定因素。

二、我国社会主义法律体系

中国特色社会主义法律体系，是指自我国改革开放以来，享有立法权和司法解释权的国家机关，坚持在中国共产党的领导下，为保障人民民主专政的国家政权及国家、集体和公民个人的合法权利而制定并修正的宪法、法律、行政法规、司法解释和地方性法规而建立起来的法律体系的总称。

中国特色社会主义法律体系是以我国全部现行法律规范按照一定的标准和原则划分为不同的法律部门，并由这些法律部门构成具有内在联系的统一整体。

我国的法律体系由在宪法统领下的宪法及宪法相关法、民法商法、行政法、经济法、社会法、刑法、诉讼与非诉讼程序法等部分构成，包括法律、行政法规、地方性法规三个层次。

其中，每一法律部分均由一系列调整相同类型社会关系的众多法律、法规所构成。目前我国已经形成以宪法为核心的法律体系。

三、社会主义法律的运行环节

社会主义法律主要包括四个环节：法律制定、法律遵守、法律执行和法律适用。

（一）法律制定

法律制定是指有立法权的国家机关依照法定的职权和程序，创制、认可、修改或废止法律和规范性法律文件的活动，是国家统治阶级把自己的意志上升为国家意志的活动，是法律运行的起始性和关键性环节。

1. 立法机关和立法权限

全国人民代表大会行使国家立法权，有权制定和修改宪法与法律。

国务院有权根据宪法和法律的规定制定行政法规。

国务院各部门可以根据宪法、法律、行政法规，在本部门的权限范围内，制定部门规章。

省、自治区、直辖市的人民代表大会及其常委会根据本行政区域的具体情况和实际需要，在不与宪法、法律和行政法规相抵触的前提下，可以制定地方性法规。

较大的市的人民代表大会及其常委会根据本市的具体情况和实际需要，在不与宪法、法律、行政法规，以及本省、自治区的地方性法规相抵触的前提下，可以制定地方性法规，报省、自治区的人民代表大会常委会批准后施行。

省、自治区、直辖市、较大的市的人民政府可以根据法律、行政法规和本地的地方性法规，制定地方政府规章。

民族自治地方的人民代表大会可以根据当地民族的具体情况制定自治条例和单行条例。

特别行政区的立法机关可以根据基本法制定特区法律。

2. 立法的程序

（1）法律案的提出。

（2）法律案的审议。

（3）法律案的表决。

（4）法律的公布。

（二）法律遵守

法律的遵守是指国家机关、社会组织和公民个人依照法律规定行使权力和权利以及履行职责和义务的活动。遵守法律不仅是依法承担和履行义务,还包括依法享有和行使权利。

认真遵守法律是广大人民群众实现自己的根本利益的必然要求。在我国,法律是工人阶级领导的全体人民的共同意志和根本利益的体现。发展社会生产力,是社会主义法的根本任务,也是全体人民的根本利益之所在。只有严格遵守法律,才能使体现在法律中的人民的根本利益得到实现。

（1）守法是法制的社会基础。

（2）守法是组成并维系人类社会的基本保障。

（3）社会成员自觉守法是全体人民统一意志、统一行动的重要方式。我国社会主义法是全体人民共同意志的体现,反过来又指导和协调着全体人民在社会生活中的行为。只有全体人民自觉守法,社会主义法所体现的共同意志才能转化为全体人民的统一行动。

（4）人民群众自觉守法是减少和解决人民内部矛盾的积极措施。

（5）守法是制约权力滥用、防止权力异化的有效手段。

（三）法律执行

法律执行有广义和狭义之分。

从广义上讲,法律执行是指国家机关及其公职人员,在国家和公共事务管理中依照法定职权和程序,贯彻和实施法律的活动。

从狭义上讲,法律执行是指国家行政机关执行法律的活动,也称为行政执法。

行政执法的主体通常是国家行政机关及其公职人员。在我国,行政执法的主体大体可分为两类:

一类是中央和地方各级政府,包括国务院和地方各级人民政府;

另一类是各级人民政府中享有执法权的下属行政机构。此外,法律授权的社会组织、行政机关委托的社会组织可以在一定范围内执行法律。

（四）法律适用

法律适用是指国家司法机关及其公职人员依照法定职权和程序适用法律处理案件的专门活动。在我国,司法机关是指国家检察机关和审判机关。其他任何机关、组织和个人,不能行使国家司法权。

法律适用的基本原则是:以事实为根据,以法律为准绳;公民在适应法律上一律平等;司法机关依法独立行使职权。

法律适用的基本要求是:正确、合法、及时、合理、公正。

第二节　树立社会主义法治观念

　　树立社会主义法治观念，是培养公民社会主义法律意识的重要方面。只有认真领会社会主义法律精神，树立社会主义法治观念，才能在社会主义法治国家建设的进程中，做一个知法、懂法、守法的合格公民。

　　社会主义法治观念主要有三个维度：(1) 民主与法制的观念；(2) 法律权利与义务的观念；(3) 法律面前人人平等观念。

一、民主与法制的观念

　　社会主义民主与法制是人类历史上最高类型的民主与法制。我国社会主义民主与法制包含丰富的内容，而且具有鲜明的社会主义性质。

(一) 社会主义民主与法制是社会主义的重要特征

　　社会主义制度作为人类历史上最先进的社会制度，具有丰富的内涵。其中，社会主义民主与法制是社会主义的重要特征。

　　发展社会主义民主，健全社会主义法制，建设社会主义法治国家，是中国特色社会主义建设事业的重要组成部分。没有社会主义民主与法制，就没有社会主义政治文明，也就没有社会主义。这就决定了我国必须大力加强社会主义民主与法制建设，坚定不移地实施依法治国的基本方略。

　　党的十一届三中全会以来，我们党和国家日益深刻认识到法律在社会生活中的重要作用，确立了法制建设在社会主义现代化建设中的重要地位。1997 年党的十五大明确提出了依法治国、建设社会主义法治国家的基本方略。1999 年九届全国人大二次会议把依法治国、建设社会主义法治国家写入《宪法》。这一基本方略的确立，实现了我们党和国家治国方略的历史性转变。我们应当充分认识依法治国方略的重大意义，不断增强坚持依法治国、建设社会主义法治国家的自觉性和坚定性。

(二) 党的领导是社会主义民主与法制的根本保证

　　中国共产党是社会主义民主与法制建设的领导力量，是维护和发展人民民主、实行并坚持依法治国的坚强保证。削弱党的领导、脱离党的领导、放弃党的领导，社会主义民主与法制就不可能建设好。我国《宪法》明确规定了中国共产党在国家中的执政地位，确立了坚持党的领导的根本宪法原则。

　　这就决定了，我国的社会主义民主与法制建设，最根本的就是要把坚持党的领导、人民当家做主和依法治国统一起来。三者的辩证关系是：党的领导是人民当家做主和依法治国的根本保证，人民当家做主是社会主义民主政治的本质要求，依法治国是党领导人民治理国家的基本方略。

　　党领导人民通过国家权力机关制定宪法和法律，又领导人民通过各级国家机关执行和实施宪法和法律。党本身也必须在宪法和法律的范围内活动。

（三）社会主义民主与法制相互依存、相互促进

一方面，社会主义民主是社会主义法制的前提和基础。社会主义民主是社会主义法制产生的依据，它决定了社会主义法制的性质和内容，它是社会主义法制的力量源泉，是社会主义法制实施的保障。

另一方面，社会主义法制是社会主义民主的体现和保障。社会主义法制，规定了民主权利的范围，为人民行使民主权利指明了方向；规定和体现了对民主权利行使的制约，对人民正确行使民主权利提供了保障；规定了对破坏法制、侵犯公民民主权利的行为的制裁措施，从而为捍卫社会主义民主提供了保障。

社会主义民主与法制是有机结合的统一体，离开民主讲法制，就不可能是社会主义法制；离开法制讲民主，绝不是社会主义民主。

坚持社会主义民主与法制的辩证关系，从立法的角度看，就是要求法治建设中的立法工作，应当以民主为理念，以实现人民的权利为宗旨，坚持群众路线的立法原则，在法的创制工作中，要积极主动地、广泛地吸取人民群众的意见，吸收他们参加法的创制工作，只有这样，才能制定出符合人民利益的法律，才能得到人民的衷心拥护和自觉遵守。

二、法律权利与义务观念

法律权利和义务观念，是社会主义法治国家的公民应当具有的基本法治观念。由于历史和现实的种种影响，一方面，有些人不能认真对待权利，权利意识较为淡薄；另一方面，有些人也不能正确对待义务，履行法律义务的意识不强。不少人仅仅是出于对惩罚的畏惧或服从权威的习惯来履行法律义务，因而往往处于消极、被动状况，不履行法律义务、规避法律义务的现象目前还比较严重。因此，全体公民树立正确的法律权利与义务观念，是社会主义法治建设的一项紧迫任务。

正确的法律权利和义务观念，包括以下三个方面。

（一）正确理解法律权利和法律义务的性质

法律权利和法律义务是一对关系密切的概念，应当以相互联系的眼光看待它们的基本性质，而不应当孤立地理解它们各自的性质。从这一前提出发，可以从三个方面理解法律权利和法律义务的性质。

从来源来看，法律权利和法律义务一般都来源于法律的明文规定，或者法律虽未明文规定，但可以从法律的规定中推导出来。后一类法律权利和法律义务通常被称为默示的或推定的权利和义务。（如：刑法中的理念"法无明文不可罪"与民法上的理念"法无禁止皆自由"，可以由此分析，权利的来源，可能是法律直接规定的，也可能是法律没有直接规定的。）

从基本内容来看，法律权利意味着人们可以依法作或不作一定行为，可以依法要求他人作或不作一定行为。法律通过规定权利，使人们获得某种合法的利益或自由。法律义务包括作为义务和不作为义务两种。作为义务要求人们必须依法作出一定行为，如依法纳税的义务、依法服兵役的义务。不作为义务要求人们依法不得作出一定行为，如不得盗用他人注册商标的

义务、不得挪用公共财产的义务。法律通过规定义务，使人们承受某种约束或负担。

从范围来看，法律权利和法律义务都有明确的界限。首先，法律规定的权利和义务的种类及范围，受社会物质生活条件、政治文明程度以及文化发展水平制约，以社会承受能力为限度。其次，每项法律权利和法律义务都有法定界限。无论是行使权利，还是履行义务，都应当在法定界限内进行。我国《宪法》第51条明确规定："中华人民共和国公民在行使自由和权利的时候，不得损害国家的、社会的、集体的利益和其他公民的合法的自由和权利。"

（二）正确把握法律权利和法律义务的关系

从法律的历史和实践来看，法律权利与法律义务之间存在着多方面的复杂关系。一般说来，可以把法律权利与法律义务的关系，概括为结构上的相关关系、总量上的等值关系和功能上的互补关系三个方面。

（1）结构上的相关关系。法律权利和法律义务二者是对立统一的。法律权利与法律义务，一个表征利益，另一个表征负担；它们是法律这一事物中两个分离的、相反的成分和因素，是两个互相排斥的对立面。同时，它们又相互依存、相互贯通。一方的存在和发展都必须以另一方的存在和发展为条件。可以说，没有无义务的权利，也没有无权利的义务。

（2）总量上的等值关系。法律权利和法律义务在总量上是等值的。在一个社会，无论法律权利和法律义务怎样分配，法律权利与法律义务在总量上总是等值或等额的。在具体法律关系中，法律权利与法律义务互相包含。法律权利的范围就是法律义务的界限，同样，法律义务的范围就是法律权利的界限。例如，500元的债权必然伴随着500元的债务。

（3）功能上的互补关系。法律权利和法律义务各有不同，却又相互补充。法律义务以其强制某些积极行为发生、防范某些消极行为出现的特有约束机制而更有助于建立社会秩序；法律权利以其特有的利益导向和激励机制而更有助于实现人的自由。由于秩序和自由都是社会的基本价值目标，因而法律义务和法律权利对一个社会来说都是必需而缺一不可的。

（三）懂得如何适当行使法律权利，正确履行法律义务

1. 权利的行使要合法

首先，依法行使权利，不得滥用权利。《宪法》规定，中华人民共和国公民在行使自由和权利的时候，不得损害国家的、社会的、集体的利益和其他公民的合法的自由和权利。比如，公民依法享有言论自由，但是不得发表违反宪法原则的言论，不得通过言论对他人进行侮辱和诽谤，等等；世界上从来就没有也不可能有不受任何限制的所谓绝对的自由，自由作为一种权利，不仅要受到社会、经济、文化条件的限制，还要受法律的限制。因为任何人都是生活在特定的社会群体之中，绝不能不顾其他人的利益想做什么就做什么。谁要享有自由，谁就要遵守法律。

其次，依法维护自身的合法权益。当自身的合法权益遭受不法侵害时，应当学会拿起法律的武器来维权，不是忍声吞气、自认倒霉，也不是采用非理智的方法自行解决。

2. 权利的行使要合德

首先，公民行使权利不仅要合乎法律的界限，而且要尊重社会公德，不得违反公序良俗。根据我国《民法通则》的规定，公民的民事活动应当尊重社会公德，不得损害社会公共利益，损

害社会公共利益的民事行为无效。

其次，为正义而主张权利，为良善而放弃权利。通常，权利可以行使，也可以放弃。这是公民的自由。但是，无论是主张权利还是放弃权利，都应当考虑它的道德性。我们认为，权利的行使既要合法，又要受到道德的制约。无论是权利的行使，还是权利的放弃，需要每个公民做出选择：为正义而争取权利，为良善而放弃权利，共同构建一个正义和善良相和谐的社会。

3. 义务的履行要自觉

我国《宪法》第 33 条规定："任何公民享有宪法和法律规定的权利，同时必须履行宪法和法律规定的义务。"宪法不仅赋予公民广泛的权利，而且规定了公民应尽的义务，每一个公民必须以国家主人翁的姿态，忠实地履行宪法和法律规定的各项义务，树立正确的权利义务观念，培养社会主义公民意识，自觉履行义务。

公民履行义务的要求是自觉。怎样才能做到自觉呢？如果仅仅是出于对惩罚的畏惧或服从权威的习惯，那必然是消极、被动地履行义务，一旦无人监督或者可能逃避处罚时，自然就会产生不履行法律义务、规避法律义务的现象。要改变这一状况，必须树立一种新的守法观念，那就是履行法律义务是公民的基本社会责任。只有这样，才能增强守法的自觉性。

权利义务是法律制度中的核心内容，在实践中，法律权利与义务观念是公民法律意识培养中的重要环节。公民如何正确看待自己的权利，如何履行自己应尽的义务，这是从公民守法的角度，说明法治国家每一位公民树立的社会主义法治观念。

三、法律面前人人平等观念

法》律面前人人平等，是公民的一项基本权利，也是现代法治的一个基本原则。我国《宪法》第 33 条第 2 款规定："中华人民共和国公民在法律面前一律平等。"第 5 条第 5 款规定："任何组织或者个人都不得有超越宪法和法律的特权。"这说明，法律面前人人平等的观念，得到我国社会主义法制所承认，成为我国社会主义法制的基本原则。

法律面前人人平等的基本要求有两点：

（1）公民在守法上一律平等。在奴隶社会和封建社会，人们在守法上是不平等的。奴隶主和封建主只享有权利而很少或不承担义务，奴隶和广大劳动者则只承担义务而很少或不享有权利。法律面前人人平等观念，要求所有公民都必须平等地遵守法律，依照法律规定平等地享有和行使权利，平等地承担和履行法律义务。在社会主义国家，不承认有任何享受特权的公民，也不承认任何免除法律义务的公民。

（2）公民在适用法律上一律平等。这是法律面前人人平等的核心要求。它要求国家行政机关、司法机关在适用法律时，对于任何公民，不论其民族、种族、性别、职业、宗教信任、教育程度、财产状况、社会地位、居住期限等有何差别，都要给予平等对待，从而保证每个公民的合法权益都平等地受到法律的保护，任何公民的违法犯罪行为都平等地受到法律追究和制裁。

法律面前人人平等的观念，主要是从法的实施的角度来讲，所应当树立和遵循的社会主义法治观念。法的实施，就是法律在现实生活中发挥作用的过程，包括法的遵守和法的适用两个方面。因此，理解"法律面前人人平等"这一原则，必须注意以下两点：

（1）这种平等是指法律实施上的平等，不包括立法上的平等。社会主义法律是广大人民意志的体现，在制定法律时，是从广大人民的利益出发，并不反映少数敌对分子的利益和意志；

此外，在我国，那些被剥夺政治权利的人是无权参与法律的制定的。

（2）法律面前人人平等，更多地表现为法律地位、权利和资格的平等，但不能完全保证结果平等。在我国现阶段，由于各地经济、政治、文化发展水平的不平衡以及公民个人具体情况的不同，公民之间的差别依然存在，缩小以至消灭这种差别需要相当长时期的努力。

第三节　维护社会主义法律权威

社会主义法律在国家和社会生活中具有权威和尊严，是建设社会主义法治国家的前提条件。因此，每个公民都有义务和责任树立和维护社会主义法律的权威。

一、维护法律权威的意义

法律权威是就国家和社会管理过程中法律的地位和作用而言的，是指法律的内在说服力和外在强制力得到普遍的支持和服从。法律权威的树立主要依靠法律的外在强制力和内在说服力。法律的外在强制力是法律权威的外在条件，主要表现为国家对违法行为的制裁。尽管法律权威不可能完全建立在外在强制力的基础之上，但必要的外在强制力，是树立法律权威不可缺少的条件。特别是对那些蔑视法律的人来说，外在强制力是使他们服从法律的最后手段。法律的内在说服力是法律权威的内在基础。如果仅仅依赖外在强制力，法律不可能形成真正的权威。法律的内在说服力既来源于法律本身的内在合理性，如法律合乎情理、通俗易懂、维护正义、促进效率，也来源于法律实施过程的合理性，如执法公平、司法公正。正是由于法律本身及法律实施具有这些内在合理性，法律才受人尊重，被人信赖，为人敬仰。

在当代中国，树立法律权威具有非常重要的意义。这种重要意义不仅在于建设社会主义法治国家，而且在于实现国家的长治久安。法律权威是国家稳定的坚实基础。当国家的最高权威是领导者个人时，政治的稳定、国家的兴衰就寄托于领导者个人身上。随着领导人的更迭，国家的政局就有可能大起大落，政策与法律也会频繁变动。但是，当国家的最高权威是法律时，由于法律是一种超越于任何个人之上的普遍性规则，并且具有稳定性和连续性，因此尽管领导者会不断流动和更迭，但政治统治与社会秩序将会保持相当的稳定性和连续性。

二、自觉维护社会主义法律权威

社会主义法律权威的树立，既有赖于国家的努力，也有赖于公民个人的努力。

从国家角度来说，应当采取各种有效措施消除损害社会主义法律权威的因素。例如，要进一步提高立法质量，保证法律的科学性、合理性；改善法律实施的状况，确立起法律的威严；深入开展法制宣传教育，增强全社会的法律意识。

从个人角度来说，应当通过各种方式努力维护社会主义法律权威。至少应做到以下两个方面。

1. 努力树立法律信仰

一个人只有从内心深处真正认同、信任和信仰法律，才会自觉维护法律的权威。我们应当通过认真学习法律知识,深入理解法律在现代社会中的重要作用,深刻把握我国社会主义法律的精神,从而树立起对我国社会主义法律的信仰。

2. 敢于同违法犯罪行为作斗争

不仅要有守法意识,自觉遵守国家法律,而且要有护法精神,敢于同违法犯罪行为作斗争。违法犯罪行为既是对社会秩序的破坏,也是对法律权威的蔑视。要维护法律权威,就要敢于和善于同违法犯罪行为作斗争。同违法犯罪行为作斗争的方式是多种多样的,既包括事前采取有效措施预防违法犯罪行为的发生,也包括事中和事后制止、检举、揭发违法犯罪行为。

第四节 日常法律常识解答

一、《宪法》常识解答

1. 什么是《宪法》?

《中华人民共和国宪法》(简称《宪法》)是一个国家的根本大法,是国家的总章程,在我国的法律体系中具有最高的法律地位和法律效力。《宪法》是其他法律立法的基础和核心,是我国最主要的法律渊源。

2. 什么是公民?

《宪法》第 33 条规定:凡具有中华人民共和国国籍的人都是中华人民共和国公民。第 33 条还规定:中华人民共和国公民在法律面前一律平等。

3. 我国《宪法》对公民有选举权和被选举权有何规定?

《宪法》第 34 条规定:中华人民共和国年满 18 周岁的公民,不分民族、种族、性别、职业、家庭出身、宗教信仰、教育程度、财产状况、居住期限,都有选举权和被选举权;但是依照法律被剥夺政治权利的人除外。

4. 我国公民的宗教信仰自由权宪法是怎样规定的?

《宪法》第 36 条规定:中华人民共和国公民有宗教信仰自由。任何国家机关、社会团体和个人不得强制公民信仰宗教或者不信仰宗教,不得歧视信仰宗教的公民和不信仰宗教的公民。国家保护正常的宗教活动。任何人不得利用宗教进行破坏社会秩序、损害公民身体健康、妨碍国家教育制度的活动。

5. 我国公民的人身自由权宪法是怎样规定的?

《宪法》第 37 条规定:中华人民共和国公民的人身自由不受侵犯。任何公民,非经人民检察院批准或者决定或者人民法院决定,并由公安机关执行,不受逮捕。禁止非法拘禁和以其他方法非法剥夺或者限制公民的人身自由,禁止非法搜查公民的身体。

6. 公民的基本义务有哪些?

基本义务有:① 维护国家统一和全国各民族的团结。②遵守宪法和法律,保守国家秘密,爱护公共财产,遵守劳动纪律,遵守公共秩序,尊重社会公德。③ 维护祖国的安全、荣誉和利益，不得有危害祖国的统一、安全、荣誉和利益的行为。④ 依照法律服兵役和参加民兵组织。⑤ 依法纳税。依法纳税是公民应尽的一项基本义务。⑥ 计划生育。抚养教育子女，赡养扶助父母。⑦ 参加劳动和接受教育。劳动和受教育既是公民享有的权利，也是公民应尽的义务。

二、《民法通则》常识解答

1. 什么是《民法》?

《中华人民共和国民法通则》(简称《民法》)是国家的基本法律之一，它调整平等主体的公民之间、法人之间、公民与法人之间的财产关系和人身关系。财产关系就是经济关系，是因人们对财产的占有、支配、交换、分配所形成的社会关系。人身关系是指基于权利人的人格和身份而产生的，不具有直接经济内容的社会关系。人身关系的种类繁多，有姓名权、名称权、名誉权、荣誉权、肖像权、生命健康权、婚姻自主权、著作权、发明权、发现权、专利权、商标权等。

2. 什么是民事权利?

民事权利是指民法规范所赋予当事人为实现其利益所实施的行为范围，是人们按照自己的意志在法律允许的范围之内实现其意志的界限。民事权利包括：①财产权，有财产所有权、财产继承权，与财产所有权相关的经营权、承包经营权等；②债权，有合同之债、无因管理之债、不当得利之债、侵权行为之债等；③知识产权，有著作权、专利权、注册商标专用权、发现权等；④人身权，公民有生命健康权、姓名权、肖像权、名誉权、荣誉权、婚姻自主权等，法人、个体工商户、个人合伙享有名称权、名誉权、荣誉权等。

3. 公民的民事权利能力指什么?

公民的民事权利能力是指在人身和财产方面，公民依法享有民事权利和承担民事义务的资格，具有民事权利能力的人才有资格成为民事法律关系的主体。公民的民事权利能力一律平等。

4. 公民的民事行为能力指什么?

公民的民事行为能力是指公民能够通过自己的行为，取得民事权利和承担民事义务，从而确立、变更或终止法律关系的资格，即一个人的行为能否发生民事法律效力的资格。

5. 公民在进行民事活动中有哪些年龄限制?

民事行为能力不同于与生俱来的民事权利能力，而是取决于年龄和智力状况。据此，公民的民事行为能力依法分为三类：①完全民事行为能力人：是指有能力通过自己独立行为取得民事权利，承担民事义务的人。在我国，除精神病人外，年满18周岁的公民和以自己的劳动收入为主要生活来源的16周岁以上不满18周岁的公民都是完全民事行为能力人。②限制民事行为能力人：是指不具备完全的民事行为能力，只有部分民事行为能力的公民。在我国，10周岁以上的未成年人和不能完全辨认自己行为的精神病人，属于限制民事行为能力人。③无民事行为能力人：在我国是指不满10周岁的未成年人和不能辨认自己行为的精神病人。

6. 公民从事民事活动，行使民事权利应遵守哪些原则?

公民从事民事活动要遵守的基本原则：①保护公民、法人合法的民事权益原则；②当事人在民事活动中地位平等原则；③自愿原则；④等价有偿原则；⑤诚实信用和公平原则；⑥遵守国家法律和国家政策的原则；⑦尊重社会公德和社会公共利益的原则。

7. 什么是民事法律行为？应具备哪些条件？

民事法律行为是公民或者法人设立、变更、终止民事权利和民事义务的合法行为。民事法律行为应当具备下列条件：①行为人具有相应的民事法律行为能力；②意思表示真实；③不违反法律或者社会公共利益。

8. 什么是民事代理？代理人在代理活动中应注意哪些问题？

在民事活动中，公民和法人可以通过代理人实施某种民事法律行为。代理是指代理人在代理权限内，以被代理人的名义实施民事法律行为，被代理人对代理人和代理行为，承担民事责任。代理分为三种情形：①委托代理；②法定代理；③指定代理。代理人在代理活动中应注意下列问题：①代理人应在代理权限范围内进行代理活动。②代理人应亲自进行代理活动。③代理人应认真履行职责。④代理人不得接受正当报酬以外的其他利益。⑤代理人不得滥用代理权，主要有三种情况：一是以被代理人的名义为自己实施法律行为；二是代理双方当事人实施同一法律行为；三是代理人与第三人串通损害被代理人的利益。

9. 哪些民事行为无效？

下列民事行为无效：①无民事行为能力人实施的；②限制民事行为能力人依法不能独立实施的；③一方以欺诈、胁迫手段或者乘人之危，使对方在违背真实意思的情况下所为的；④恶意串通，损害国家、集体或者第三人利益的；⑤违反法律或者社会公共利益的；⑥以合法形式掩盖非法目的。无效的民事行为，从行为开始起就没有法律效力。

10. 哪些民事行为可撤销？

下列民事行为，一方有权请求人民法院或者仲裁机关予以变更或者撤销：①行为人对行为内容有重大误解的；②显失公平的。被撤销的民事行为从行为开始起无效。民事行为被确认无效或者被撤销后，当事人因该行为取得的财产，应当返还给受损失的一方。有过错的一方应当赔偿对方因此所受的损失；双方都有过错的，应当各自承担相应的责任。

11. 公民在什么情况下应当承担民事责任？

以下三种情况，公民必须承担相应民事责任：①违约责任，即违反合同约定或不履行应当履行的其他义务；②侵权责任，由于过错侵害国家的、集体的财产，侵害他人人格或人身的；③无过错责任，即虽然没有过错，但法律规定应当承担民事责任的。

12. 承担民事责任主要有哪些方式？

主要有以下几种方式：①停止侵害；②排除妨碍；③消除危险；④返还财产；⑤恢复原状；⑥修理、重作、更换；⑦赔偿损失；⑧支付违约金；⑨消除影响、恢复名誉；⑩赔礼道歉。上述几种方式，既可单独适用，也可合并适用。

13. 民事权利的诉讼时效是如何规定的？

诉讼时效是指权利人请求人民法院保护民事权利的法定期间，超过期间人民法院不予保护。在我国普通诉讼时效为两年。

14. 什么是特别诉讼时效？

特别诉讼时效是指针对某些特定的民事法律关系而制定的诉讼时效。特殊时效优于普通时效,也就是说,凡有特殊时效规定的,适用特殊时效,我国《民法通则》第136条规定:"法律对时效另有规定的,依照法律规定。"例如:①身体受到伤害要求赔偿;②出售质量不合格商品未声明;③延付或者拒付租金;④寄存财物被丢失或者损毁的。上述四种情况诉讼时效为一年。

三、《刑法》常识解答

1. 什么是罪刑法定原则? 如果行为人实施了刑法上没有规定的某种危害社会的的行为,是否构成犯罪?

罪刑法定原则,即"法律明文规定为犯罪行为的,依照法律定罪处刑;法律没有明文规定为犯罪行为的,不得定罪处刑"。也就是说,只有法律明文规定为犯罪的,才能定罪处刑。因此,可以理解为《刑法》对所有的犯罪都作了明文规定,《刑法》之外,不存在犯罪,不能擅立新的罪名。

2. 什么是罪刑相当原则? 行为人犯罪后,其亲属是否承担连带责任?

罪刑相当原则,即"刑罚的轻重,应当与犯罪分子所犯罪行和承担的刑事责任相适应"。其意思主要是轻罪轻罚,重罪重罚,罚当其罪,无罪不罚。因此,任何人犯了罪,都只能由他本人来承担犯罪的责任,其亲属不承担连带责任。

3. 违法和犯罪是一回事吗?

违法和犯罪不是一回事。违法行为的范围比犯罪行为范围要广泛得多,一切违反法律法规、带有一定社会危害性的行为都可以称为违法行为。但只有严重违法的行为,即严重危害社会,触犯刑律,应当受到刑事处罚的行为才构成犯罪。

4. 刑事责任年龄是怎样规定的?

①完全负刑事责任年龄:已满十六周岁的人犯罪,应当负刑事责任;②相对负刑事责任年龄:已满十四周岁不满十六周岁的人,犯故意杀人、故意伤害致人重伤或者死亡、强奸、抢劫、贩卖毒品、放火、爆炸、投毒罪的,应当负刑事责任;③已满十四周岁不满十八周岁的未成年人犯罪,应当从轻或者减轻处罚;④因不满十六周岁不予刑事处罚的,责令他的家长或者监护人加以管教,必要的时候,也可以由政府收容教育。

5. 刑事责任能力是如何规定的?

①精神病人在不能辨认或者不能控制自己行为的时候造成危害结果,经法定程序鉴定确认的,不负刑事责任,但是应当责令他的家属或者监护人严加看管和医疗;在必要的时候,由政府强制医疗。②间歇性的精神病人在精神正常的时候犯罪,应当负刑事责任。③尚未完全丧失辨认或者控制自己行为能力的精神病人犯罪的,应当负刑事责任,但是可以从轻或者减轻处罚。④醉酒的人犯罪,应当负刑事责任。

6. 什么是正当防卫? 必须同时具备哪些条件? 其刑事责任如何规定?

正当防卫是指为了使国家、公共利益、本人或者他人的人身、财产和其他权利免受正在进行的不法侵害,而采取的制止不法侵害的行为,其必须具备5个条件:①必须是为了使国家、公共利益、本人或者他人的人身、财产和其他权利免受不法侵害而实施的;②必须有不法侵害行为发生;③必须是正在进行的不法侵害;④必须是针对不法侵害者本人实行的;⑤不能明显超过必要限度造成重大伤害,属于正当防卫,对不法侵害人造成损害的,不负刑事责任。正当防卫明显超过必要限度造成重大损失的,应当负刑事责任,但是应当减轻或者免除处罚。对正在进行行凶、杀人、抢劫、强奸、绑架以及其他严重危及人身安全的暴力犯罪,采取防卫行为,造成不法侵害人伤亡的,不属于防卫过当,不负刑事责任。

7. 什么是共同犯罪?

共同犯罪是指两人以上共同故意犯罪,其必须具备 3 个条件:①犯罪主体必须是两人以上;②客观方面必须具有共同犯罪行为;③主观方面必须具有共同犯罪的故意。两人以上共同过失犯罪,不以共同犯罪论处;应当负刑事责任的,按照他们所犯的罪分别处罚。

8. 什么是教唆犯? 对教唆犯如何处罚?

教唆犯是指故意教唆他人犯罪的分子。对教唆犯的处罚可分以下几种情形:①教唆他人犯罪的,应当按照他在共同犯罪中所起的作用处罚;②教唆不满十八周岁的人犯罪的,应当从重处罚;③如果被教唆的人没有犯被教唆的罪,对于教唆犯,可以从轻或者减轻处罚。

9. 刑罚有哪些种类?

刑罚分为主刑和附加刑。主刑包括:①管制:是一种对犯罪分子不实行关押,但限制一定的人身自由,交由公安机关管束和群众监督改造的刑罚方法。管制的期限为三个月以上二年以下。②拘役:是短期剥夺犯罪分子的人身自由,并就近强制实行劳动改造的刑罚方法。拘役的期限,为一个月以上六个月以下。③有期徒刑:是剥夺犯罪分子一定期限的人身自由,并强制劳动改造的刑罚方法。有期徒刑的期限,除《刑法》中关于减刑和数罪并罚的有关规定外,为六个月以上十五年以下。④无期徒刑:是终身剥夺犯罪分子人身自由,强制劳动改造的刑罚方法。⑤死刑:是剥夺犯罪分子生命的刑罚。犯罪的时候不满十八周岁和审判的时候怀孕的妇女,不适用死刑。附加刑包括:①罚金:是人民法院判处犯罪分子向国家缴纳一定数额金钱的刑罚方法;②剥夺政治权利:是剥夺犯罪分子参加国家管理和政治活动权利的刑罚;③没收财产,是将犯罪分子所有财产的一部或全部强制无偿地收归国有的刑罚。

10. 什么是数罪并罚?

数罪并罚是指判决宣告以前一人犯数罪的,除判处死刑和无期徒刑的以外,应当在总和刑期以下、数刑中最高刑期以上,酌情决定执行的刑期的一种刑罚制度。但是管制最高不能超过三年,拘役最高不能超过一年,有期徒刑最高不能超过二十年。

四、《婚姻法》常识解答

1. 结婚的要件有哪些?

根据我国婚姻法规定,结婚的条件包括必备条件和禁止条件。

必备条件:①根据《婚姻法》第五条规定,结婚必须是男女双方完全自愿;②第六条规定,必须达到法定婚龄,即男不能早于二十二周岁,女不能早于二十周岁;③必须符合一夫一妻制。

禁止条件:《婚姻法》第七条规定,有下列情形之一的,禁止结婚:①直系血亲和三代以内的旁系血亲;②患有医学上认为不应当结婚的疾病。

2. 什么是重婚?

重婚是指有配偶者与第三者建立夫妻关系的违法行为。这种有配偶的男女,在自己的配偶尚未死亡，或者还未与其配偶解除婚姻关系时，再与他人结婚，从而构成重婚。这里即包括与他人登记结婚，也包括虽未登记却与他人以夫妻相待，同居生活在一起而形成的事实婚姻。重婚不仅是违反婚姻法一夫一妻制原则的行为，而且也是触犯刑律的犯罪行为。我国《刑法》第二百五十八条、第二百五十九条明文规定："有配偶而重婚的，或者明知他人有配偶而与之结婚的，处二年以下有期徒刑或拘役。""明知是现役军人的配偶而与之同居或者结婚的，处三年以下有期徒刑或者拘役。

3. 继父母和继子女之间的权利义务关系是什么？

继父母和受其抚养教育的继子女间的权利和义务，适用父母子女间的权利和义务。

4. 法院在处理离婚案件时，判决子女由哪一方抚养是否考虑子女的意见？

不完全考虑。分三种情况：

①对二周岁以下的子女，一般随母方生活。

②对二周岁以上的子女，主要看子女随哪一方生活有利于孩子的身心健康。

③对十周岁以上的子女，在双方抚养能力和条件相等的情况下，主要考虑孩子的意见。

5. 离婚后，孩子的抚育费应如何给付？

按照《最高人民法院关于人民法院审理离婚案件处理子女抚养问题的若干具体意见》第7条规定："子女抚育费的数额，可根据子女的实际需要、父母双方的负担能力和当地的实际生活水平确定。有固定收入的，抚育费一般可按其总收入的百分之二十至三十的比例给付。负担两个以上子女抚育费的，比例可适当提高，但一般不得超过月总收入的百分之五十。无固定收入的，抚育费的数额可依据当年总收入或同行业平均收入，参照上述比例确定。"

6. 判决不准离婚的案件，原告是否还可以起诉？

根据《民事诉讼法》第一百一十一条第七项规定，判决不准离婚的案件，原告在没有新情况、新理由的情况下不能在六个月内提起诉讼。超过六个月，无论是否有无新情况、新理由，都可以再行起诉。

7. 离婚时，如何认定属于一方个人所负债务？

根据《最高人民法院关于人民法院审理离婚案件处理财产分割问题的若干具体意见》第17条规定：下列债务不能认定为夫妻共同债务，应由一方以个人财产清偿：①夫妻双方约定由个人所负的债务，但以逃避债务为目的的除外。②一方未经对方同意，擅自资助其没有抚养义务的亲朋所负的债务。③一方未经对方同意，独自筹资从事经营活动，其收入确未用于共同生活所负的债务。④ 其他应由个人承担的债务。

8. 结婚登记是否可以托人代办？

不可以。我国《婚姻法》第八条规定："要求结婚的男女双方必须亲自到婚姻登记机关进行结婚登记。"

9. 婚约是否受法律保护？

婚约不受法律保护。婚约又称订婚或定婚，是男女双方当事人以结婚为目的而达成的协议。订立婚约不是结婚的法定必经程序，男女双方确立夫妻关系，完全以他们在婚姻登记机关的登记行为及结婚证书为依据。因此说，婚约不受法律保护。

10. 孩子必须随父姓吗?

不是,根据我国《婚姻法》第二十二条规定:"子女可以随父姓,也可以随母姓。"

11. 非婚生子女享有的权利是什么?

根据我国《婚姻法》第二十五条规定:"非婚生子女享有与婚生子女同等的权利,任何人不能加以危害和歧视。不直接抚养非婚生子女的生父或生母,应负担子女必要的生活费和教育费,直至子女能独立生活为止。"

12. 双方自愿离婚应如何办理?

我国《婚姻法》第三十一条规定:"男女双方自愿离婚的,准予离婚,双方必须到婚姻登记机关申请离婚。婚姻登记机关查明双方确实是自愿并对子女和财产问题已有适当处理时,发给离婚证。"

13. 离婚后,不与子女同住生活的一方,对子女是否有抚养和教育的权利?

我国《婚姻法》第三十六条规定:"父母与子女间的关系,不因父母离婚而消除。离婚后,子女无论由父或母直接抚养,仍是父母双方的子女。离婚后,父母对于子女仍有抚养和教育的权利和义务。"

14. 离婚后,子女要求增加抚育费的应具备什么条件?

① 父或母有给付能力。② 原定抚育费数额不足以维持当地实际生活水平。③ 因子女患病、上学,实际需要已超过原定数额。④ 有其他正当理由应当增加。

15. 关于家庭暴力,《婚姻法》做了哪些规定?

为了明确禁止家庭暴力,加强对受害者的保护和救助,并考虑到《婚姻法》与其他法律有关惩治家庭暴力违法犯罪行为的规定相衔接,《婚姻法》增加了下列规定:

①在《总则》中明确规定禁止家庭暴力。禁止家庭成员间的虐待和遗弃。②实施家庭暴力、虐待或遗弃家庭成员,由公安机关依照治安管理处罚条例予以行政处罚;构成犯罪的,依法追究刑事责任。③对正在实施的家庭暴力,受害人有权提出请求,居民委员会、村民委员会应当予以劝阻,公安机关应当予以制止。④一方因暴力或虐待、遗弃家庭成员,另一方要求离婚的,调解无效,应准予离婚。⑤因暴力、虐待、遗弃家庭成员导致离婚的,无过错方有权请求损害赔偿。

五、《劳动法》及《劳动合同法》常识解答

1. 什么是《劳动法》?《劳动法》适用于哪些劳动者?

《劳动法》是指调整劳动者与用人单位之间的劳动关系以及与劳动关系有密切联系的其他关系的法律规范的总和。在中华人民共和国境内的企业、个体经济组织(以下统称用人单位)和与之形成劳动关系的劳动者,适用本法。这里的企业包括在中国境内的所有企业,即国有、集体、私营和中外合作、合资企业、外商独资企业以及股份制企业等,国家机关、事业单位、社会团体的劳动者包括实行劳动合同制的劳动者和实行公务员制度的工作人员。

2. 劳动者享有哪些权利?应履行哪些义务?

劳动者享有以下权利:①平等就业和选择职业的权利;②取得劳动报酬的权利;③休息休

假的权利;④获得劳动安全卫生保护的权利;⑤接受职业技能培训的权利;⑥享受社会保险和福利的权利;⑦提请劳动争议处理的权利;⑧法律规定的其他劳动权利。劳动者一旦与用人单位发生劳动关系,就必须切实履行以下义务:①完成劳动任务;②提高职业技能;③执行劳动安全卫生规程;④遵守劳动纪律和职业道德。

3. 什么是童工和未成年工? 招收未成年人就业有什么具体要求?

童工是指年龄未满十六周岁,与单位或者个人发生劳动关系有经济收入的劳动或者个体劳动的少年、儿童。未成年工则是指年满十六周岁未满十八周岁的劳动者。文艺、体育和特种工艺单位招用未满十六周岁的未成年人,必须按照国家有关规定,履行审批手续,并保障其接受义务教育的权利。

4. 什么是《劳动合同法》?

《劳动合同法》是规范劳动关系的一部重要法律,在明确劳动合同双方当事人的权利和义务的前提下,重在对劳动者合法权益的保护,为构建与发展和谐稳定的劳动关系提供法律保障。

5. 建立劳动关系后可否不订立书面劳动合同?

《劳动合同法》第十条规定,建立劳动关系,应当订立书面劳动合同。已建立劳动关系,未同时订立书面劳动合同的,应当自用工之日起一个月内订立书面劳动合同。用人单位与劳动者在用工前订立劳动合同的,劳动关系自用工之日起建立。

6. 劳动合同有哪些类型?

劳动合同分为固定期限劳动合同、无固定期限劳动合同和以完成一定工作任务为期限的劳动合同。

7. 什么是无固定期限劳动合同和固定期限劳动合同?

固定期限劳动合同,是指用人单位与劳动者约定合同终止时间的劳动合同。

用人单位与劳动者协商一致,可以订立固定期限劳动合同。

无固定期限劳动合同,是指用人单位与劳动者约定无确定终止时间的劳动合同。

用人单位与劳动者协商一致,可以订立无固定期限劳动合同。有下列情形之一,劳动者提出或者同意续订、订立劳动合同的,除劳动者提出订立固定期限劳动合同外,应当订立无固定期限劳动合同:

① 劳动者在该用人单位连续工作满十年的;

② 用人单位初次实行劳动合同制度或者国有企业改制重新订立劳动合同时,劳动者在该用人单位连续工作满十年且距法定退休年龄不足十年的;

③ 连续订立二次固定期限劳动合同,且劳动者没有本法第三十九条和第四十条第一项、第二项规定的情形,续订劳动合同的。

用人单位自用工之日起满一年不与劳动者订立书面劳动合同的,视为用人单位与劳动者已订立无固定期限劳动合同。

8. 关于试用期有哪些规定?

第十九条规定,劳动合同期限三个月以上不满一年的,试用期不得超过一个月;劳动合同期限一年以上不满三年的,试用期不得超过二个月;三年以上固定期限和无固定期限的劳动合同,试用期不得超过六个月。

同一用人单位与同一劳动者只能约定一次试用期。

以完成一定工作任务为期限的劳动合同或者劳动合同期限不满三个月的,不得约定试用期。

试用期包含在劳动合同期限内。劳动合同仅约定试用期的,试用期不成立,该期限为劳动合同期限。

第二十条规定,劳动者在试用期的工资不得低于本单位相同岗位最低档工资或者劳动合同约定工资的百分之八十,并不得低于用人单位所在地的最低工资标准。

第二十一条规定,在试用期中,除劳动者有本法第三十九条和第四十条第一项、第二项规定的情形外,用人单位不得解除劳动合同。用人单位在试用期解除劳动合同的,应当向劳动者说明理由。

第三十八条规定,用人单位有下列情形之一的,劳动者可以解除劳动合同:

① 未按照劳动合同约定提供劳动保护或者劳动条件的;

② 未及时足额支付劳动报酬的;

③ 未依法为劳动者缴纳社会保险费的;

④ 用人单位的规章制度违反法律、法规的规定,损害劳动者权益的;

⑤ 因本法第二十六条第一款规定的情形致使劳动合同无效的;

⑥ 法律、行政法规规定劳动者可以解除劳动合同的其他情形。

用人单位以暴力、威胁或者非法限制人身自由的手段强迫劳动者劳动的,或者用人单位违章指挥、强令冒险作业危及劳动者人身安全的,劳动者可以立即解除劳动合同,不需事先告知用人单位。

9. 用人单位什么情形下不可以解除劳动合同?

第四十二条规定,劳动者有下列情形之一的,用人单位不得依照本法第四十条、第四十一条的规定解除劳动合同:

① 从事接触职业病危害作业的劳动者未进行离岗前职业健康检查,或者疑似职业病病人在诊断或者医学观察期间的;

② 在本单位患职业病或者因工负伤并被确认丧失或者部分丧失劳动能力的;

③ 患病或者非因工负伤,在规定的医疗期内的;

④ 女职工在孕期、产期、哺乳期的;

⑤ 在本单位连续工作满十五年,且距法定退休年龄不足五年的;

⑥ 法律、行政法规规定的其他情形。

六、《道路交通安全法》常识解答

1. 哪些人应该遵守《道路交通安全法》?

根据《道路交通安全法》第二条规定,中华人民共和国境内的车辆驾驶人、行人、乘车人以及与道路交通活动有关的单位和个人,都应当遵守本法。

2. 行人在道路上行走,怎样才做到遵守《道路交通安全法》?

根据《道路交通安全法》第六十一条、第六十二条、第六十三条和第六十五条的规定,行人在道路上行走应该遵守以下规定：

一是行人应当在人行道内行走，没有人行道的靠路边行走。

二是行人通过路口或者横过道路，应当走人行横道或者过街设施；通过有交通信号灯的人行横道，应当按照交通信号灯指示通行；通过没有交通信号灯、人行横道的路口，或者在没有过街设施的路段横过道路，应当在确认安全后通过。

三是行人不得跨越、倚坐道路隔离设施，不得扒车、强行拦车或者实施妨碍道路交通安全的其他行为。

四是行人通过铁路道口时，应当按照交通信号或者管理人员的指挥通行；没有交通信号和管理人员的，应当在确认无火车驶临后，迅速通过。

3.《道路交通安全法》对乘车人有什么要求？

根据《道路交通安全法》第六十六条规定，乘车人不得携带易燃易爆等危险物品，不得向车外抛洒物品，不得有影响驾驶人安全驾驶的行为。

4. 驾驶人发生道路交通事故之后怎么办？

发生交通事故后，当事人首先要安定情绪，不要惊慌失措或者情绪激动；其次要依照有关的道路交通法规处理事故。应当依次做好以下事情：抢救伤员；报警；保护现场、搜集证据；看管财物；配合交通管理部门处理事故；撤离现场、恢复交通。另外，应当注意不得逃逸；不得故意破坏、伪造现场、毁灭证据。

5. 发生交通事故，驾驶人如何报警？

发生交通事故后，拨打警电话110（也可拨打122），报警时应当告知发生交通事故的地点、车辆号码、类型，有无危险物品，人员伤亡情况，车辆损坏情况，当事人的姓名和联系电话。如果对方当事人逃逸，应当告知逃逸车辆号码、类型、颜色、特征以及逃逸方向等有关的情况。如果车辆损伤严重，有起火爆炸的危险，应当疏散人群，报警的同时告知其通知消防部门，或者随后拨打消防电话。

6. 交通事故当事人的责任如何确定？

因一方的过错导致交通事故的，承担全部责任。

当事人逃逸，造成现场变动、证据灭失，公安机关交通管理部门无法查证交通事故事实的，逃逸者承担全部责任；当事人故意破坏、伪造现场、毁灭证据的，承担全部责任。

因两方或者两方以上当事人的过错发生交通事故的，根据其行为对事故发生的作用以及过错的严重程度，分别承担主要责任、同等责任和次要责任。

各方均无导致交通事故的过错，属于交通意外事故的，各方均无责任；一方当事人故意造成交通事故的，他方无责任。

7. 酒后驾车有何后果？

法律规定：饮酒后驾驶机动车的，处暂扣一个月以上三个月以下机动车驾驶证，并处二百元以上五百元以下罚款；醉酒后驾驶机动车的，由公安机关交通管理部门约束至酒醒，处十五日以下拘留和暂扣三个月以上六个月以下机动车驾驶证，并处五百元以上二千元以下罚款。如果一年内有前两款规定醉酒后驾驶机动车的行为，被处罚两次以上的，吊销机动车驾驶证，五年内不得驾驶营运机动车。

七、《治安管理处罚法》常识解答

1. 什么情况下适用《治安管理处罚法》？

《治安管理处罚法》第二条规定，扰乱公共秩序，妨害公共安全，侵犯人身权利、财产权利，妨害社会管理，具有社会危害性，依照《中华人民共和国刑法》的规定构成犯罪的，依法追究刑事责任；尚不够刑事处罚的，由公安机关依照本法给予治安管理处罚。

第三条规定：治安管理处罚的程序，适用本法的规定；本法没有规定的，适用《中华人民共和国行政处罚法》的有关规定。

第四条规定，在中华人民共和国领域内发生的违反治安管理行为，除法律有特别规定的外，适用本法。在中华人民共和国船舶和航空器内发生的违反治安管理行为，除法律有特别规定的外，适用本法。

2. 因民间纠纷引起的打架斗殴如何处理？

第九条规定，对于因民间纠纷引起的打架斗殴或者损毁他人财物等违反治安管理行为，情节较轻的，公安机关可以调解处理。经公安机关调解，当事人达成协议的，不予处罚。经调解未达成协议或者达成协议后不履行的，公安机关应当依照本法的规定对违反治安管理行为人给予处罚，并告知当事人可以就民事争议依法向人民法院提起民事诉讼。

3. 治安管理处罚的种类有哪些？

治安管理处罚的种类分为：

①警告；②罚款；③行政拘留；④吊销公安机关发放的许可证。

对违反治安管理的外国人，可以附加适用限期出境或者驱逐出境。

4. 哪些人因违反治安管理行为可从轻或者减轻处罚以及不予处罚？

已满十四周岁不满十八周岁的人违反治安管理的，从轻或者减轻处罚；不满十四周岁的人违反治安管理的，不予处罚，但是应当责令其监护人严加管教。

精神病人在不能辨认或者不能控制自己行为的时候违反治安管理的，不予处罚，但是应当责令其监护人严加看管和治疗。间歇性的精神病人在精神正常的时候违反治安管理的，应当给予处罚。

盲人或者又聋又哑的人违反治安管理的，可以从轻、减轻或者不予处罚。

5. 醉酒的人违反治安管理的是否处罚？

醉酒的人违反治安管理的，应当给予处罚。醉酒的人在醉酒状态中，对本人有危险或者对他人的人身、财产或者公共安全有威胁的，应当对其采取保护性措施约束至酒醒。

6. 哪些违反治安管理行为应从重处罚？

第二十条规定，违反治安管理有下列情形之一的，从重处罚：

①有较严重后果的；

②教唆、胁迫、诱骗他人违反治安管理的；

③对报案人、控告人、举报人、证人打击报复的；

④六个月内曾受过治安管理处罚的。

7. 违反治安管理行为人在哪些情形下不执行行政拘留处罚?

第二十一条规定,违反治安管理行为人有下列情形之一,依照本法应当给予行政拘留处罚的,不执行行政拘留处罚:

①已满十四周岁不满十六周岁的;

②已满十六周岁不满十八周岁,初次违反治安管理的;

③七十周岁以上的;

④怀孕或者哺乳自己不满一周岁婴儿的。

8. 违反治安管理行为人在多久期限后不被执治安处罚?

违反治安管理行为在六个月内没有被公安机关发现的,不再处罚。该期限,从违反治安管理行为发生之日起计算;违反治安管理行为有连续或者继续状态的,从行为终了之日起计算。

八、《继承法》常识解答

1. 什么叫遗产? 遗产的范围包括哪些?

遗产是公民死亡时遗留下来的合法财产,包括财产权利和财产义务。遗产的范围包括:①公民的合法收入;②公民的房屋、储蓄和生活用品;③林木、牲畜和家禽;④公民的文物、图书资料;⑤合法的生产资料;⑥著作权、专利权中的财产权利;⑦其他合法财产。

2. 哪些人可以成为继承人?

继承人是指对被继承人的遗产依法享有继承权的人。继承人分为法定继承人和遗嘱继承人两种。

法定继承人是根据《继承法》规定直接取得继承资格的人。法定继承人包括:被继承人的配偶、子女、父母、兄弟姐妹、祖父母、外祖父母、享有代位继承权的孙子女和外孙子女,以及对公婆、岳父母尽了主要赡养义务的丧偶儿媳、女婿。法定继承人原则上必须是被继承人的亲属,与被继承人没有亲属关系的不可能成为继承人;另外,企事业单位、机关团体、法人组织或非法人组织也不可能成为继承人,继承人只能是自然人个人。

遗嘱继承人是根据被继承人生前所立遗嘱而取得继承资格的人。遗嘱继承人只能在法定继承人当中指定。

3. 法定继承顺序是怎样规定的?

遗产按照下列顺序继承:

第一顺序:配偶、子女、父母;第二顺序:兄弟姐妹、祖父母、外祖父母。继承开始后,由第一顺序继承人继承,第二顺序继承人不继承,没有第一顺序继承人的,由第二顺序继承人继承。

我国《继承法》只规定了两个继承顺序,在同一个继承顺序中的继承中不再有先后顺序之分,同一顺序中的继承人对被继承人的遗产享有平等的继承权利。

九、《合同法》常识解答

1. 什么是合同? 公民应怎样订立合同?

合同法所称合同是平等主体的自然人、法人、其他组织之间设立、变更、终止民事权利义务关系的协议。当事人在订立合同中应当遵循平等自愿、协商一致的原则,要求当事人诚实、守信用,不得弄虚作假,欺骗对方。订立合同一般要经过要约和承诺两个阶段:

要约即为发出缔结合同建议的行为,要约一经发出,提议人即受到自己建议的约束,表明提议人在对方的有效答复期内,负有和对方订立合同的义务,违反该项规定造成对方损失,有赔偿损失的责任。

承诺是对提议人的建议予以答复的行为,答复应是对提议人的提议内容完全同意的答复,有新提议不算答复,只能构成答复人的新要约。答复一经向提议人表示,表明订立合同的阶段结束,合同成立,这时不按合同的要求履行义务即构成违约责任。

2. 哪些合同为无效合同?

有下列情形之一的,合同无效:

①一方以欺诈、胁迫的手段订立合同,损害国家利益;

②恶意串通,损害国家、集体或第三人利益;

③以合法形式掩盖非法目的;

④损害社会公共利益;

⑤违反法律、行政法规的强制性规定。

3. 有哪些情形,当事人可以解除合同?

有下列情形之一的,当事人可以解除合同:

①因不可抗力致使不能实现合同目的;

②在履行期限届满之前,当事人一方明确表示或者以自己的行为表明不履行主要债务;

③当事人一方迟延履行主要债务,经催告后在合理期限内仍未履行;

④当事人一方迟延履行债务或者有其他违约行为致使不能实现合同目的;

⑤法律规定的其他情形。

第五节　培养依法办事的思维方式

一、什么是法律思维方式

所谓法律思维方式,是指按照法律的规定、原理和精神,思考、分析、解决法律问题的习惯与取向。

在通常情况下,法律问题往往还包含着政治、经济或道德问题。例如,艾滋病人提出的结婚要求是否应当予以承认?科学家进行的克隆人试验是否应当禁止?地方政府对本地企业超过法律范围以外的保护措施是否应当取缔?这些问题同时也是道德问题、经济问题或政治问题,可以从道德的、经济的、政治的角度来思考和处理。一旦这些问题被纳入法律调整的范围,就应当按照法律的规定、原理和精神来思考与处理。在相当多的情况下,按照法律思维思考与处理问题,与按照道德思维、经济思维或政治思维思考与处理问题,会得出相同或相似的结论,但在某些情况下,则可能得出不同的结论。

例如，欠债还钱是几乎所有社会普遍通行的一项道德原则。法律也保护债权人的合法权利，但法律中有诉讼时效的规定。按照我国《民法通则》的规定，债权人向人民法院请求保护债权的诉讼时效为二年。也就是说，如果债权人在二年内既没有向法院起诉债务人，也没有向债务人提出还债要求，而且债务人也没有表示要偿还债务，那么债权人的债权就不再受法律保护。法律虽然不强迫债务人履行义务，但并不反对债务人自行履行，因为从道德上说，一项债务不论过了多长时间，债务人都有义务偿还。在此类情况下，法律思维与道德思维之间即产生了冲突。必须强调的是，在对法律问题的思考与处理上，法律思维应当优先，不能用道德的原则和评价取代法律的规则和评价。

二、法律思维方式的特征

1. 讲法律

法律思维首先要讲法律，以法律为准绳思考与处理法律问题。某种行为是合法行为还是违法行为，是一般违法行为还是犯罪行为，是否应当承担法律责任，应当承担什么样的法律责任，都应当以法律为标准作出判断。如果脱离法律来思考与处理问题，就谈不上法律思维了。

2. 讲证据

法律思维要讲证据，以证据为依据思考与处理法律问题。正确地分析与处理法律案件，无非就是抓住两个关键问题：一是查清案件事实；二是正确运用法律。首要问题就是证据问题。只有收集到充分的证据，才能查清案件事实。一般来说，证据就是以法律规定的形式表现出来的、能够证明案件真实情况的事实。讲证据，意味着思考与处理法律案件时不能捕风捉影，更不能主观臆断。

法律上的证据不同于一般的事实。首先，证据要具有合法性，即证据的形式、收集和查证都必须符合法律的规定。其次，证据要具有客观性，即证据必须是客观真实的。再次，证据要具有关联性，即证据必须与案件事实有实质性联系，从而对案件事实具有证明作用。

3. 讲程序

法律思维要讲程序，从程序出发思考与处理法律问题。程序问题在法律领域居于非常重要的地位。法律通过规定明确的程序来约束人们的行为。可以说，与其他类型的思维方式相比，法律思维更为关心行为的程序问题。简单地说，程序就是法律所规定的法律行为的方式和过程。程序告诉人们实施某种法律行为时，应先做什么事情，后做什么事情，以及如何做这些事情。而其他类型的思维方式则可能更关心行为的实质，而不关心或较少关心行为的程序。

4. 讲法理

法律思维要讲法理，为法律结论提供充分的法律论证与法律理由。法律思维的任务不仅是获得处理法律问题的结论，而且更为重要的是提供法律结论的理由。任何理性的思维都应当用适当的理由来支持所获得的结论，而法律思维对理由的要求更有特殊之处。其一，理由必须是公开的，而不能是秘密的。其二，理由必须有法律上的依据。其三，理由必须具有法律上的说服力。就此而论，与其说法律思维的首要任务是寻求解决问题的结论，毋宁说是寻求据此作出结论的理由，那些认同法律并依赖于法律的人们能够接受的理由。那种只提供结论而不提供理由的思维方式，不符合法律思维方式的本质特征。

三、培养法律思维方式的途径

对于普通人来说,培养法律思维并不是一件轻而易举的事情,必须要付出艰苦的努力。学习和掌握基本的法律知识,是培养法律思维方式的前提性条件。一个对法律知识一无所知的人,不可能形成法律思维方式。

法律知识通常包括两部分:一是关于法律规定的知识,二是关于法律原理的知识。这两部分法律知识对于培养法律思维方式都很重要。只有了解国家在某个问题上的法律规定,才能对该问题进行法律思维。只有了解法律的原理、原则和规范,才能把握法律思维的基本规律。

本章小结

本章主要介绍了法律定义、社会主义法律体系等法律常识,讲解了如何树立法制观念以及维护法律权威的意义,对日常生活中的法律常识进行了解答,最后提出了要培养依法办事思维方式的要求。本章内容建议课时为 2～4 小时。

本章参照的资料如下,对原文作者表示感谢。

【参考资料】

[1] 姜明安.行政法与行政诉讼法[M].2版.北京:法律出版社,2005.

[2] 陈炯,钱长源.试论法律术语[J].上海大学学报,2002.

[3] 法学辞典[M].增订版.上海:上海辞书出版社,1985.

[4] 杨晖.中国特色社会主义法律体系的基本形成[J].河北法学,2009(6).

[5] 百度百科网站.http://baike.baidu.com.

[6] 其他有关法律法规等相关问题的新闻、统计数据和网络文本.

第七章　与时俱进,紧跟信息时代发展步伐

教学目标

了解信息传播对推动人力历史发展的作用,对信息化和信息社会有基本认识,感受信息技术对生活的影响,把握信息技术对社会的积极影响和负面影响。

第一节　信息概述

一、什么是信息

什么是信息?人们到处在谈论信息,我们越来越多地听到信息这个词汇。我们现在进入了一个信息化社会,正在迎接一个信息爆炸的新时代。

那么什么是信息?广义地说,信息又称为讯息、资讯、消息。一切存在物都有信息。对人类而言,人的五官生来就是为了感受信息的,它们是信息的接收器,它们所感受到的一切,都是信息。信息以声音、语言、文字、图像、动画、气味等方式来表示实际内容。当然,也有大量的信息是我们的五官不能直接感受的,人类正通过各种手段,发明各种仪器来感知它们,发现它们。我们通过信息认识物质、认识能量、认识系统、认识周围世界。

信息是事物的运动状态和过程及其相关知识。它的作用在于增加认识上的确定性。

信息的定义有很多种,最基本的定义是:信息是事物属性的标识。信息是有价值的,就像不能没有空气和水一样,人类也离不开信息。人类社会赖以生存、发展的三大基础,是物质、能量和信息。世界是由物质组成的,能量是一切物质运动的动力,信息是人类了解自然及人类社会的凭据。因此说,物质、能量和信息是构成世界的三大要素。

信息是人类文明赖以发展的基础,人类所有的知识、所有的故事都是信息。信息,就是人类的一切生存活动和自然存在所传达出来的信息和消息。信息的积累和传播,是人类文明进步的基础。

二、信息特征

人们一般说到的信息多指信息的交流。信息本来就是可以交流的,如果不能交流,信息就没有用处了。信息还可以被储存和使用。你所读过的书,你所听到的音乐,你所看到的事物,你所想到或者做过的事情,都是信息。信息由信息源、内容、载体、传输和接受者 5 个要素构成。依据信息构成要素,信息主要有以下特点:

可识别性。信息是可以识别的,识别又可分为直接识别和间接识别。直接识别是指通过

感官的识别,间接识别是指通过各种测试手段的识别。不同的信息源有不同的识别方法。

可存储性。信息是可以通过各种方法存储的。

可扩充性。信息随着时间的变化,将不断扩充。

可压缩性。人们对信息进行加工、整理、概括、归纳就可使之精练,从而浓缩。

可传递性。信息的可传递性是信息的本质特征。信息需要依附于某种载体进行传输。

可转换性。信息可以转换成不同的形态,也可以由不同的载体来存储。

可重复利用性。信源发送的信息不论传送给多少个信宿,都不会因信宿的多少而减少,并且一种信息是可以多次被反复利用的。

时效性和时滞性。信息在一定的时间内是有效的信息,在此时间之外就是无效信息。而且任何信息从信源传播到信宿都需要经过一定的时间,都有其时滞性。

信息是有价值的。信息是一种资源,因而是有价值的。

三、信息分类

信息可以从不同角度来分类。

(1) 按照其重要性程度可分为:战略信息、战术信息和作业信息。

(2) 按照其应用领域可分为:管理信息、社会信息、科技信息和军事信息。

(3) 按照其加工顺序可分为:一次信息、二次信息和三次信息等。

(4) 按照其反映形式可分为:数字信息、图像信息和声音信息等。

(5) 按照其性质,可分为:定性信息和定量信息。

第二节　信息传播推动人类历史发展

如果把人类发展的历史看做一条轨迹,按照一定的目的向前延伸,那么就会发现它是沿着信息不断膨胀的方向前进的。信息量小、传播效率低的社会,发展速度缓慢,信息增长的停滞就是社会的停滞,甚至可以千年万年不变;而信息量大、传播效率高的社会,发展速度就快,它可以一日千里,一年的发展超过以往的百年。

一、信息需要传播

信息需要传播。信息如果不能传播,信息的存在就失去了意义。那么什么是传播呢?

发出信息与接受信息就是信息的传播。我们说话、写文章、做事情,就是在进行传播;我们听别人讲话,看别人写的文章,了解别人所从事的工作,就是在接受传播。我们所以有知识,是因为我们生活在一个信息传播的社会里。在人类社会中,信息传播无时不在,无处不在。没有传播,也就没有社会,人类也就无法生存下去。

当一个人独处时,传播其实也在进行。沉思冥想是一种内心的传播;思考是自己和自己进行讨论,并传达某种信息;写日记或者阅读书籍,那就更是一种传播了。在人类社会中,传播是普遍存在的。

当人类有了语言、文字和绘画等传递信息的手段之后,人类就脱离了动物的蒙昧状态,进入到文明社会。因为信息的交流使人类可以掌握更多的经验和知识,从而向前发展。

语言用声音来传递信息,文字用书写符号来传递信息,绘画用图像来传递信息。声音、符号、图像就成为人类传播信息的主要形式。人类只有通过这种表达才能够互相沟通和理解。因此可以说,声音、符号和图像是人类所特有的三种信息形式。

二、信息变革简史

整个人类的进化史,同时也是一部人类信息活动的演进史。在人类的整个历史发展中,经历了五次巨大的信息变革。每一次信息变革都对人类社会的发展产生巨大的推动力。

人类传播史上的第一次革命——创造了语言——发生在 10 万年前;人类约在公元前 3500 年发明了文字,实现第二次信息革命;在第三次信息革命中,中国人在唐朝初期首先发明了印刷术;1844 年,人类进行第四次信息革命,迎来了电信传播的曙光;1946 年,电脑在第五次信息革命中出现。在人类传播史上,五次信息革命所产生的巨大作用,不仅有力地改变了人类在过去的所感所触和所见所闻,而且深刻地影响着人类现今的所思所想和所作所为。

这五次信息革命将人类历史划分成五种信息时代。

(一) 语言的诞生

语言的诞生是历史上最伟大的信息技术革命,语言使人类描述信息、交流信息的方式得到了大大的改进,标志着人类信息活动的范围和效率的飞跃性提高,人类的信息活动从具体走向抽象。语言起源于共同劳动,发生在 10 万年前。

人类创造了语言,语言也就成了人类的标征,成了人类进行交际与传播的工具,也成了人类认识世界和改造世界的有力武器。据考古发现,在人类漫长的进化史上,最先出现的尼安德特人在没有天灾人祸的情况下奇怪地绝种了,而后起的克罗马农人却成了人类最直接的祖先。一个十分有力的推论是:前者没有语言,而后者创造了语言。语言拯救和帮助了克罗马农人,人类也从此脱离了动物的信号传播藩篱,踏上了人类语言的传播大道。第一次信息革命中的语言传播,使个人经验和见闻为大家所共享,使前人的文化积累为后人所继承。正是在这种情况下,我们的祖先懂得了钻木取火、草药治病、保藏食物、饲养动物、耕种粮食、敬奉神祇,还掌握了"知识含量"很高的制陶、纺织、炼铁等技术。如果没有语言传播,这些转变就不会发生,社会就会停止生产,就会崩溃,就会无法作为社会而存在下去。

(二) 文字的诞生

人脑容易遗忘,一旦遗忘,信息就取不出来了。为了便于交流和长期存储信息,就要创造一些符号代表语言,这些符号经过相当长的一段时间后逐渐演变成文字,并固定下来。文字打破了时间和空间的限制,使信息可以传得更久、更远。

大约公元前 3500 年,在古埃及、克里特和中国大地上就最先出现了"图画文字"和"形象文字",到了商代,中国人创造了"象形文字",这些文字基本上仍是图画的和表现性的,进一步发展才形成后来的指事、形声、会意等文字形态。

自从有了标准化的文字,人类既可以用它来记载口语、描绘事件、传播信息,也可以通过它反复阅读、慢慢译解那些超越时空的来自远方的信息或早已死去的人留下的信息，并用它来保存和继承人类积累的精神财富和文化遗产，而不必费尽脑汁去铭记，从而将较多的时间用于处理现有信息和为未来制订计划。

由于书写传播时代初期的图画文字或形象文字在发展中先后分化为"符号-音节体系"（如英语、法语等）和"单字-表意体系"（如汉语、日语等），结果其功能与优势亦有差异。

研究表明：英语、法语就比较容易学，容易使用，也容易变化，这可能导致了西方人较为关注变革和发展的精神倾向；汉语、日语要花较长的时间才能掌握几千个单字，用来阅读较为浅显通俗的文章，这同东方人关注稳定、团结和怀念过去的深厚感情颇为一致。

不过，虽然汉语和日语不易学习和掌握，然而一旦具有阅读能力，人的大脑对"单字-表意体系"的文字的反应明显快于其他体系的文字。人们认识汉字单词，不需多声转化过程，从字形就可以直接理解意思，具有其他文字所没有的快速阅读优势。此外，汉字还不会随着口头语言的变化而改变，因此，人们有时虽听不懂（如方言），但能看得懂。于是在某种意义上，汉字成了中华民族团结统一的特殊凝聚剂，成了社会和谐、安详、稳定的潜在力量。这是我们的祖先在发明文字时无论如何也料想不到的巨大贡献。

书写媒介则经历了从沉重的石头、泥土逐步向较轻的龟甲、兽骨、木板、竹简和软绵，以及便携的羊皮、绢帛、纸张的转变，而书写工具则经历了从划字的树枝、棍尖到刻字的石刀、铁刀，再到写字的毛笔的转变。这些转变反映了当时中国人在传播的文明程度上是怎样地让西方人所望尘莫及。

（三）印刷术的诞生

印刷术的诞生使得知识可以大量生产、存储和流通，进一步扩大了信息交流的范围。印刷术的发明使人类信息传递的速度和范围急剧扩展，人类信息的存储能力进一步加强，并初步实现了广泛的信息共享。

印刷术的发明，不仅给中国，也给欧洲和整个世界的文明带来了曙光，使人类社会发生了翻天覆地的巨大变化，并引导人类传播真正步入了一个崭新的大众传播时代。

以往，由于媒介笨重、符号复杂、复制困难和传播垄断，书本知识只掌握在少数人手里，竹简、帛书等书写媒介也只在上流社会流传。只有印刷术的产生和流传才打破了少数人对知识的垄断和在传播上的特权，冲破了黑暗的中世纪宗教牢笼，开始了文艺复兴，进而又导致了工业革命。

印刷术起源于公元 200 年的中国拓印术，大约在唐朝初年（627—649）中国人发明了雕版印刷术。北宋庆历年间（1041—1048），毕昇发明了活字印刷术。元朝后期，我国的印刷术连同其他发明随着蒙古军队传向西方。许多年后，德国铁匠古登堡在此基础上经过 20 多年的摸索和钻研，发明了铅活字和手压印制设备，于 1456 年首次印成了 42 行本的《圣经》。

随着印刷业的飞速发展，在 15 世纪末和 16 世纪初，整个欧洲的主要城市几乎都有了印刷所，印刷传播业日益兴旺。印刷品的大量出现，大大激发了人们的求知欲望，推动了教育的发展、文化的普及和科学的启蒙、社会的进步；反过来，公众文化知识的提高又导致了对宗教、科学、哲学、文学书籍等印刷媒介的更大需求，于是形成了一种良性循环，也加速了欧洲封建主义的崩溃和资本主义的诞生。

报纸、书籍和杂志作为新的大众媒介，它不仅消除了人们相互隔绝的障碍，影响到社会相互作用的方式,而且推进了社会的组织和功能的重大变化,甚至永久地改变了那些使用者的精神面貌和心理结构。一句话,印刷信息革命使人类社会在各个方面都发生了前所未有的深刻变化。

(四)电磁波的应用

在这次变革中,电报、电话、广播、电视相继发明并得到了广泛应用。电磁波的应用使得信息传递的速度大大提高。电信革命的实现,是人类划时代的进步。美国人莫尔斯于1844年发明了电报,贝尔于1876年发明了电话,爱迪生于1877年发明了留声机,法国人马瑞根据中国灯影原理于1882年发明了摄影机。

在人类的第四次信息革命中,以广播和电视为主体的电信传播,不仅彻底突破了时间和空间的限制,使信息传播瞬息万里,而且挣脱了印刷传播中必不可少的物质(书、报、刊)运输(通过人及交通工具把印刷品送到读者手中)的束缚,为信息传播开辟了一条便捷、高效的空中通道。特别是广播、电视一旦插上卫星转播的翅膀,这种传播就已不再是通常的大众传播了,而是无处不在、无时不有的跨国传播甚至全球传播了。

同时,电信传播也不像印刷传播那样是将人推向信息,而是将信息推向人。电信传播是在没有识字需要的情况下,为人类提供了超越识字障碍,跳入大众传播的一个方法。今日的报纸、广播、电视已在新闻传播领域形成三足鼎立之势,它们各有特点,互动互助,共演共进,一起为人类的传播事业做出贡献。相信这种共同发展的趋势还会继续下去。

(五)计算机技术的应用

计算机技术的应用使人们对信息的处理能力、处理速度产生了飞跃,其一天的信息量可能是从前几十年甚至几百年都不能办到的,互联网实质上就是一个取之不尽、用之不竭的信息库,互联网是信息时代的产物和标志。现代意义上的信息技术,是在电信革命之后才产生和发展起来的。新型计算机的出现,以及与通信技术的结合,使信息处理第一次达到了一体化和自动化,从而实现了人类历史上第五次信息变革。

数字信息传播是指以电脑为主体,以多媒体为辅助,能提供以交谈方式来处理的包括捕捉、操作、编辑、存储、交换、放映、打印等多种功能的信息传播活动。由于它是指各种数据和文字、图示、动画、音乐、语言、图像、电影和视频信号组合在电脑上,并以此互动,所以我们以1946年埃克特等人研制成功的世界第一台电脑主机"埃尼阿克"的诞生年,作为第五次信息革命的纪元。

与传统的印刷传播、电子传播的最大不同之处在于:数字信息传播是在网络化的基础上形成的,因此它除了具有其他传播的特点之外,还具有自己的主动性、参与性、交谈性和操作性的特点。以往,人们只是被动地阅读、收听和观看他们所"不讨厌的内容",传播者积极地将信息推向受众,受众则消极地打开"开关"等待信息的来临;而数字信息传播中的人则可以自己主动地去寻找信息。如今,电脑以及数字多媒体系统已进入千家万户。人类已经进入信息社会,并且即将进入一个综合传播的新时代。

三、信息传播发展趋势和现实意义

(一) 信息传播发展趋势

从五次信息革命的历程所呈现的状态看，主要有以下三点：

1. 人类信息革命的步伐一直呈加速度状态发展

从动物传播进化到人类的语言传播用了 200 万年，从语言传播进入书写传播用了 9.5 万年，从书写传播跨入印刷传播用了约 4000 年，而从印刷传播迈进电信传播只用了 1200 年，从电信传播进入数字信息传播的时间更短，只有 102 年，而数字信息传播至今只有 50 年。可见，信息传播的步伐、传播技术和手段的革新在时间上是以逐步加快、越来越快和间隔越来越短的趋势发展的。

2. 信息媒介的叠加性状态和整合性状态发展

信息媒介的叠加性状态发展，是指新的信息革命爆发后，人类在旧的信息传播中所使用的传播手段不会被随之抛弃，而总是以一种新的面貌又出现在新的传播活动之中。书写传播并未淘汰语言传播，电信传播并不排斥印刷传播，而数字信息传播的发展似乎要将各种传播的形式与手段集于一身。

叠加性状态又导致了整合性状态。如电话是对语言传播和电报传播的整合，广播是对电话和唱机的整合，电视是对广播与电影的整合，而电脑的发展将整合一切传播媒介。

3. 信息和知识的增长和积累呈金字塔状态发展

据统计，图书馆的规模每 14 年增加一倍，每一世纪增加 140 倍。14 世纪初，巴黎大学图书馆藏书 1380 册，当时是欧洲最大的图书馆，现在世界上已有 12 个图书馆藏书超过 800 万册。目前，全世界每年出版 50 万种图书，平均每分钟就出版一种新书。科学知识的增长愈来愈快，有人统计得知，人类全部科技知识总量的 80% 以上都是本世纪产生的。显然，这一状态与前述两种状态是一种相辅相成，互为因果的关系。

数字信息传播是将以往的各自独立的单一传播转变为综合传播，将单功能的媒体转变为多功能的媒体，将人类由工业社会带进了信息社会。

(二) 信息传播的重要现实意义

了解信息变革历史以及发展趋势，无论对国家、民族还是个人都有着重要意义：

(1) 每一次信息革命爆发都为人类的生存与发展带来新的机遇，开拓了新的空间。

(2) 人类信息革命与社会文明进步不仅互相促进而且步调一致，在步幅和步频上基本上成正比关系。

(3) 最先发生信息革命的地方或国家，不仅社会进步和文明的程度高，而且在竞争中也处于明显的优势地位，如语言传播时代的克罗马农人，书写传播时代的古埃及人和希腊人，印刷传播时代的中国人，电讯传播和互动传播时代的西方发达国家。

(4) 传播上的优势地位必然会导致文化上的优势地位，小国文化将首先消融在邻近的发达大国的文化洪流之中，进一步的竞争将会逐步形成几块区域文化（如以儒教为核心的亚洲文化,以伊斯兰教为核心的中东文化,以及以标榜自由与民主为特征的西方文化,等等)。这一切都警示我们,必须积极参与信息革命,十分重视传播科技的开发、引进和运用,同时还要加强对人类传播活动的研究。

(5)科学知识的增长愈来愈快,要求我们必须提高自己的信息能力,与信息时代与时俱进。信息能力又称信息素养、信息素质,是指个人或者组织利用信息通信技术高效获取、有效利用和正确评价信息的能力,包括:信息技术专业知识,对信息的敏感度,以及信息获取、整理、利用、评价的实际技能。在信息时代而缺失信息能力就会成为一个新时代的文盲和落伍者。

第三节 信息化和信息产业

一、信息化和信息社会

信息化是充分利用信息技术,开发利用信息资源,促进信息交流和知识共享,提高经济增长质量,推动经济社会发展转型的历史进程。它已经引发了一次世界范围内的产业革命、社会革命和新军事革命,正逐步上升成为推动世界经济和社会全面发展的关键因素,成为人类进步的新标志。

信息化是从有形的物质产品创造价值的社会向无形的信息创造价值的新阶段的转化,也就是以物质生产和物质消费为主,向以精神生产和精神消费为主的阶段的转变。

(一)信息化特征

信息化特征可归纳为"四化"和"四性"。

1. 信息化的"四化"

智能化。知识的生产成为主地要的生产形式,知识成了创造财富的主要资源。这种资源可以共享;可以倍增;可以"无限制地"创造。这一过程中,知识取代资本,人力资源比货币资本更为重要。

电子化。光电和网络代替工业时代的机械化生产,人类创造财富的方式不再是工厂化的机器作业。有人称之为"柔性生产"。

全球化。信息技术正在取消时间和距离的概念,信息技术及其发展大大加速了全球化的进程。随着因特网的发展和全球通信卫星网的建立,国家概念将受到冲击,各网络之间可以不考虑地理上的联系而重新组合在一起。

非群体化。在信息时代,信息和信息交换遍及各个地方,人们的活动更加个性化。信息交换除了社会之间、群体之间进行外,个人之间的信息交换日益增加,以至将成为主流。

2. 信息化的"四性"

综合性。信息化在技术层面上指的是多种技术综合的产物。它整合了半导体技术、信息传输技术、多媒体技术、数据库技术和数据压缩技术等;在更高的层次上它是政治、经济、社会、文化等诸多领域的整合。人们普遍用"协同"一词来表达信息时代的这种综合性。

竞争性。信息化与工业化的进程不同的一个突出特点是，信息化是通过市场和竞争推动的。政府引导、企业投资、市场竞争是信息化发展的基本路径。

渗透性。信息化使社会各个领域发生全面而深刻的变革，它同时深刻影响物质文明和精神文明，已成为经济发展的主要牵引力。信息化使经济和文化的相互交流与渗透日益广泛和加强。

开放性。开放不仅是指社会开放，更重要的是心灵的开放。开放是创新的心灵开放，开放是创新的源泉。

（二）信息社会

社会的信息化，亦称信息社会。信息化是人类社会进步发展到一定阶段所产生的一个新阶段。信息化是建立在计算机技术、数字化技术和生物工程技术等先进技术基础上产生的。信息化使人类以更快、更便捷的方式获得并传递人类创造的一切文明成果；它将提供给人类非常有效的交往手段，促进全球各国人们之间的密切交往和对话，增进相互理解，有利于人类的共同繁荣。

信息化是人类社会从工业化阶段发展到一个以信息为标志的新阶段；信息化与工业化不同。信息化不是关于物质和能量的转换过程，而是关于时间和空间的转换过程；在信息化这个新阶段里，人类生存的一切领域，在政治、商业，甚至个人生活中，都是以信息的获取、加工、传递和分配为基础。

信息社会是继农业社会、工业社会之后的人类社会的新形态。主要特征包括：信息网络成为支撑社会经济活动的无所不在的公用基础设施，知识和信息成为经济社会发展的决定性力量。美国、日本、欧盟等发达国家或地区正在经历由工业社会向信息社会的转型。联合国主办的信息社会世界峰会，推动在全世界建立一个"人人可以创建、获取、使用和分享信息及知识，使个人、社区和各国人民均能充分发挥自己的潜力并持续提高人民生活质量"的信息社会。

二、信息产业的定义和划分

信息产业通常是指将信息转变为商品的行业，它不但包括软件、数据库、各种无线通信服务和在线信息服务，还包括了传统的报纸、书刊、电影和音像产品的出版，而计算机和通信设备等的生产将不再包括在内，被划为制造业下的一个分支。

信息产业又分四个行业：出版业、电影和录音业、广播电视和通信行业、信息服务和数据处理服务行业。

我国信息产业发展的时间不长，对于信息产业的定义和划分，由于分析的角度、标准不同和统计的口径不同，也形成了许多不同的观点。

尽管有各种不同的观点，但是概括起来大致有广义、狭义的观点。广义的观点认为信息产业是指一切与信息生产、流通、利用有关的产业，包括信息服务和信息技术及科研、教育、出版、新闻等部门。狭义的观点是受日本信息产业结构划分的影响，认为信息产业是指从事信息技术研究、开发与应用、信息设备与器件的制造以及为经济发展和公共社会需求提供信息服务的综合性生产活动和基础机构。并把信息产业结构分为两大部分：一是信息技术和设备制造业，二是信息服务业。还有的学者认为信息产业就是信息服务业，它是由以数据和信息作为生产处理、传递和服务为内容的活动构成,包括数据处理业、信息提供业、软件业、系统集成业、咨询业等。

三、信息化层次的分类

信息化有许多分类,而从层次上分类有以下几点。

(一)产品信息化

产品信息化是信息化的基础,含两层意思:一是产品所含各类信息比重日益增大、物质比重日益降低,产品日益由物质产品的特征向信息产品的特征迈进;二是越来越多的产品中嵌入了智能化元器件,使产品具有越来越强的信息处理功能。

(二)企业信息化

企业信息化是国民经济信息化的基础,指企业在产品的设计、开发、生产、管理、经营等多个环节中广泛利用信息技术,并大力培养信息人才,完善信息服务,加速建设企业信息系统。

(三)产业信息化

产业信息化指农业、工业、服务业等传统产业广泛利用信息技术,大力开发和利用信息资源,建立各种类型的数据库和网络,实现产业内各种资源、要素的优化与重组,从而实现产业的升级。

(四)国民经济信息化

国民经济信息化指在经济大系统内实现统一的信息大流动,使金融、贸易、投资、计划、通关、营销等组成一个信息大系统,使生产、流通、分配、消费等经济的四个环节通过信息进一步联成一个整体。国民经济信息化是各国急需实现的近期目标。

(五)社会生活信息化

社会生活信息化指包括经济、科技、教育、军事、政务、日常生活等在内的整个社会体系采用先进的信息技术,建立各种信息网络,大力开发有关人们日常生活的信息内容,丰富人们的精神生活,拓展人们的活动时空。等社会生活极大程度信息化以后,我们也就进入了信息社会。

四、信息化对经济发展的作用

信息化对经济发展的作用是信息经济学研究的一个重要课题。很多学者都对此进行了尝试。信息化对促进中国经济发展具有不可替代的作用,这种作用主要是通过信息产业的经济作用予以体现,主要包括以下几个方面。

（一）信息产业的支柱作用

信息产业是国民经济的支柱产业。其支柱作用体现在两个方面：

一是信息产业是国民经济新的增长点。近年来信息产业以 3 倍于国民经济的速度发展，增加值在国内生产总值（GDP）中的比重不断攀升，对国民经济的直接贡献率不断提高，间接贡献率稳步提高。二是信息产业将发展成为最大的产业。2009 年，中国电子信息产品出口占全国外贸出口比重超过 38％，其在国家外贸出口中的支柱地位得到进一步巩固和提高。信息产业在国民经济各产业中位居前列，已经发展成为最大的产业。

（二）信息产业的基础作用

信息产业是关系国家经济命脉和国家安全的基础性和战略性产业。这一作用体现在两个方面：一是通信网络是国民经济的基础设施，网络与信息安全是国家安全的重要内容；强大的电子信息产品制造业和软件业是确保网络与信息安全的根本保障。二是信息技术和装备是国防现代化建设的重要保障；信息产业已经成为各国争夺科技、经济、军事主导权和制高点的战略性产业。

（三）信息产业的先导作用

信息产业是国家经济的先导产业。这一作用体现在 4 个方面：一是信息产业的发展已经成为世界各国经济发展的主要动力和社会再生产的基础。二是信息产业作为高新技术产业群的主要组成部分，是带动其他高新技术产业腾飞的龙头产业。三是信息产业的不断拓展，信息技术向国民经济各领域的不断渗透，将创造出新的产业门类。四是信息技术的广泛应用，将缩短技术创新的周期，极大提高国家的知识创新能力。

（四）信息产业的核心作用

信息产业是推进国家信息化、促进国民经济增长方式转变的核心产业。这一作用体现在三个方面：一是通信网络和信息技术装备是国家信息化的物质基础和主要动力。二是信息技术的普及和信息产品的广泛应用，将推动社会生产、生活方式的转型。三是信息产业的发展大量降低物资消耗和交易成本，对实现我国经济增长方式向节约资源、保护环境、促进可持续发展的内涵集约型方式转变具有重要推动作用。

第四节　中国人的数字生活

中国正健步迈入数字化、网络化信息的时代。广泛使用的因特网、电信网、有线广播电视网、卫星转播网，用数字与网络连接起广袤的中国大地，给古老的中华文明注入新的内涵，构建起新的文化，创造出新的生活。

一、中国互联网络总体发展状况

互网络是信息时代的产物,也是主要体现形式之一。我们先来了解一组数据,据《中国互联网络发展状况统计报告》统计,截至 2009 年 12 月 30 日,中国网民规模达到 3.84 亿人,普及率达到 28.9%。网民规模较 2008 年年底增长 8600 万人,年增长率为 28.9%。

宽带网民规模达到 3.46 亿人,较 2008 年增长 7600 万。虽然中国的宽带普及率很高,但是宽带接入速度远远落后于互联网发达国家。

中国手机网民规模年增加 1.2 亿,达到 2.33 亿人,占整体网民的 60.8%。其中只使用手机上网的网民为 3070 万,占整体网民的 8%。手机上网成为互联网用户新的增长点。

农村网民规模达到 10681 万,占整体网民的 27.8%。同比增长 26.3%。

2009 年底域名总数为 1682 万,其中 80% 为 .cn 域名,域名数量保持平稳。

网民在家上网和在单位上网的比例明显提升,2009 年有 83.2% 的网民在家上网,30.2% 的网民在单位上网。互联网作为生活工具和工作工具的价值进一步提升。

手机和笔记本作为网民上网终端使用率迅速攀升,其中,手机增长率为 98.3%,笔记本电脑增长率为 42.4%,而台式机的增长率仅有 5.8%。互联网随身化、便携化的趋势进一步明显。

网民每周上网时长继续增加,人均增加了 2.1 小时。网民在业余时间上网的比例较高。职业人群中,只在业余时间上网的比例为 68.1%。

2009 年网络应用使用率排名前三甲分别是网络音乐(83.5%),网络新闻(80.1%),搜索引擎(73.3%)。

商务交易类应用的用户规模增长最快,平均年增幅 68%。其中,网上支付用户年增幅 80.9%,在所有应用中排名第一,旅游预订、网络炒股、网上银行和网络购物用户规模分别增长了 77.9%、67.0%、62.3% 和 45.9%。中国互联网影响显现从娱乐型向消费商务型转型的趋势。

二、电子政务

电子政务作为电子信息技术与管理的有机结合,成为当代信息化的最重要的领域之一。所谓电子政务,就是应用现代信息和通信技术,将管理和服务通过网络技术进行集成,在互联网上实现组织结构和工作流程的优化重组,超越时间和空间及部门之间的分隔限制,向社会提供优质和全方位的、规范而透明的、符合国际水准的管理和服务。

电子政务的主要内容包括政府办公自动化、政府部门间的信息共建共享、政府实时信息发布、各级政府间的远程视频会议、公民网上查询政府信息、数字化民意调查、政府采购和社会经济统计等。

在政府内部,各级领导可以在网上及时了解、指导和监督各部门的工作,并向各部门作出各项指示。这将带来办公模式与行政观念上的一次革命。在政府内部,各部门之间可以通过网络实现信息资源的共建共享联系,既提高办事效率、质量和标准,又节省政府开支,起到反腐倡廉作用。

政府作为国家管理部门,其本身上网开展电子政务,有助于政府管理的现代化,实现政府办公电子化、自动化、网络化。通过互联网这种快捷、廉价的通信手段,政府可以让公众迅速了解政府机构的组成、职能和办事章程,以及各项政策法规,增加办事执法的透明度,并自觉接受公众的监督。

在电子政务中,政府机关的各种数据、文件、档案、社会经济数据都以数字形式存储于网络服务器中,可通过计算机检索机制快速查询、即用即调。

相对于传统行政方式,电子政务的最大特点就在于其行政方式的电子化,即行政方式的无纸化、信息传递的网络化、行政法律关系的虚拟化等。

对于我们普通民众而言,访问各级政府网站是了解政策信息的一个直接有效手段。

三、电子商务

电子商务是指利用信息和通信技术,实现整个商务(贸易活动)过程的电子化、数字化和网络化。通过电子商务方式,人们不再是面对面地看着实实在在的货物、靠纸介质单据(包括现金)进行买卖交易,而是依靠网络,通过网上琳琅满目的商品信息、完善的物流配送系统和方便安全的资金结算系统进行交易。

以电子及电子技术为手段,以商务为核心,把原来传统的销售、购物渠道移到互联网上来,打破国家与地区有形无形的壁垒,使生产企业达到全球化、网络化、无形化、个性化、一体化。电子商务是指利用简单、快捷、低成本的电子通信方式,买卖双方不谋面地进行的各种商业和贸易活动。

电子商务是以计算机网络为基础,以电子化方式为手段,以商务活动为主体,在法律许可范围内所进行的商务活动过程。电子商务是运用数字信息技术,对企业的各项活动进行持续优化的过程。

电子商务涵盖的范围很广,一般可分为企业对企业(Business-to-Business)或企业对消费者(Business-to-Consumer)两种。另外还有消费者对消费者(Consumer-to-Consumer)这种大步增长的模式。随着国内互联网使用人数的增加,利用网络进行网络购物并以银行卡付款的消费方式已渐流行,市场份额也在迅速增长,电子商务网站也层出不穷。

中国电子商务发展迅猛,2007 年全国电子商务交易总额达 2.17 万亿元,比上年度增长90%。中国网络购物发展迅速,2008 年 6 月底,网络购物用户人数达到 6329 万,半年内增加36.4%。截至 2008 年 12 月,电子商务类站点的总体用户覆盖已经从 9000 万户提升至 9800万户。

伴随电子商务发展而出现的网络银行(网银)已经成为年轻人必需品。而网购、团购等行为也在不断普及。

四、数字娱乐

随着互联网产业的蓬勃发展,数字娱乐开始出现在每个人的身边。数字娱乐是指以动漫、卡通、网络游戏等基于数字技术的娱乐产品。

数字娱乐涉及移动内容、互联网、游戏、动画、影音、数字出版和数字化教育培训等多个领域,数字娱乐产业以强力的发展支持了新经济,在新兴的文化产业价值链中,数字娱乐产业是创造性最强,对高科技的依存度最高,对日常生活渗透最直接,对相关产业带动最广、增长最快、发展潜力最大的部分。

(一) 电子游戏

电子游戏已经逐渐成为全世界最受欢迎的主流娱乐方式之一。进入 21 世纪以来,席卷全球的数字娱乐业已经成为西方发达国家的一项主导产业。而网络电子游戏荟萃传统视听数码娱乐的精华,集高科技性、娱乐性、竞技性、仿真性等诸多娱乐要素于一体,正一跃成为当今数字娱乐行业的先锋产业。

(二) 数字视听

MP3 音乐已通过互联网络,以雷霆万钧之势席卷全球,给数字音频领域带来了一股新的冲击。MP3 是 MPEG Layer3 的缩写,它是一种超级声音文件的压缩方法。MPEG 由音频和视频两部分组成,可以分别进行压缩。电脑技术的发展,为 MP3 的普及奠定了基础。MP3 本身是一种压缩与解压缩的计算方式,它所生成的声音文件音质接近 CD,而文件大小却只有 CD 的 1/12。因此,原本一张光盘只能储存 12～20 首的 CD 格式音轨,若存成 MP3 格式,则可储存将近 100 首,这就是 MP3 的魅力。随着互联网的迅猛发展,MP3 迅速成为上网台式电脑首选的音频格式,并得到了大多数音乐爱好者的青睐。如今,MP3 更是已经热门到严重威胁传统唱片市场的地步。

(三) 数字影像

DV 无疑占据了数字摄像机的绝对市场。DV 指数码微型摄像机,由于具有新一代数字视频压缩标准,以其卓越的性能指标及挑战性的价格受到广大用户的青睐。首先,DV 体积小、质量小,在移动应用和狭小空间有突出优势,对现场采集、随机创作等非常适用。其次,DV 是数字化的,可以把信号无损地保持在数字域,而且可以通过技术接口进入网络。再次,DV 也是一种有前途、具有发展空间的格式,有关人士也需要 DV 进行一些非广播的应用,而且由于其先天优势,在娱乐休闲或其他应用中更有可能先行采纳 DV。最后,DV 低成本,本身就有一个广阔的专业和高端消费市场。DV 综合考虑了制作过程中的实际问题,便于家庭个人使用。

五、数字电视

随着高新技术特别是数字技术的迅猛发展,世界广播电视已经进入数字化时代。美国2006 年关闭了模拟电视,日本要在 2011 年完成模拟向数字化的转换,欧洲也在加快推进数字电视。我国广播影视"十五"计划明确提出,2003 年全面开展有线数字电视,2008 年全面推进地面数字电视,到 2015 年,将关闭模拟电视。

作为家庭娱乐不可或缺的有线电视,正历经从模拟到数字的转换,以往普通的电视机将变身为强大的家庭信息与娱乐中心。只有简单收视功能的电视机转变为家庭多媒体信息终端,集公共传播、信息服务、文化娱乐等功能于一体,实现从"看电视"到"用电视"的转变。

下一代广播电视网(简称 NGB),将会使未来高清电视生活更加美好。NGB 以有线电视网数字化和移动多媒体广播电视的成果为基础,采用自主创新的国家"863计划"和国家科技支撑计划"高性能宽带信息网"核心技术,将有线网络性能提升了一大步,大大增加了核心传输带宽和入户带宽。

NGB具有适合我国国情、三网融合、有线无线相结合、全程全网的特点,具有领先国际水平,可控、可管的网络运行属性。目前,NGB入户网络带宽已达100Mb/s的接入水平,为高端增值业务,如远程医疗、高清通话等应用提供了技术条件。

NGB建成后,电视节目将大大丰富,观众不仅能看到大量高清晰度电视节目,而且可以实现随点随看、按照个人需求定制节目。该网能够同时提供互联网业务和电信网业务,上网速度比现行互联网快几十倍,打电话也更加方便、便宜。用户还可以获得传统网络难以大规模承载及有序管理的远程医疗、远程教育、电子娱乐、居家办公等现代信息服务。

六、智能化住宅

随着现代通信技术、计算机网络技术以及现场总线控制技术的飞速发展,数字化、网络化和信息化正日益融入人们的生活之中。人们在生活水平、居住条件得到不断提升与改善的基础上,对生活的质量提出了更高的要求,智能住宅小区就是在这一背景下产生的,而且其需求日益增长,智能化的内容也不断有新的概念融入。不久的将来智能化住宅将成为住宅市场的主流。

智能化系统是由现代通信与信息技术、计算机网络技术、行业技术、智能控制技术汇集而成的针对某一个方面应用的智能集合,随着信息技术的不断发展,其技术含量及复杂程度也越来越高。

住宅智能化的概念起源于美国,发展也最为迅猛,之后,欧洲、日本、新加坡也得到了飞速发展,而且都相应制定了住宅智能化标准。住宅智能化的概念在国内起步较晚,但其发展势头也很强烈,现在国内已建成一些具有一定智能化功能的住宅和小区。

国外对智能化住宅的定义是将家庭中各种与信息相关的通信设备、家用电器和保安装置,通过家庭总线技术连锁反应接到一个家庭智能化系统上进行集中的或异地的监视、控制和家庭事务性管理,并保持这些家庭设施与住宅环境的和谐与协调。

(一)智能化住宅的内涵

智能化住宅的内涵可以从以下几个方面来把握:从硬件方面来看:凡是自动采集、获取、处理有关家庭生活信息的系统,几乎都可以包括进有关家庭生活信息的系统。从软件方面来看:凡是为了使生活更加舒适、安全、方便,而采取的省时、省心、省力的管理系统,都可以看做智能化住宅的内容。从信息多样化的现代社会来看:智能化住宅是为了家庭、个人的方便。从新媒体的依存关系来看:新媒体可以使人们更加安全、方便、舒适。

(二)智能化住宅的主要功能

通信功能:电话(包括可视电话)、电视(包括有线电视、卫星电视)、传真、高速数据通信、音乐邮件、电子邮件、会议电视、在家办公、背景音乐/广播/紧急广播、电话遥控、远程教育、远程医疗、远程护理、远程控制、家庭购物、Internet访问等。

安全技术防范功能：防盗防劫报警（包括双鉴报警器、紧急按钮等）、火灾报警与消防联动（包括感烟报警器、感温报警器等）、有害气体报警、紧急呼救、远程监听、电视监控与录像、可视对讲、远程护理、分区分时布防撤防、出入口及门禁管理、巡更、周界防卫、车库管理、设备状态监控、防破坏报警等。

楼宇设备及家电控制功能：三表（水、电、气）数据自动采集与传输、给排水、供配电、空调、多功能卡、火灾报警与消防联动、程序自动化控制、红外遥控调节功能（空调、音响、电视等）、室内无线遥控、电源控制及调光、电梯控制与监视等。

信息服务功能：综合信息查询功能、电子新闻、电子报纸杂志、电子图书馆、电子博物馆、网上旅游、旅游服务、家庭信息中心、证券股票交易、电子商务、社区公共服务信息发布、其他增值信息服务等。

康乐舒适功能：交互式多媒体游戏、卡拉 OK 点播、网上博弈、视频点播、收费电视、音乐与剧场转播、频道租用、交互家庭购物、家中订餐、家电程序化服务、遥控调节家电等。

智能化住宅的主要功能社区服务功能：客访服务、电子银行与投资理财、家庭转账、三表自动收费、交互物业管理服务、交互遥距学习（网上学院和网上实验室）、交互医疗诊断、一卡通服务（购物、就餐、三表交费、健身、洗衣、理发、租借书刊、门诊就医等）、报修管理、停车场、住户信息管理、收费管理、物业服务管理、社区娱乐信息及管理、小区公告板等。

第五节　信息技术对社会的影响

信息技术对人类社会的影响，其主流是积极的，但一些负面影响也是客观存在的。

一、信息技术产生的积极影响

（一）对社会发展的影响

科学技术是第一生产力，如今信息技术已经成为科学技术前沿，人类社会正在从工业社会步入信息社会。

随着信息技术的广泛应用，它已经引起社会各个方面、各个领域的深刻变革，加快了社会生产力的发展和人们生活质量的提高。

信息资源成为继物质、能源之后成为信息化社会的主要支柱产业之一。

信息技术的发展使得世界变成一个地球村，如今人们能够及时分享社会进步带来的成果，减少地域差别和经济发展造成的差异，这样不仅促进了不同国家、不同民族之间的文化交流与学习，还使文化更加开放化和大众化。

（二）对科技进步的影响

信息技术促进了新技术的变革，极大地推动了科学技术的进步。计算机技术的应用，帮助人们攻克了一个又一个科学难题，使得原本用人工需要花费几十年甚至上百年才能解决的复杂计算，用计算机可能几分钟就能完成；应用计算机仿真技术可以模拟现实中可能出现的各种情况，便于验证各种科学的假设。以微电子技术为核心的信息技术，带动了空间开发、新能源开发、生物工程等一批尖端技术的发展。此外，信息技术在基础学科中的应用及其他学科的融合，促进了新兴学科和交叉学科（如人工智能、电子商务等）的产生和发展。

（三）对生活与学习的影响

信息技术的广泛应用促进了人们的工作效率和生活质量的提高，人们的工作方式和学习方式也正在发生转变。足不出户可知天下事，人不离家照样能办事，一部分人可以由原来的按时定点上班变为可以在家上班，网上看病，网上授课，网上学习，网上会议，网上购物，网上洽谈生意，网上娱乐等成为人们一种新型的生活方式。网络技术、多媒体技术在教学上的应用，使得人们的学习内容更丰富，学习方式更灵活。

二、信息技术带来的消极影响

对信息技术可能带来的一些负面影响，我们必须要有足够清醒的认识，设法消除其不利影响。

（一）信息泛滥

一方面是信息急剧增长，另一方面是人们消耗了大量的时间却找不到有用的信息，信息的增长速度超出了人们的承受能力，导致信息泛滥。

（二）信息污染

一些错误信息、虚假信息、污秽信息等混杂在各种信息资源中，使人们对错难分，真假难辨，人们如果不加分析，便容易上当受骗，受其毒害。

（三）信息犯罪

随着信息技术应用的普及，人们对信息体系的依赖性越来越强，信息安全已成为日趋突出的问题。一些不法分子利用信息技术手段及信息系统本身的安全漏洞，进行犯罪活动，如信息窃取、信息欺诈、信息攻击和破坏等，造成了社会危害。

（四）对人们身心健康可能带来的不良影响

人们如果不具备一定的信息识别能力，就容易受到一些不良信息的影响和毒害。如果过多依赖于计算机网络等现代媒体，人们的书本阅读、亲身实践和人际交往等方面的能力容易被弱化。网络环境中的虚拟世界、网络中的匿名化活动，给人们带来了新的伦理问题，容易使人产生双重人格。现实生活中是一种身份，在网络虚拟世界中又扮演另外一种身份，有的人尤其是青少年长期沉溺于上网，以致诱发实际生活中的社交恐惧症。长期使用电脑，如果不注意自我调节，容易引起视力下降、颈椎疼痛等疾病。

本章小结

本章主要介绍信息定义、分类和变革历史,分析了信息传播的作用、趋势和意义,介绍了信息化和信息产业概况,以及信息化技术在日常生活中的体现,最后介绍了信息技术对社会的积极和消极影响。本章内容建议课时为 4 小时。

本章参照的资料如下,对原文作者表示感谢。

【参考文献】

[1] 恩格斯.劳动在从猿到人转变过程中的作用//马克思恩格斯选集(第 3 卷).

[2] 中国互联网络信息中心.中国互联网络发展状况统计报告.2010(1).

[3] 尼葛洛庞帝.数字化生存[M].胡泳,范海燕译.海口:海南出版社,1997.

[4] 木木,张银锋.我们的数字化生活[J].百科知识,2006(10).

[5] 百度百科网站.http://baike.baidu.com.

[6] 其他有关信息化、网络化、数字化等相关问题的新闻、统计数据和网络文本.

第八章　健康是人生最宝贵的财富

教学目标

了解个人健康的重要性,了解亚健康状态和容易导致亚健康的人群,清楚心理健康标准,以及如何保持身心健康的方法。

第一节　健康是人生最宝贵的财富

健康是人生最宝贵的财富。人人需要健康,人人渴望健康。没有人会拒绝健康,可是,人们却把健康放在了不同的位置上。有人说在嘴上,有人记在心上,而最重要的是应该落实在行动上。很久以来,人们都错误地认为,健康的保证来自医生,如果你生病了,就会去看医生;如果你尚未去看医生,就说明你是健康的。很多人没有想过,如果没有生病,健康还会与我们的生活有什么关系?事实上,健康与我们的生活息息相关,它不是在你不得不进医院的时候才与我们有关系,而是在生活的分分秒秒里就有。

有人曾作过形象的比喻:在一列数字中,健康是"1",排在最前面,而亲情、友情、爱情和事业等,分别是排在后面的"0",生活赋予我们的内容每增加一项,我们的财富和幸福都会级数倍增。但是,当"1"失去后,我们拥有的一切终将变为"0"。健康,是幸福生活的基础,是我们生命的稀有资源。成功的人生是健康常在的,健康更是幸福人生的第一财富。

现代健康观认为,健康是一个完整的体系,是一种身体、精神和交往上的完美状态,而不只是身体无病。世界卫生组织对于健康所下的定义包括以下四个方面内容:

第一个是我们通常所说的躯体健康;

第二个是心理健康;

第三个是社会适应性;

第四个是道德健康。

根据这一定义,我们通常把人群分为三类:

真正健康的人成为第一状态;

患有疾病者称为第二状态;

而另外一批人群处在健康和患病之间的过渡状态,世界卫生组织称其为"第三状态",也就是我们称为"亚健康"的状态。

"第三状态"处理得当,身体就向健康转化;反之,则患病。因此,对亚健康状态的研究,也是未来生命科学研究的重要组成部分。

现代健康概念已经突破了人们对疾病根源的传统看法,不再完全局限于个人生物学状态的理解,不再狭隘地考察一个人是否存在疾病或病症,"健康不仅是没有疾病的表现,而且是一种个体在身体上、精神上、社会上完全安好的状态。"健康是追求生理、心理和社会适应都日臻完满的状态,它不仅仅停留在生物医学模式上,而是转为生物-心理-社会学模式。

第二节　亚健康表现及其导致因素

亚健康是一种临界状态,处于亚健康状态的人,虽然没有明确的疾病,但却出现精神活力和适应能力的下降,如果这种状态不能得到及时的纠正,非常容易引起心身疾病。它包括:心理障碍、胃肠道疾病、高血压、冠心病、癌症、性功能下降、倦怠、注意力不集中、心情烦躁、失眠、消化功能不好、食欲不振、腹胀、心慌、胸闷、便秘、腹泻、感觉很疲惫,甚至有欲死的感觉。然而,体格检查并无器官上的问题,所以主要是功能性的问题。处于亚健康状态的人,除了疲劳和不适,不会有生命危险。但如果碰到高度刺激,如熬夜、发脾气等应激状态下,很容易出现猝死,就是"过劳死"。

"过劳死"是一种综合性疾病,是指在非生理状态下的劳动过程中,人的正常工作规律和生活规律遭到破坏,体内疲劳淤积并向过劳状态转移,使血压升高、动脉硬化加剧,进而出现致命的状态。

一、亚健康的几种表现

亚健康的几种表现:

(1) 功能性改变,而不是器质性病变。

(2) 体征改变,但现有医学技术不能发现病理改变。

(3) 生命质量差,长期处于低健康水平。

(4) 慢性疾病伴随的病变部位之外的不健康体征。

亚健康是否发展为严重器质性病变具有不确定性。但是,亚健康本身就是需要解决的问题。

身体成长亚健康:学生营养过剩和营养失衡同时存在,体质较弱。

心理素质亚健康:来自家庭、学校的压力,引发了青少年的逆反心理、反复心理、自卑心理、厌学心理等,抗挫折能力较差。

情感亚健康:本应关心社会,对生活充满热情,但实际上他们对很多事情都很冷漠,使自己的"心理领空"越来越狭小。

思想亚健康:思想表面化,脆弱、不坚定,容易接受外界刺激并改变自我。

行为亚健康:表现为行为上的程式化,时间长了容易产生行为上的偏激。

二、最容易亚健康的人

最容易亚健康的人有如下几种:

(1) 精神负担过重的人;

(2) 脑力劳动繁重者;

(3) 体力劳动负担比较重的人;

（4）人际关系紧张、造成负担比较重的人；

（5）长期从事简单、机械化工作的人（缺少外界的沟通和刺激）；

（6）压力大的人；

（7）生活无规律的人；

（8）饮食不平衡、吸烟酗酒的人。

而常见的似病非病的亚健康综合征如下：

计算机病：又称"反复紧张性损伤症"、"计算机键盘疲劳综合征"、"上网过多障碍症"。

高楼综合征：以玻璃和混凝土为材料建成的现代高层楼房里，尽管装备着完善的空气调节器和人工照明设备。但是，在那里工作的人们的发病率却大大高于生活和工作在传统式楼房里的人们。

空调病：空调病是环境因素所致的疾病。随着空调在工作场所和居室的普及，其发病率逐年增高。

考试综合征：年年升学考试，年年总有一些考生，平时成绩不错，但是一上考场，头脑一片空白，一旦考试结束，头脑中的知识，又顿然跳了出来，"上场昏"现象在生理学上称为"怯场反应"，临床上称为考试综合征。

甜食综合征：糖是家庭必备食品，在糖的甜蜜之中隐藏着对人体健康的威胁。日常饮食中，偏爱甜食者，常常会因过量食糖而导致"甜食综合征"。

家电噪声病：联合国经济合作与发展组织对噪声污染的研究后得出结论是，人能忍受噪声的限度平均不得超过 65 分贝。

办公室综合征：随着我国经济的不断发展，大大小小的办公机构也愈来愈多。井然有序、恒温舒适、富丽气派、清洁明亮的办公室如不注意环境保护，其工作人员则很容易患上"办公室综合征"。

书写痉挛：书写痉挛症是由职业因素长期从事手部精细动作，导致手部肌肉痉挛，出现以书写功能障碍为主的一种症状群。

三、造成亚健康的几种因素

造成亚健康的生活因素主要有以下几种：

（1）过度疲劳造成的精力、体力透支。由于竞争的日趋激烈，人们用心、用脑过度，身体的主要器官长期处于入不敷出的非正常负荷状态。

（2）人体的自老化，表现出体力不足、精力不支、社会适应能力降低。

（3）现代疾病（心脑血管疾病、肿瘤等）的前期。在发病前，人体在相当长的时间内不会出现器质性病变，但在功能上已经发生了障碍，如胸闷气短、头晕目眩、失眠健忘等。

（4）人体生物周期中的低潮时期。即使是健康人，也会在一个特定的时期内处于亚健康状态，例如女性在月经来潮前表现出的烦躁、不安、情绪不稳、易激动等。

第三节　心理健康标准

心理是否健康？给心理健康定标准的确不是一件简单的事情。人类迄今还难像检查躯体健康那样检查心理健康。躯体健康不健康可以通过完整、清晰、科学的客观数据说明，这些数据通过体温、脉搏、血压、心电图、肝功能等一系列的科学检查可以得到。而许多心理现象和规律尚处于未知或知之不多的阶段，并且由于不同的社会文化背景、经济水平、意识形态、民族特点和学术思想等导致的不同认知体系和价值观念也会对此产生影响，因此至今尚无世界各国公认的、科学的心理健康标准体系。不过，心理健康应该包括两层含义：首先是没有心理疾病，其次是保持一种积极发展的心理姿态。比较具有共识的心理健康标准包括：

（1）正常的智力水平。智力水平是一个人生活、工作、学习的最基本心理条件，它包括你的观察力、记忆力、注意力、想象力和思维能力等。

（2）健全的人格。人格反映一个人整体的精神面貌，是个体稳定的心理特征的总和。健全的人格是指构成人格的诸要素如气质、性格、理想、信念和能力等各方面都能保持较好的平衡。

（3）较强的社会协调性。一个人能够根据客观环境的需要，不断调整自己的身心行为，达到与客观环境和睦相处的协调状态。这主要表现在：较强的人际关系适应能力，较强的自然环境适应能力，较强的适应不同情境的能力。

（4）情绪和情感的稳定。愉快、喜悦、乐观、通达、恬静、满足、幽默等好的情绪，有益于身心健康和调动心理潜能，有利于人们充分发挥其社会功能。激烈的情绪波动，如欣喜若狂、悲痛欲绝、暴跳如雷、激动不已，以及长时间的情绪消极，如悲伤、忧虑、恐慌、惊吓、暴怒等，可导致人的心理失衡，不仅使人的认识和行为受到左右，而且可能造成生理机能的紊乱，导致各种躯体疾病的产生。心理健康者能经常保持愉快、乐观、开朗的心境，对生活和未来充满希望。

（5）健全的意志，协调的行为。自觉地确定自己的理想目标，并支配自己的行动，努力实现这个目标的心理过程，就是意志。意志与行为是一体的：行为受意志支配和控制，通过行为，可以看出一个人意志活动的实质。心理健康的人果断，善于迅速明辨是非，合理决断和执行；自觉，对自己行动的目的和意义有明确的认识，并能主动地支配和调节自己的行动，使之符合预定目的；自制和自控，善于促使自己执行已采取的决定，排斥与决定无关的行为，克制自己的负面情绪和冲动行为。

（6）和谐的人际关系。在人际交往中，能够心理相容、互相接纳、尊重，而非心理相克、互相排斥和贬低；对他人情感真挚、善良，而非冷漠无情、伤害别人；懂得奉献，以团队利益为重，而非损人利己。

（7）心理特点符合心理年龄。每个人都有三种年龄：实际年龄、生理年龄和心理年龄。实际年龄是指人的自然年龄。生理年龄是指人生理发育成长所呈现出来的年龄特点，与实际年龄往往有差别。心理年龄是人整体心理状况所呈现出的年龄特征，与实际年龄也不完全一致。如果个体的实际年龄与心理年龄、生理年龄相符，同时个体在不同心理发育期表现出相应的心理特征，那么你的心理就是健康的。

心理健康标准的规定并不是一成不变的，它可以随着社会及个体的变化不断地调整。另外,心理活动形式丰富多彩,绝非千篇一律,心理活动本身是一个动态的过程,而不是僵死的状态。心理健康就是不断向良好心理特征变化的过程,是人通过不断的心理调整达到的一种良好状态。生活中,利用升华、幽默、外化、合理化等手段来调节对某一事物得失的认识,促进观念认识、情绪反应、行为倾向等方面的和谐反应,会有助于维护我们心理的健康。

第四节　如何保持身心健康

健康是人类生存极为重要的内容,它对于人类的发展,社会的变革,文化的更新,生活方式的改变,有着决定性的作用。那么,一个人怎样才算健康呢?1948 年世界卫生组织明确规定:健康不仅是身体没有疾病,而且应当重视心理健康,只有身心健康、体魄健全,才是完整的健康。可见,心理健康是人的健康不可分割的重要部分。怎样保持健康的身心呢?以下几点建议供你参考。

一、树立明确的生活目标

目标是灯塔,目标是旗帜,一个人如果没有生活的目标,就只能在人生的征途上徘徊,永远达不到理想的彼岸,生活就显得平庸、乏味、无聊,就可能滋生各种有害健康的恶习。人生在世,需要追求的东西很多,但由于受到生活环境层次、社会文化情景层次和个人实际条件等主、客观因素的限制,往往是"熊掌和鱼"不可兼得。这就要求我们在现实生活中牢牢把握这样一个原则:要"鱼",还是要"熊掌",即确定明确的奋斗目标。如果没有固定的人生追求目标,一会儿要"鱼",一会儿要"熊掌",过一会儿"鱼"和"熊掌"都想要。但令人遗憾的是,一生生活得十分艰辛,却没有干成一件像样的事情。

二、凡事宽以待人

在当今世界,科学技术突飞猛进,知识经济已见端倪,竞争已达到了白热化的地步。明确目标,追求人生成功,纵然是获得健康的要素,但伸出援助之手,宽以待人,携手共进,却是使人永远年轻、健康、快乐的"添加剂"。

替别人着想是世间第一等的学问。在我们的生活中,有时候其实是在不知不觉中一味自私地为自己活着。我们应该多尝试以不同的角度来正面思考;并多找机会去帮助他人,理解别人的感情,关注别人的需要和感受,富有同情心是道德健康的核心。道德健康是我们身心健康的重要组成部分,其内容包括:健康者不以损害他人的利益来满足自己的需要,能具有辨别真与伪、善与恶、美与丑、荣与辱等是非观念,能按照社会行为的规范准则来约束自己及支配自己的思想和行为。善良的品性、淡泊的心境是健康的保证。与人相处善良正直、心地坦荡、遇事出于公心、凡事想着别人,这样便无烦忧,才会使心理保持平衡。

我国有许多好的道德格言,如:"爱邻如己,爱屋及乌";"老吾老以及人之老,幼吾幼以及人之幼";"助人为乐"等。关心别人是一种令人称道的美德,你从关心别人之中感受到自己并不孤单,自己被人们需要,你所献的爱心越多,你就会获得越多的快乐,你的身心也就越加健康。

三、养成良好的生活习惯

《黄帝内经》上说:"上古之人,其知道者,法于阴阳,和于数术,饮食有节,起居有常,不妄劳作,故能形与神俱,而尽终其天年,度百岁乃去。"这里特别强调了饮食有节,起居有常,要求人们养成良好的生活习惯。良好生活习惯会使人终生受益,其中对健康的价值更是不可低估!可是在现实生活中,有些人对此却不以为然,他们无论是生活、娱乐、休息和学习都缺乏一种规律性,常常是心血来潮,忘乎所以,凡事都好走极端。例如,有人喜欢通宵达旦地看书、下棋、玩牌、跳舞,平时吃饭、睡眠都缺乏规律性等。这对身体健康是有严重危害的。

早在2000多年前的春秋战国,孔子就认识到了不良生活习惯对人健康的危害,他说:"人有三死,而非其命也,已取之也。夫寝处不适,饮食不节,劳逸过度,疾其杀之。"意思是说,人有三种死亡是不正常的,它不是上天的安排,而是不良生活习惯造成的,即:不能够按时睡眠,按时起床;不节制饮食,乱吃乱喝;无限制的游乐或劳逸过度;长此以往,疾病就会侵袭人身,而致人于死地。

《黄帝内经》里的有关"饮食有节,起居有常,劳作有序",使人"形与神俱"以及合于四时变化而规范起居等的论述,既是医术,又是道德观。儒家道德中的核心"仁"、"义"等主张,只不过加重了社会色彩,其养生价值也有一定的积极意义。

(一) 足够的睡眠

健康体魄来自睡眠,没有足够的睡眠就没有健康。有科学家观察告诉我们:晚上10时至凌晨2时,是人体一天中,物质合成最旺盛、分解最少、人体疲劳恢复的最佳时段;也是人体内两支"国防"力量,B淋巴细胞和T淋巴细胞生长最旺盛时间。B淋巴细胞和T淋巴细胞强大,人体抗病能力就强,就会少生病、不生病。此外,这个时段还是全身除了细胞外,其他各脏器细胞更新关键时段。人体错过这一时段,对健康损害是难以估量。

(二) 不吸烟

吸烟是有百害而无一利的。科学家告诉我们,一口烟雾中含有20兆个氧自由基(氧自由基是百病之源),每吸一支烟,平均减寿5分钟,终生吸烟平均减寿18年左右。据调查发现:将每天吸20支烟以上的人与不吸烟的人比较,口腔癌增加3～10倍;食管癌增加2～9倍;膀胱癌增加7～10倍;胰腺癌增加2～5倍;肾癌增加1～5倍;其他癌症增加1～4倍;冠心病发病率高2～3倍;气管炎发病率高2～8倍。吸烟、肥胖、不合理膳食是引起高血压的三大危险因素。

(三) 少饮酒

酒的主要成分是乙醇,适量饮酒对人体有兴奋作用,使血管扩张、循环加强、精神振奋、疲劳解除;酒对味觉、嗅觉也有刺激作用;在饭前饮用少量"开胃酒"可以增进食欲,有益健康;在适量饮酒的60分钟后,可使体内胰岛素增高,也可提高消化功能。少量饮酒是指:啤酒半瓶,葡萄酒、黄酒100克,不能超过200克;白酒最好不喝,非喝不可以25克为度,绝对不能超过50克。但是酗酒或饮酒成瘾都有害健康,慢性酒精中毒引起肝脏损害、酒精性肝硬化乃至肝癌。过量嗜酒会造成急性酒精中毒,严重的可造成心跳、呼吸停止以致送命。

(四)和谐适度的性生活

许多疾病的发生特别是身心疾患与性压抑有关,和谐适度性生活可以满足人体正常的性需求,性交时可使内啡肽分泌增加,自然杀伤细胞和巨细胞活力增加,延缓性器官衰退,有益于健康。所谓性生活和谐,是指夫妻双方在性交过程中都获得快感,达到性满足。性生活的次数因人、年龄、健康状况和精神状况而异,一般以性交后第二天不感到疲乏为原则。此外,还要注意性生活卫生,反对性乱交、性滥交。

现代科学研究证明,人体的生命活动是在生物钟的严格控制之下有节制地进行运转的。如果顺从它、遵循它,它就会使你容颜焕发,活力显现;如果不顺从它、违背它的规律行事,它就会使你形槁颜枯,生命暗淡甚至死亡。老子倡导"道法自然",只有遵从自然规律,就能保持身体健康。为此,我们要在饮食,起居、学习、工作以及各种生活制度方面养成一种定时、定量的规律性,并保持始终。这样才能在大脑皮层建立良好的条件反射系统,进而保证身体各种生理功能发挥最佳效应。

四、良好的饮食习惯

养成良好的饮食习惯要做到以下六点:

(一)食物多样、谷类为主

人类的食物是多种多样的。各种食物所含的营养成分不完全相同。除母乳外,任何一种天然食物都不能提供人体所需的全部营养素。平衡膳食必须由多种食物组成,才能满足人体各种营养需要,达到合理营养、促进健康的目的,因而要提倡人们广泛食用多种食物。

多种食物应包括以下5大类:

第一类为谷类及薯类:谷类包括米、面、杂粮等,薯类包括马铃薯、甘薯、木薯等,主要提供碳水化合物、蛋白质、膳食纤维及B族维生素。

第二类为动物性食物:包括肉、禽、鱼、奶、蛋等,主要提供蛋白质、脂肪、矿物质、维生素A和B族维生素。

第三类为豆类及其制品:包括大豆及其他干豆类,主要提供蛋白质、脂肪、膳食纤维、矿物质和B族维生素。

第四类为蔬菜水果类:包括鲜豆、根茎、叶菜、茄果等,主要提供膳食纤维、矿物质、维生素C和胡萝卜素。

第五类为纯热能食物:包括动植物油、淀粉、食用糖和酒类,主要提供能量。植物油还可提供维生素E和必需脂肪酸。

谷类食物是中国传统膳食的主体。随着经济发展,生活改善,人们倾向于食用更多的动物性食物。根据1992年全国营养调查的结果,在一些比较富裕的家庭中动物性食物的消费量已超过了谷类的消费量。这种"西方化"或"富裕型"的膳食提供的能量和脂肪过高,而膳食纤维过低,对一些慢性病的预防不利。提出谷类为主是为了提醒人们保持我国膳食的良好传统,防止发达国家膳食的弊端。

另外,要注意粗细搭配,经常吃一些粗细、杂粮等。稻米、小麦不要碾磨太精,否则谷粒表层所含的维生素、矿物质等营养素和膳食纤维大部分流失到糠麸之中。

(二) 多吃蔬菜、水果和薯类

蔬菜与水果含有丰富的维生素、矿物质和膳食纤维。蔬菜的种类繁多,包括植物的叶、茎、花苔、茄果、鲜豆、食用蕈藻等,不同品种所含营养成分不尽相同,甚至很悬殊。红、黄、绿等深色的蔬菜中维生素含量超过浅色蔬菜和一般水果,它们是胡萝卜素、维生素 B2、维生素 C 和叶酸、矿物质(钙、磷、钾、镁、铁),膳食纤维和天然抗氧化物的主要或重要来源。我国今年来开发的野果如猕猴桃、刺梨、沙棘、黑加仑等也是维生素 C、胡萝卜素的丰富来源。

有些水果维生素及一些微量元素的含量不如新鲜蔬菜,但水果含有的葡萄糖、果酸、柠檬酸、苹果酸、果胶等物质又比蔬菜丰富。红黄色水果如鲜枣、柑橘、柿子和杏等是维生素 C 和胡萝卜素的丰富来源。薯类含有丰富的淀粉、膳食纤维,以及多种维生素和矿物质。我国居民十年来吃薯类较少,应当鼓励多吃些薯类。

含丰富蔬菜、水果和薯类的膳食,对保持心血管健康、增强抗病能力、减少儿童发生干眼病的危险及预防某些癌症等方面,起着十分重要的作用。

(三) 常吃奶类、豆类或其制品

奶类除含丰富的优质蛋白质和维生素外,含钙量较高,且利用率也很高,是天然钙质的极好来源。我国居民膳食提供的钙质普遍偏低,平均只达到推荐供给量的一半左右。我国婴幼儿佝偻病的患者也较多,这和膳食钙不足可能有一定的联系。大量的研究工作表明,给儿童、青少年补钙可以提高其骨密度,从而延缓其发生骨质丢失的速度。因此,应大力发展奶类的生产和消费。豆类是我国的传统食品,含大量的优质蛋白质、不饱和脂肪酸,钙及维生素 B1、维生素 B2、烟酸等。为提高农村人口的蛋白质摄入量及防止城市中过多消费肉类带来的不利影响,应大力提倡豆类,特别是大豆及其制品的生产和消费。

(四) 经常吃适量鱼、禽、蛋、瘦肉,少吃肥肉和荤油

鱼、禽、蛋、瘦肉等动物性食物是优质蛋白质、脂溶性维生素和矿物质的良好来源。动物性蛋白质的氨基酸组成更适合人体需要,且赖氨酸含量较高,有利于补充植物蛋白质中赖氨酸的不足。肉类中铁的利用较好,鱼类特别是海产鱼所含不饱和脂肪酸有降低血脂和防止血栓形成的作用。动物肝脏含维生素 A 极为丰富,还富含维生素 B12、叶酸等。但有些脏器如脑、肾等所含胆固醇相当高,对预防心血管系统疾病不利。我国相当一部分城市和绝大多数农村居民平均吃动物性食物的量还不够,应适当增加摄入量。但部分大城市居民食物动物性食物过多,吃谷类和蔬菜不足,这对健康不利。

肥肉和荤油为高能量和高脂肪食物,摄入过多往往会引起肥胖,并是某些慢性病的危险因素,应当少吃。目前猪肉仍是我国国民的主要肉食,猪肉脂肪含量高,应发展瘦肉型猪。鸡、鱼、兔、牛肉等动物性食物含蛋白质较高,脂肪较低,产生的能量远低于猪肉。应大力提倡吃这些食物,适当减少猪肉的消费比例。

（五）食量与体力活动要平衡，保持适宜体重

进食量与体力活动是影响体重的两个主要因素。食物提供人体能量，体力活动消耗能量。如果进食量过大而活动量不足，多余的能量就会在体内以脂肪的形式积存即增加体重，久之发胖；相反若食量不足，劳动或运动量过大，可由于能量不足引起消瘦，造成劳动能力下降。所以人们需要保持食量与能量消耗之间的平衡。脑力劳动者和活动量较少的人应加强锻炼，开展适宜的运动，如快走、慢跑、游泳等。而消瘦的儿童则应增加食量和油脂的摄入，以维持正常生长发育和适宜体重。体重过高或过低都是不健康的表现，可造成抵抗力下降，易患某些疾病，如老年人的慢性病或儿童的传染病等。经常运动会增强心血管和呼吸系统的功能，保持良好的生理状态、提高工作效率、调节食欲、强壮骨骼、预防骨质疏松。三餐分配要合理。一般早、中、晚餐的能量分别占总能量的 30％、40％、30％为宜。

（六）吃清淡少盐的膳食

吃清淡膳食有利于健康，即不要太油腻，不要太咸，不要过多的动物性食物和油炸、烟熏食物。目前，城市居民油脂的摄入量越来越高，这样不利于健康。我国居民食盐摄入量过多，平均值是世界卫生组织建议值的两倍以上。流行病学调查表明，钠的摄入理与高血压发病呈正相关，因而食盐不宜过多。世界卫生组织建议每人每日食盐用量不超过 6 克为宜。膳食钠的来源除食盐外还包括酱油、咸菜、味精等高钠食品，及含钠的加工食品等。应从幼年就养成吃少盐膳食的习惯。

五、保持青春活动力的秘诀在于运动

科学研究证明，通过体育活动可以促使头脑清醒，思维敏捷。因为体育运动能够使大脑获得积极性休息，改善大脑的供血状况，使大脑保持正常的工作能力；体育运动能够促进血液循环，提高心脏功能，特别是在运动时，冠状动脉的血流量要比安静时高 10 倍。国外一位生物学家实验发现，马拉松运动员的冠状动脉的直径要比一般人长 1～2 倍，这就是运动能预防冠心病的生理依据；运动还能改善呼吸系统的功能。由于肌肉活动时需氧量增加，呼吸加速、加深，这就促进了肺及其周围肌肉、韧带的发展和功能的提高；运动还可以使骨骼、肌肉结实有力。

实验证明：一般人的股骨只要承受 300 公斤的压力就会折断；但经常参加身体锻炼的人的股骨，可以承受 350 公斤的压力而不折断；运动还可以调节人的心理，使人朝气蓬勃，充满活力；经常锻炼身体还可以提高人体的适应能力和对疾病的抵抗力，能够防病治病，推迟衰老，使人健康长寿。对于我们学生来说，游泳、体操、长跑、武术、骑自行车以及各种球类活动都是极好的运动锻炼项目。在运动锻炼上，大家可以根据自己的兴趣爱好以及体质状况加以选择。在此，我要提醒大家在锻炼时要注意掌握以下两个要点：第一是适度，第二是持之以恒，坚持不懈。

六、必不可少的业余爱好

现代生活既紧张又繁忙，我们在繁忙和紧张的学习、工作和生活之余，找一个安静理想之地，从事一些自己感兴趣的事作为业余消遣活动，这对于调养心情、消除疲劳是很有好处的。

练练书法、玩玩乐器、画画、集邮、下围棋、象棋、搞点摄影、小制作等,都是增进健康的理想项目,可根据自己的兴趣选择和培养。一旦认定,就要坚持下去,使它成为自己真正的兴趣爱好,并尽可能争取有新造诣。

业余爱好,是人生情趣的写照。对于生活中美的发现、欣赏、理解和享受,应是人生的追求和乐趣,由此而丰富着有限的生命历程。所以,从一定意义上说,如果把职业看成是一条谋生途径的话,那么业余爱好对于人生的意义,则一点都不"业余",恰恰反映着一个人精神世界的充实与贫乏、高尚与低俗。

学贯中西的大学者林语堂,在他的《人生乐趣》一文中这样写道:只有知道一个人怎样利用闲暇时光,才会真正了解这个人……只有当一个人歇下他手头不得不做的事情,开始做他所喜欢的事情时,他的个性才会显露出来……才会看到一个人的内在和真正的自我。

一个受着文化滋润的人,他的闲暇时光应该是充满情趣的,或舞文弄墨、或琴棋书画、或纵情于大好河山、或痴迷于收藏天地、或执著于"志愿"事业……我们身旁不乏这样的同事和朋友,遗憾的是他们所占比例不高,更多的人在无聊中打发闲暇时光。虽然,我们周围多的是学士、硕士、博士,怎奈有文凭不等同于有文化素养,KTV包房里纵情的、足浴店里放松的、麻将桌上厮杀的、酒席宴上逞强的,大多学历都不低。急功近利的社会氛围下,人们浮躁的心态正污染着本可以用来丰富人生、陶冶情操的闲暇空间。假如搞一个随机问卷调查,了解一下被查对象耗费在麻将桌旁的时间、耗费在开心网上种菜和偷菜的时间、耗费在酒桌上和K房里的时间;同时了解一下他们用在看书学习、有益身心健康活动的时间,那么毋庸置疑,对比将是"惨不忍睹"的。智者感叹世风日下,人心不古,这其中,业余爱好的贫乏、闲暇时光的堕落,不能不说是一个重要原因。

业余爱好的好处概括起来:性情释放;苦恼排解;能力表现;时间打发;扩大交友。

七、塑造幽默乐天的性格

"幽默是日常生活愉快的添加剂,幽默是生活波涛中的救生圈"。事实上,能帮你打开紧锁的眉头,松散额上的皱纹,舒张紧缩的心肌,忘却生活中的烦恼,幽默是功不可没的。运用幽默调节身心健康是有其科学依据的。有医生在"无法治疗的病"的研究中发现:幽默和生理状态有很大的关联。幽默引起的大笑会使肌肉乱了步调,与肌肉有关的疼痛就可能在一阵大笑之后随之消失;大笑会刺激大脑分泌一种儿茶酚胺的荷尔蒙,这种荷尔蒙能引发"内啡素"的大量分泌,而起到自然止痛的效果;幽默地大笑会使全身肌肉舒展,进而舒张血管,使紧张充血的内脏器官得到缓解而有节律地张弛,获得积极地按摩。幽默更是拓展和改善人际关系的润滑剂。幽默乐天的性格,对于一个人的身心健康是极有好处的,但你要注意:幽默成为一种健康的引发和增长剂,它必须是创造性和建设性的。而不是攻击性和诽谤性的。因此,必须排除诽谤和讥诮,不能把自己的快乐建立在别人的痛苦或尴尬之上。

针对幽默的运用,欧森医师提醒说:幽默有三个层次,一是冷嘲热讽,但这是破坏性的,也是不可取的。二是出人意料的双关语,这有积极正面的性质。三是普世性幽默,就是一种对于人生似是而非的真理与人生荒谬唐突之现象的赏析,这也是积极、建设性的。有这种幽默的人可能会更有弹性,能屈能伸,成方成圆,收放自如;更能够蔑视困难,昂首阔步,面对现实,泰然自若地度过生活中的挫折和失败。

本章小结

本章主要介绍了个人健康的重要性,并介绍了亚健康状态和容易导致亚康的人群,提出了心理健康标准,最后给出了如何保持身心健康的方法。本章内容建议课时为 2～4 小时。

本章参照的资料如下,对原文作者表示感谢。

【参考资料】

[1] 毕淑敏. 破解幸福密码[M]. 南京:江苏人民出版社,2010.

[2] 牧之. 上班族身心健康枕边书[M]. 广州:新世纪出版社,2006.

[3] 温信子. 每一天身心健康支持手册[M]. 北京:军事医科出版社,2006.

[4] 百度百科网站. http://baike.baidu.com.

[5] 其他有关身心健康问题的新闻、统计数据和网络文本.

第九章　节流开源，做好家庭理财

教学目标

系统了解家庭理财的必要性和基本原则，掌握家庭理财侧重点，做好家庭投资理财，清楚家庭理财的注意事项。

第一节　什么是家庭理财

一、理财的概念

理财即对于财产（包含有形财产和无形财产）知识产权的经营。多用于个人对于个人财产或家庭财产的经营，是指个人或机构根据个人或机构当前的实际经济状况，设定想要达成的经济目标，在限定的时限内采用一类或多类金融投资工具，通过一种或多种途径达成其经济目标的计划、规划或解决方案。在具体实施该规划方案的过程，也称理财。

说起来理财是一件非常平凡的事情，但实际上却非常有学问。家庭理财是一门新兴的实用科学，它是以经济学为指导（追求极大化目标）、以会计学为基础（客观忠实记录）、以财务学为手段（计划与满足未来财务需求、维持资产负债平衡）的边缘科学。

既然家庭理财是一门科学，我们就必须以科学、理性的态度来对待它。只有这样，才能达到理财的目标。

二、家庭理财的概念

所谓家庭理财从概念上讲，就是学会有效、合理地处理和运用钱财，让自己的花费发挥最大的效用，以达到最大限度地满足日常生活需要的目的。简而言之，家庭理财就是利用企业理财和金融得方法对家庭经济（主要指家庭收入和支出）进行计划和管理，增强家庭经济实力，提高抗风险能力，增大家庭效用。从广义的角度来讲，合理的家庭理财也会节省社会资源，提高社会福利，促进社会的稳定发展。从技术的角度讲，家庭理财就是利用开源节流的原则，增加收入，节省支出，用最合理的方式来达到一个家庭所希望达到的经济目标。

从技术的角度讲，家庭理财就是利用开源节流的原则，增加收入，节省支出，用最合理的方式来达到一个家庭所希望达到的经济目标。这样的目标小到增添家电设备，外出旅游，大到买车、购屋、储备子女的教育经费，直至安排退休后的晚年生活。

就家庭理财规划的整体来看，它包含三个层面的内容：首先是设定家庭理财目标；其次是掌握现时收支及资产债务状况；最后是如何利用投资渠道来增加家庭财富。

三、家庭理财的目标

只有确定了目标，才能产生奋斗的动力，才能认准目标，投入兴趣与热情坚持不懈地去取得成功。"钱不是万能的，但没有钱却是万万不能的。"这样一句广为流传的话深刻体现出了钱的重要性。通俗地来讲，家庭理财的目的，其实就是围绕一个"钱"字。只有确定了正确的理财目标，才能更好地赚钱、省钱和花钱。

（一）节 流

在中国的神话传说中，有一种灵兽，叫做貔貅，相传是龙的第九个儿子。其特点是没有肛门，象征着金银珠宝只能进不能出。我们当然不能够做到只进不出，但是却可以通过合理的资本配置方式，来减少不必要的支出，这也就是通常所说的"节流"。芸芸众生，有的人"今朝有酒今朝醉"，有的人吝啬如"铁公鸡"，而有的人却能把每一分钱都用在"刀刃"上，不同的人生观决定了不同的支出方式。我们不能说哪些人错，也不能说哪些人对，但就目前日趋完善的国家经济体制来说，第三种人的支出方式更为合理。合理的资本配置，往往更能够促进生活健康发展。

（二）开 源

适宜的家庭理财可以不断增加收入，这就是所谓的"开源"。家庭财产的保值增值是任何一种理财方式的目的，投资就是其中最为典型的一种理财方式。中国人自古以来就不缺乏勤俭节约的作风，但是有的人只懂节约，固守资本，企图稳中求财，而不懂"放线钓鱼"，更是不敢涉险投资，到最后老本耗光、油尽灯枯。

投资是让渡一些资产而换取另外一些资产的活动。合理的家庭理财就包括合理的投资。一项合理的投资往往会带来一定的回报，最明显的表现是物质财产的增多，也就是所谓的"财源滚滚"。

（三）修 身

《荀子》在修身篇中讲道："见善，修然必以自存也。见不善，愀然必以自省也。善在身，介然必以自好也。不善在身也，灾然必以自恶也。"这句话的意思是看到好的行为，一定要拿它来对照自己。看到不好的行为，一定要心怀恐惧地拿它来反省自己。善良的品行在自己身上，一定要以此而坚定不移地爱好自己；不良的品行在自己身上，一定以此而被害似的痛恨自己。

以上是荀子认为修身所要达到的一种境界。能够有这种境界的人，在自我的发展中便能形成成熟的人格，在人与人的交际过程中便能得到他人的尊重，这是对于个人而言的。对于家庭而言亦然，一个家庭如何能在发展过程中一帆风顺，避免意外和风险，也要讲求"修身"。

在当今社会新的环境下，家庭所面临的各种不确定性因素在增加，风险相比以往的任何时候都要大，有太多的意外因素让人难以掌控。仅仅一个"钱"字就早已使得众多家庭心力交瘁。这时要求那些家庭要学会如何去合理配置资产，以达到"修身"的目的，提高家庭应对意外风险的能力。在家庭理财中有些损失是难以避免的，但是人们可以通过自己的努力，把损失减少到最少，甚至更少。

（四）齐　家

齐家,管理家庭(家族)而使家庭和睦。古人云:"正心、修身、齐家、治国、平天下。"一个家庭是否幸福和睦,关系到家庭成员人生价值的实现。实现一个家庭幸福和睦的"工具"有很多,金钱就是其中一个重要的工具。虽然家庭的幸福程度不可以单纯地用财富的数量来衡量,但是财富是获得其他幸福因素的物质基础。如何适当地打理钱财,是每个家庭规划的重中之重。总之,家庭理财的最根本目标是为家庭的幸福打好坚实的物质基础,以提高家庭成员的生活水平,从而为家庭成员以后的发展提供坚实的后盾。

第二节　家庭理财的必要性

随着家庭收入和财富的增长以及市场的各种不确定性越来越大并且越来越影响到家庭的各种行为,家庭理财(储蓄与投资)变得受重视了。而且,人人都知道,在现代社会里要维持一个家庭并不容易,尤其是能使一个家庭过上好日子更不容易。因为过日子不可避免地要涉及必要的经济负担,一个家庭若没有起码的经济能力以负担各种家庭的需求,家庭势必解体,家庭成员也无法在家庭内生存下去。

如何管理好家庭经济,是维系一个家庭及过好日子的至关重要问题,因此,家庭理财是摆在每个家庭面前不可忽视的重要课题。谈到家庭理财,有人会认为,我们国家还不富裕,多数人的家庭收入还不算高,没有什么闲钱能省下来,哪里还谈得上什么家庭理财。其实,这是一种不正确的看法。可能你的一些和自己收入相差不大亲友日子却过得却更富裕并能小有积蓄。相比之下,你自己有时还捉襟见肘,这就说明每个家庭都应该好好重视一下家庭理财问题。

我们需要一种能让自己在这样激烈的竞争社会里变的稳定,创造美好的手段。这就是你要学会理财,学会聪明的理财,这才是在这样一个社会中更需要的实质内容。因此,只有学会聪明理财,才能帮助我们创造美好生活。对于一个家庭来说,增加财富有两种途径,一种是工作挣钱,另一种就是理财。实际上,理财给家庭增加财富的重要性远远大于单纯工作挣钱。对于一个人,就其财富增值而言,我认为前半生主要应该是工作挣钱,但后半生,重点应该是理财。

例如:当家庭收入中很大一部分用于教育投资时,我们考虑合理的理财行为不但是必要的,而且对整个家庭来说是极为重要的。因为对于一个收入一定的家庭,其支出要在教育支出和非教育支出之间做一个经济理性的选择。而教育支出与非教育支出是一种此消彼长的矛盾,如下图所示。

当家庭收入中用于教育投资的金额增加时,则家庭用于非教育的支出肯定会减少,反之亦然。所以家庭对教育投资进行理财是很重要的,它可以使家庭合理支配自有资金,在教育投资与非教育投资之间做出科学合理的理性选择,提高家庭物质上和精神上的生活质量。

家庭收入中用于非教育投资的部分Y

家庭收入D=X+Y

家庭收入中用于教育投资的部分X

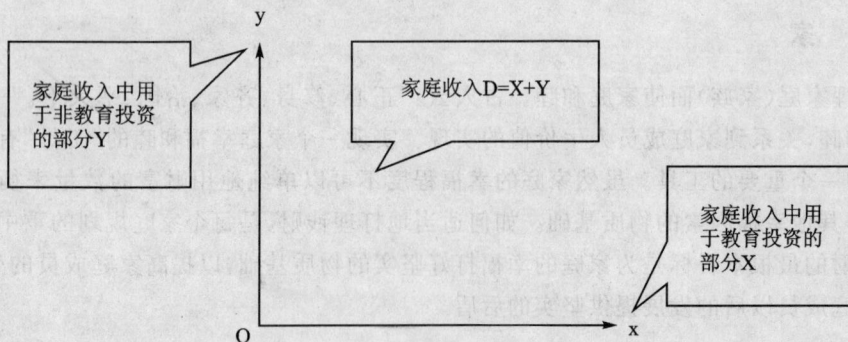

第三节 家庭理财计划

一、树立正确的家庭财富观念

1. 树立节约意识

大富由天，小富由俭，节约是一种美德，树立节约意识不是让我们都变成守财奴和吝啬鬼，而是对家庭资源的节约。

2. 计划安排大宗支出

对家庭的大额消费要进行合理的计划安排，做到少花钱，多办事。

3. 树立正确的投资理财观

认真学习、搜集各种投资理财资讯，理性投资理财，切莫急功近利，不求甚解，固执保守，盲目跟风，忽视风险。

4. 心态平和

做金钱的主人不要让金钱把人压垮，金钱是为人服务的，是让人感觉更快乐，像葛朗台那样的人不会幸福。

二、一个完备的家庭理财计划包括八个方面

1. 职业计划

选择职业首先应该正确评价自己的性格、能力、爱好、人生观，其次要收集大量有关工作机会、招聘条件等信息，最后要确定工作目标和实现这个目标的计划。

2. 消费和储蓄计划

你必须决定一年的收入里多少用于当前消费，多少用于储蓄。与此计划有关的任务是编制资产负债表、年度收支表和预算表。

3. 债务计划

我们对债务必须加以管理，使其控制在一个适当的水平上，并且债务成本要尽可能降低。

4. 保险计划

随着你事业的成功，你拥有越来越多的固定资产，你需要财产保险和个人信用保险。为了你的子女在你离开后仍能生活幸福，你需要人寿保险。更重要的是，为了应付疾病和其他意外伤害，你需要医疗保险，因为住院医疗费用有可能将你的积蓄一扫而光。

5. 投资计划

当我们的储蓄一天天增加的时候，最迫切的就是寻找一种投资组合，能够把收益性、安全性和流动性三者兼得。

6. 退休计划

主要包括退休后的消费和其他需求及如何在不工作的情况下满足这些需求。光靠社会养老保险是不够的，必须在有工作能力时积累一笔退休基金作为补充。

7. 遗产计划

遗产计划的主要目的是使人们在将财产留给继承人时缴税最低，主要内容是一份适当的遗嘱和一整套避税措施，比如提前将一部分财产作为礼物赠予继承人。

8. 所得税计划

个人所得税是政府对个人成功的分享，在合法的基础上，你完全可以通过调整自己的行为达到合法避税的效果。

三、根据人的一生制订家庭理财计划

按照人生的不同时期，家庭理财有五个时期，即单身期、家庭形成期、家庭成长期、家庭成熟期、退休期。家庭形成期一般是指刚刚组建家庭而无子女的阶段，家庭成长期一般是指家中有未成年子女需要抚养教育的阶段，家庭成熟期一般是指家中子女都已成人并且父母未退休的时期。

要根据自己的资产负债情况、年龄、家庭负担状况、职业特点等，使投资理财的风险与收益组合达到最佳，而这个最佳组合可以根据实际情况随时调整。所以，在人生的不同阶段，家庭理财的内容和侧重点也大不相同。

1. 单身期

从正式参加工作到结婚的 2～5 年里，年轻人多处于单身期，这段时期收入低、花销大，最重要的是努力寻找收入高的工作，开源节流。这个阶段由于收入增长快，加上年轻人承受风险能力强，可以把节余的资金更多地投资于收益和风险都比较高的股票等金融产品上。

2. 家庭形成期

从结婚到新生儿诞生一般需要 1～3 年，这段时期经济收入增加并且生活稳定，但家庭建设支出较大，如购房、装修、置备家具等。理财内容主要是合理控制消费和安排家庭建设支出。

3. 家庭成长期

从新生儿诞生到其长大参加工作，一般要 20 年左右，家庭的发展过程，也可据此分为三个时段：

家庭成长初期，即新生儿诞生到入学前。这段时期有两大开支：一是小孩的营养费用和医疗费用；二是幼儿智力开发费用。

家庭成长中期，即子女接受义务教育的时段。这个时段子女教育费用相对较少，父母精力充沛，收入较高且稳定。

家庭成长后期，子女进入高中或中专、大学直到参加工作这段时期为家庭成长后期，子女教育费用猛增，并且生活消费也大幅度提升，成为家庭支出的主要项目。

4. 家庭成熟期

指子女参加工作到自己退休的这段时期，一般 15 年左右，也是家庭的巅峰时期。子女自立，父母年富力强，事业和经济状况达到顶峰，正是积累财富的最好时期，家庭理财应扩大投资，并选择稳健方式，同时储备退休养老基金。

5. 退休期

这段时间的主要内容应以安度晚年为目的，投资和花费通常都比较保守。保本在这时期比什么都重要，最好不要进行新的投资，尤其不能再进行风险投资。另外还需将自己的人身养老保险进行适当调整。

第四节　家庭理财的基本原则

一、通盘考虑，合理布局

对于合理布局，基本开销、应急储备、家庭保障、理财投资应该都有所安排。

第一，基本开销。每月贷款支出占家庭固定支出不超过 30%。我现在看到有不少人各种贷款的支出已经超过收入的 50% 了，这样的生活会不舒服。

第二，应急储备。准备 4～6 个月的家庭固定支出。

第三，家庭保障。家庭意外保障差不多够 72 个月的生活费，即如果有意外，家人可以有 6 年左右的生活费。家庭年保险费支出一般以不超过 10% 的年收入为宜。随着年龄不断增长，大家要慢慢形成保险的概念，像意外险、医疗险，甚至寿险等，都是很具有保障功能的。

二、目标清晰，知己知彼

第一知己，理财目标要明确，只有目标明确才可能坚持下去，最终达成结果。

第二知彼，现在市场上还是有一些理财工具的。如果你已经有理财目标了，你就应该对市场上的理财信息比较敏感。目前市场上有很多专业的理财产品的提供者，如基金公司、银行等。如果你表示出有理财的意向，这些专业人员都可以提供很多专业信息给你。这里有一些大家比较关心的理财产品和方式：

（1）储蓄类产品，活期、定期储蓄。

（2）保障型产品，主要指各种保险产品。

（3）理财投资产品。国债、货币市场基金、银行理财计划、其他类型基金、股票等。

大家可能对低风险产品比较感兴趣，这里对货币市场基金和银行理财产品做了一个大致比较，主要从安全性、流动性、透明度、投资人、收益性、税收等方面进行比较：

（1）安全性货币市场基金和银行理财产品，安全性都较高。

（2）流动性货币市场基金可以每天赎回，一般 T＋2 可以拿到钱，银行理财产品是否可以赎回，多久可以赎回一次，不同产品有不同规定，需要问清楚。

（3）透明度货币市场基金透明度高，银行理财产品运作期间信息披露较少。

（4）投资人货币市场基金机构或个人均可购买，银行理财产品多数只对个人投资者。

（5）收益性货币市场基金和银行理财产品都比较稳定。

（6）税收货币市场基金免个人利息税，银行理财产品不同产品不同规定。

三、时间很重要，收益很重要

由于有复利的作用，在一定收益率的前提下，开始投资理财越早，收益就越多。这里有几个比较经典的数字，在 2000 年之前的 70 年中，根据摩根斯坦利的统计数据，涨得最快的小型公司股票，平均每年的成长率是 12.4％；大型公司是 11％；长期政府公债是 5.3％；国库券是 3.8％；而通货膨胀率是 3.1％。这些数字有两层意思，首先是长期投资的概念，另外是不同的投资标的有不同的收益。

第五节　家庭理财的侧重点

刚步入社会者可将理财目标放在充实、吸收理财知识和强制储蓄两方面。稍有积累之后，则可选一些较激进的理财工具，如偏股型基金及股票等，以期获得更高回报。下面从房产、教育金和养老金三个方面谈了如何实现家庭理财的目标。

一、房　产

买房子是人生理财目标中最重要、最复杂的大事。首先要设定目标并计算所需资金，如 5 年后希望买一套总价 100 万元的房子，若预计贷款八成，须先准备约 20 万元的自备款。其次对于如何准备 20 万元，建议采用定期定额投资基金的方式，每月投资的金额约 2583 元，假设以年平均报酬率 10％来计算，投资 60 个月（5 年），就可以攒够 20 万元。至于贷款部分，可视本身条件或能力而定，以免日后为了房贷支出过度而影响生活质量。

二、教育金

据调查，目前在一些大城市，培养一个孩子至大学毕业，至少需 20 万至 30 万元。若善用投资的复利效果及早规划，让子女去理想学校的梦想并非遥不可及。虽然实际教育金随时间膨胀,但另一方面,时间愈久,投资的复利效果也愈大,可帮助投资者累积财富,所以储备金应及早开始。此外,除了定期存款、教育保险等风险较低相应收益也较小的投资工具,有能力承受一定风险的投资者也可以考虑基金等投资工具。基金定期定额方式积累教育基金是一个好办法,有强制储蓄的作用,又可分散入市时点,减少风险。

三、养老金

面对中国日趋老龄化,社会日益关注的退休养老问题,做好养老理财计划必须考虑六大因素:负担与责任(有无尚须偿付的贷款、是否需要抚养亲属或养育子女等)、住房条件(涉及生活费用的高低)、收入状况、劳保给付、通货膨胀、健康情形等。对退休人士而言,投资最好避免高风险,重在保值、稳健。当然,每个人在投资时,都应该选择适合自己的投资组合。投资组合也并非一成不变,可根据市场的变动做相应的调整。

第六节　家庭投资理财

随着我国经济的发展,人民生活水平的提高,家庭金融资产的不断增加,投资理财已成为日益重要的问题,家庭投资理财是针对风险进行个人资财的有效投资,以使财富保值、增值,能够抵御社会生活中的经济风险,不管是储蓄投资、股票投资,外汇、保险投资,由于投资品种日益增多,所需的专业知识也不尽相同,投资方法也很难完全掌握,家庭的资产选择、组合、调整行为均定义为家庭对某一种或某几种资产所产生的需求偏好和投资倾向,本文对家庭的投资理财的这一行为进行了分析,并对家庭投资理财制胜之道和家庭投资理财风险及其规避进行了分析,希望对家庭投资理财的实践有所帮助。

一、家庭投资理财的选择

(一)进行家庭投资理财选择的必要性

家庭在投资时,首先面临的就是投资方式和领域的选择,一般应以资产的收益与风险以及相互制约关系为考虑基本点,选择某种或某几种资产,并决定其投入数量与比例。

如2006年前的中国股市十分低迷,有不少头脑清醒,有远见的投资者,敢以两分的利率向自己的亲朋好友借钱和筹集未到期的银行定期存单,他们将存单用于银行的抵押贷款,并将贷款和借来的资金存入银行用于购买股票,由于投资机会把握准确,投资方式选择合适,结果不到一年,2006年下半年股市兴旺,他们购买股票的收益率达到100%,获得了令人咋舌的高回报。理论与实证分析表明:家庭对资产的选择标准大都是以带来近期新的收入或收入相对量的增加。根据财力和能力使投资多元化,但要避免盲目从众投资、借钱投资。金融投资工具大体分为保守型的如银行存款,成长型的如债券、基金等;高风险高收益型的如期货、外汇、房地产等;精通专业知识的如邮品、珠宝、古玩、字画等。尽可能地使投资多元化,但切记不要盲目从众投资,要发挥个人特长,尽可能多元投资,获得最大收益。

（二）家庭投资理财的品种

当前，新的投资品种逐渐成为个人投资理财的重要组成部分。诸如金融期货、金融期权等新兴的个人投资理财工具层出不穷，对现代个人理财投资组合影响很大。现在家庭投资理财品种主要有：

1. 银行存款

对普通百姓来讲，存款是最基本的投资理财方式。与其他投资方式比较，存款的好处在于：存款品种多样，具有灵活性，具有增值的稳定性、安全性。在确定进行储蓄存款后，投资者面临着存款期限结构的选择。投资者选择的主要是活期还是定期，在定期存款中，是只存一年还是更长的时间，这主要看将来的收入和支出状况，以及对未来其他更好投资机会的预期和把握。

2. 股票投资

在所有的投资工具中，股票（普通股）可以说是回报率最高的投资工具之一，特别是从长期投资的角度看，没有一种公开上市的投资工具比普通股提供更高的报酬。股票是股份有限公司为筹集自有资本而发给股东的入股凭证，是代表股份资本所有权的证书和股东借以取得股息和红利的一种有价证券，股票已成为家庭投资的重要目标。

3. 投资基金

不少人想投资股市，但是不懂得如何选择适合自己的股票，最理想的方法是委托专家代做投资选择，这种投资方式便是基金。投资基金是指通过信托、契约或公司的形式，通过发行基金证券，将众多的、不确定的社会闲散资金募集起来，形成一定规模的信托资产，交由专门机构的专业人员按照资产组合原则进行分散投资，取得收益后按出资比例分享的一种投资工具。与其他投资工具相比，投资基金的优势是专家管理、规模优势、分散风险、收益可观。家庭购买投资基金不仅风险小，亦省时省事，是缺少时间和具有专业知识家庭投资者最佳的投资工具。

4. 债券投资

债券介于储蓄和股票之间，较储蓄利息高，比股票风险小，对于有较多闲散资金、中等收入家庭比较适合。债券具有期限固定、还本付息、可转让、收入稳定等特点，深受保守型投资者和老年人的欢迎。

5. 房地产投资

房地产是指房产与地产，亦即房屋和土地这两种财产的统称。由于购置房地产是每个家庭十分重大的投资，所以家庭要投资于房地产应该做好理财计划；合理安排购房资金并随时关注房地产市场变化，以便价格大幅度看涨时，卖出套现获取价差。在各种投资方式中，投资房地产的好处是其能够保值，通货膨胀比较高的时候，也是房地产价格上涨的时期；并且，可以房地产作抵押，从银行取得贷款；另外，投资房地产可以作为一份家业留给子女。

6. 保险投资

所谓保险，是指由保险公司按规定向投保人收取一定的保险费，建立专门的保险基金，采用契约形式，对投保人的意外损失和经济保障需要提供经济补偿的一种方法。保险不仅是一种事前的准备和事后的补救手段，也是一种投资行为。投保人先期交纳的保险费就是这项投资的初始投入；投保人取得了索赔权利之后，一旦灾害事故发生或保障需要，可以从保险公司取得经济补偿，即"投资收益"；保险投资具有一定的风险，只有当灾害或事故发生，造成经济损失后才能取得经济赔偿，若保险期内没有发生有关情况，则保险投资全部损失。家庭投资保险的险种主要有家庭财产保险和人身保险。目前，各大保险公司推出的投资连结或分红等类型寿险品种，使得保险兼具投资和保障双重功能。保险投资在家庭投资活动中不是最重要的，但却是最必要的。

7. 期货投资

期货交易是指买卖双方交付一定数量的保证金，通过交易所进行，在将来某一特定的时间和地点交割某一特定品质、规格的商品的标准化合约的交易形式。期货交易分为商品期货和金融期货两大类，对期货交易的选择要谨慎行事。

8. 艺术品投资

在海外，艺术品已与股票、房地产并列为三大投资对象。艺术品与其他投资方式相比较，具有以下优点：一是投资风险小。艺术品具有不可再生性，因而具有极强的保值功能，其市场波动幅度在短期内不很大，所以投资者能把握自己的命运，安全性强。二是收益率高。艺术品的不可再生性导致艺术品具有极强的升值功能，所以艺术品投资回报率高。但同时，艺术品投资缺陷也较突出：一是缺乏流动性，一旦购进艺术品，短期内不一定能出手，其购买人与售出之间的期限可能长达几年、几十年、上百年，对于资金相对不太宽裕的一般家庭是不现实的。二是一般情况下艺术品的鉴别需要较强的专业知识，不具有鉴定能力的家庭和个人还是谨慎行事。

二、家庭投资理财的组合

不管是金融资产、实物资产，还是实业资产，都有一个合理组合的问题。从持有一种资产到投资于两种以上的资产，从只拥有非系统性的单一资产变成拥有系统性的组合资产，这是我国家庭投资理财行为成熟的重要标志，许多家庭已经认识到具有实际经济价值的家庭投资组合追求的不是单一资产效用的最大化，而是整体资产组合效用的最大化。因为资产间具有替代性与互补性，资产的替代性体现在各种资产间的需求的多少。

相对价格、大众投资偏好，甚至收益预期的变动均可能呈现出彼消此长的关系。资产的互补性表现为一种资产的需求变动会联动地引起另一种或几种投资品的需求变动，如住宅和建材、装修业的联动关系等。所以从经济学的角度不难证明，过多地持有一种资产，将产生逆向效应，持有的效用会下降，成本上升，风险上升，最终导致收益的下降。这不利于家庭投资目标的实现。

而实行资产组合，家庭所获得的资产效用的满足程度要比单一资产大得多，这经常可以从资产的持有成本、交易价格、预期收益、安全程度诸方面得到体现。比如，市场不景气时，一般投资品市场和收藏品市场同时处于不景气状态，但房市、邮市、卡市、币市、股市、黄金首饰、古玩珍宝的市场疲弱程度并不相同，有的低于面值或成本价，有的维持较高的价格，也是有可能的，这时头脑清醒，有鉴别能力的投资者，会及时选择上述形式的资产中，哪些升值潜力大的品种进行组合投资，也会获得可观的效益。

我国已有不少家庭不仅可以较自如地运用资产组合的一般投资技巧,在投资项目上注重资产的替代性和互补性,做到长短结合,品种互补,长期投资与短期投机互为兼顾,并且在市场的进入与退出技巧上亦能自如运用。自有资金与他人资金互相配合,从而使家庭投资理财的效益大力提高。这是效益较佳的资产组合方式。

资产投资需要组合,才能既有效益又避开风险,许多家庭已懂得这一道理,并付诸自己的投资活动中,但通过大量实证分析,我们发现,有不少家庭,只是单纯地将增加几种投资品种,缺乏内在联系的"凑合"在了一起,并不考虑资产间如何组合才能做到有比例地相互联系和相互结合。其实资产组合是优化家庭财产结构和资产结构,变短期的低收益资产组合为长期的高收益资产组合的一系列活动。

有一部分家庭,以中老年家庭为主要构成部分,他们的资产组合中,投资意识不强,保值的意愿使其资产过分向低风险低收益的品种集中,比如储蓄可能占银行与金融资产的85%以上,证券投资的比重过小,其家庭的实物资产多选择有较强消费性质的耐用消费品,是一种较典型的低效益资产组合方式;也有的家庭,以年轻夫妇为重要构成部分,其家庭投资又过分向高收益高风险的品种集中,带有明显的追求投机利润的家庭投资组合,如过分投向股票、期货、企业债券、外汇等形式,甚至为贪图高利参与各类社会集资,一旦失手,往往可能血本无归。这也是一种低效益的资产组合方式。还有的家庭虽然也认识到了高收益与高风险并存的道理,并开始按多品种,多期限组合投资项目,但对投资与投机的双重功能,相互关系,对投资项目的市场分割与转换认识不足,以及自有资产与他人资产的关系处理上容易失误,这也是低效益的资产组合方式。

三、家庭投资理财的调整

资产的组合要长期且经常处于效益最大化的状态,资产的组合就不能只是短期的静态剖面,而是一个动态的非线性过程,是对各种市场因素进行合理预期后,不断修正完善已实施的资产组合方案的过程。所以资产组合实际是一系列变动因素组成的函数,不断进行合理地有效地调整的依据是决定这一函数的基本变量是一系列不确定的因素:比如,家庭在占有信息并不充分的情况下进行投资组合,信息的无限性与信息占有的有限性间的矛盾始终存在,资本市场的不均衡是经常的,均衡是偶然的瞬间,这里存在市场预期的困难,此外,政府的干预更具有不确定性,我国投资市场的政府干预力度较大,有时干预的依据不足,随意性的主观存在,使家庭关注客观经济运行走势的同时,经常要揣测政府对资本市场的政策干预,以此来决定投资组合与调整,比如我国股市的大起大落和其基本运行趋势,经常与政策的干预有关。

资产调整基本反映出家庭对自身拥有资产的均衡预期的要求,家庭在投资调整过程中,决定各种资产相互依存关系并合理构筑自己的资产需求函数时,首先要考虑资产构成的均衡状态,是以市场上供求关系,所决定的资产偏好,收益支付能力为依据,从中发现最优的资产构成及实现方式,其次是对资产变动进行合理预期,使效益不仅在短期内符合收益最大,风险最小的原则,而且在长期运行中,也要使资产的效率最大,根据西方经济学的资产选择。

与调整理论:资产的组合顺序是,先选择无风险资产,再选择风险和收益都一般的资产,最后追加风险和收益都较高的资产投入,这样的资产调整是按照风险收益的要求进行的,符合资产组合的层次性,系统性要求,这样的资产调整是高效合理的。

确认家庭是投资市场的一个重要主体的地位,认识其投资行为正不断趋于成熟,赋予他们更多的投资品种的选择,尤其是从安全性、流动性收益性不同方面拓展渠道和品种是政府从宏观角度应进一步解决的问题,以金融资产的多元化提供为例,在金融工具的提供上,在普通股之外,能否考虑增加优先股等种类,能否在现有国债的基础上增加品种,扩大金融债券,企业债券的发行规模是十分重要的。此外,金融衍生工具,包括股票期货、指数期货、债券期货等也不应持拒绝排斥的态度,衍生工具有投机性强、风险大的一面,但管理得法,规范得当,还有降低风险的一面,发达国家对衍生工具的使用已非常普遍。

四、家庭投资理财如何获取收益

现在,不少家庭投资理财收效不理想,有的甚至因投资失误和理财不当而造成严重损失。那么,家庭投资理财,到底如何进行,才能取得预期收益呢?

(一)制订投资理财计划,坚持"三性原则"

投资理财计划坚持"三性原则":安全性、收益性和流动性。所谓安全性,将家庭储蓄投向不仅不蚀本、并且购买力不因通货膨胀而降低的途径,这是家庭投资理财的首要原则。所谓收益性,将家庭储蓄投资之后要有增值,当然盈利越多越好,这是家庭投资理财的根本原则。所谓流动性,即变现性,家庭储蓄资金的运用要考虑其变成现金的能力,也就是说家里急需用这笔钱时能收回来,这是家庭投资理财的条件,如黄金、热门股票、某些债券、银行存单具有较高的变现性,而房地产、珠宝等不动产、保险金等变现性就较差。

(二)了解和掌握相关领域和学科的知识

在进行家庭投资理财过程中,将涉及金融投资、房地产投资、保险计划等组合投资,因而,首先要了解投资工具的功能和特性,根据个人的投资偏好和家庭资产状况有针对性地选择风险大小不同的储蓄、债券、股票、保险、房地产等投资工具,制定有效的投资方案,最大限度地规避风险,减少损失。了解国家的时事动向,掌握宏观经济政策、相关的法律法规。家庭投资离不开国家经济背景,宏观经济导向直接制约投资工具性能的发挥和市场获利空间;同时,了解国家的法律法规,使得投资合法化,不参加非法融资活动,在可能的情况下通过合理避税提高收益。

(三)家庭投资理财要有理性,精心规划,时刻保持冷静头脑

科学管理如何妥善累积人生各阶段的财富,并且将财富做有计划有系统的管理,是现代家庭必备的理财观。(1)建立流动资金。流动资金的规模通常应该等于3个月或6个月的家庭收入,以防可能出现突发的、出乎预料的应急费用。流动资金的合理投资渠道应是银行的常规性储蓄存款、短期国债等可变现资产。(2)建立教育基金。当今高等教育的成本有着显著的上升趋势,如果现在预测的资金需求在十几年后可能会与实际的需要之间存在很大差异,要达到这些目标就得进行长期的资产积累,并保证资产免受通货膨胀的侵蚀。目前很多理财专家都推崇定期定额投资基金的方式,您可以选择一股只有增长潜力的股票或偏股票型基金,每月定期购买相同金额,通过时间分散风险。(3)建立退休基金。在开始为退休做准备的早期阶段,

投资策略应该偏重于收益性,相对也要承担较高的风险;而越接近退休,退休基金的安全性就越发重要,保险方面也要进一步加大养老型险种投入。

(四) 根据生活风险忍受度,量力而投

所谓生活风险忍受度,是指如果家庭主要收入者发生严重事故,家庭生活所能维持的时间长度。因而对家庭主要收入者要在可能的情况下加大人身保险投保力度,尤其是家里有经济上不能自立的家庭成员,要为其做好一段时间的计划,以免在主要收入者发生意外时他们无法正常生活;此外,在正常生活过程中也要预留能维持 3 个月左右的生活开支,然后再选择投资,以备急需之用;同时,不能以降低生活质量而过度投资。

五、家庭投资理财风险及其规避

凡是投资都有风险,只是风险的大小不同而已,家庭投资亦如此。家庭投资理财可能遇到的风险:风险是指由于各种不确定性因素的作用,从而对投资过程产生不利影响的可能性。一旦不利的影响或不利的结果产生将会对投资者造成损失。

(一) 建好金融档案

在家庭金融活动频繁的今天,众多的金融信息已经很难仅凭人的大脑就全部记忆清楚,由此导致了一系列问题:有的银行存单和其他有价证券被盗或丢失后,却因提供不出有关资料,无法到有关金融机构去挂失;有些股民股票买进卖出都不记账,有关上市公司多次送股后,竟搞不清账上究竟有多少股票,以至错失了高价位抛出并赢得更多利润的良机;有的将家庭财产或人身意外伤害等保险凭据乱放,一旦真的出了事,却因找不到保险凭单而难以获得保险公司理赔,等等。

只要建立家庭金融档案,这些问题就完全可以避免。建立家庭金融档案主要可从以下三个方面入手:首先,明确入档内容。(1)各类银行存款和记账式有价证券存单姓名、账号、所存金额和存款日期及取款密码;(2)股票买卖情况记录;(3)各类保险凭据;(4)个人间相互借款凭据;(5)各种金融信息资料,如银行分档存款利率、国库券发行和兑付信息、股市行情信息等;(6)家庭投资理财方法和增值技艺的资料。其次,掌握入档方法。家庭投资额不多的,可专门用一个小本子记载即可;如投资较多,则应建立正规账册,区别类型,分别将家庭金融内容逐一记入,并将每次金融活动内容一笔笔记清;家庭有电脑的,则可发挥这一优势,将个人家庭金融档案存入电脑,以便随时检索。再次,把握重点问题:入档要及时,不能随便乱放导致金融资料散失;内容要全面,应入档的各种金融内容,都要完全齐备地进入档案;存档要保密,对存单(身份证、个人印章、取款密码等有关家庭金融安全的重要档案资料,要分别存档,电脑建档还应设置密码;资料要纳新,定期清理老资料,存入新资料,使档案任何时候都有投资参照价值;应用要经常,坚持常翻阅,常研究,借以提高理财本领,提高投资效益,同时,防止存款到期忘记支取,避免家庭投资利益损失。

(二) 打造个人信用

所谓个人信用,即个人向金融机构借贷投资或消费时,所具有的守信还贷纪录。它是公民

在经济活动中不可或缺的"通行证"。目前,居民建立个人金融信用,可采取两种办法:其一,利用银行金融创新机遇证明个人信用。近年来,商业银行纷纷推出信用卡、贷记卡,持卡者守信还贷,就能建立起个人信用。其二,借助中介服务机构建立个人信用。如上海资信有限公司就为银行和个人提供个人信用联合征信服务。通过个人信用信息采集、咨询、评估及管理,建立个人信用档案数据中心,为市民申办信用消费提供配套的个人信用报告。广大居民在进行家庭借贷投资或消费时,应借助这样的中介服务,建立个人信用,取得向多家银行借贷的"通行证"。

(三)及时查明实际遇到风险的种类、原因并及时采取补救措施

由于外部原因引起的风险,如存折丢失、密码被盗等造成的风险,应及时与银行联系挂失;如由于金融诈骗所形成的风险,应及时采取多方式、多手段进行催收,直至诉诸法律,以最大限度减少损失。由于国家宏观经济政策的变化造成的风险,应及时调整修改投资计划和投资方案,如利率下调,就调整储蓄结构;如资本市场不景气,就调整股票、期货、基金、债券结构。

家庭投资理财是一项家庭中的系统工程,需要用一生的时间和精力来周密规划、精心搭理;要科学合理地掌握理财原则,扩大投资渠道,运用各种理财工具,科学组合、分散风险,走出理财误区,最大限度地发挥资金的使用效应。总之,家庭投资理财的健康发展,一方面需要加强家庭理财的科学规划,建立适合自身的理财方式,另一方面也需要金融机构开发出更多更好的理财产品,创造良好的投资环境,优化使用家庭的投资资金,提高其投资的收益率,才有可能最大限度地动员家庭家庭持有的资金,从而实现家庭财产使用效益的最大化,才能真正使家庭投资理财成为中国经济增长的重要支撑点,推动我国经济又好又快地发展。

第七节　家庭理财的注意事项

随着经济的高速发展和收入水平的逐年提高,理财已经成为每一个家庭生活中不可缺少的一部分。合理、有效的家庭理财不仅可以最大限度地满足日常生活所需,而且可以帮助家庭实现一些大的目标计划,比如购房、买车等。家庭理财固然重要,但是要理好财,还要注意以下四方面内容。

一、树立正确的理财观念

理财不是一夜暴富,而是细水长流。投资理财一定要避免盲目的投机心理。

二、时刻要有风险意识

风险和收益是对等的,收益越高,风险也就越大。投资者选择理财产品时一定要首先分析产品的风险性。目前,有不少投资者购买理财产品都是先瞄准收益率,然后才考虑风险,这样考虑有失主次顺序。

三、投资要结合家庭理财规划

对于一个家庭而言,除了一些日常生活需要之外,还需要在子女教育、医疗、养老等方面做好安排。特别是为了保证家庭经济生活的稳定,一般家庭都会有一些用于应付生活中紧急情况的应急钱,这些钱对安全性和流动性要求相当高。因此为保证家庭经济生活稳定,投资计划应该在合理规划生活的基础上进行安排,切不可拿急用的钱投资。

四、充分了解,谨慎选择

目前理财市场上理财产品从风险性、收益性到流动性可谓千差万别,究竟那种理财产品最好呢?专业人士认为适合自己的才是最好的。要从众多的产品中选出适合自己的,这就需要投资者对拟要投资的理财产品有全面的了解。了解产品知识的途径较多,比如购买相关书籍、上网查询、或向专业人士咨询等。

本章小结

本章主要介绍了家庭理财的必要性、原则和侧重点。并着重介绍了家庭理财的选择和获取收益和规避风险等常识,最后介绍了家庭理财的注意事项。本章内容建议课时为 2～4 小时。

本章参照的文献如下,对原文作者表示感谢。

【参考文献】

[1] 陈镇,赵敏捷.家庭理财(财富宝典系列)[M].北京:清华大学出版社,2009.

[2] 查继宏.会赚钱会花钱—家庭理财全知道[M].北京:中国三峡出版社,2010.

[3] 唐庆华.如何理财:现代家庭理财规划[M].上海:上海人民出版社,2005.

[4] 百度百科网站.http://baike.baidu.com.

[5] 其他有关家庭理财相关问题的新闻、统计数据和网络文本.

第十章 告别乡村岁月,走进城市社区

教学目标

系统了解社区定义历史演变,认清城市社区是城市化进程的必然趋势,顺应乡村向社区过渡,了解社区服务和公共事业的内容。

第一节 什么是社区

一、社区的定义

社区是指由一定数量成员组成的、具有共同需求和利益的、形成频繁社会交往互动关系的、产生自然情感联系和心理认同的、地域性的生活共同体。

社区有一定的地理区域,有一定数量的人口,居民之间有共同的意识和利益,并有着较密切的社会交往。例如,村庄、小城镇、街道邻里、城市的市区或郊区、大都市等,都是规模不等的社区。社区就是地方社会或地域群体。社区与一般的社会群体不同,一般的社会群体通常都不是以一定的地域为特征的。

社区在互联网上则是特指一个网络板块,指不同的人围绕同一主题引发的讨论,如天涯社区。类似的名词还有论坛、贴吧、看吧等。网络虚拟社区是现实社区的投影。

社区有四个基本要素,即人口、地域、社会互动、共同的依附归属感。

自从有了人类社会,人们就是以社区的模型群居生活。古代社会,人们必须通过群居生活,团结合作才能获取生存的基本资料。长期的合作生产和生活的交往,使人们之间形成了自然的情感联系和心理认同,慢慢也就形成了本群体共同的文化习俗和道德规范,产生一定的社会组织来服务于人们的需求,这个社会组织就是社区。亚里士多德认为:人们走到一起生活在一个社区环境下,享受社区结社、实现基本需求、发现生活意义。托马斯·霍布斯则把社区当做一个自然的过程,人们来到一起实现他们的利益最大化。可见,社区与人们的生活有着密不可分的关系。

二、社区的基本分类

一是根据人们之间联系的方式或属性进行分类,提出三种社区类型:

(1)基于地理或空间属性的社区。地理社区可以是一个村落、一个集镇、一个城市、一个行政区。

(2)基于身份或利益属性的社区。身份和利益社区不一定是以地理为基础,甚至主要用来指那些非地域的社区，也就是学者所称的功能社区、协会性社区、联盟性社区或者精神性社区。

（3）基于个人网络的社区。个人网络社区是指基于个人的主观连接的群体而形成的社区。

二是根据人们之间的联系强度进行的社区分类，可以分为四种类型：

面对面的街区；

具有共同感的邻里关系；

标准社区；

扩大的社区。

三是根据形成方式或形成历史进行的分类。

三、社区的功能特点

总体上说，社区功能主要有：

满足人类基本生理需求的功能；

满足人类安全需求的功能；

满足人类归属和爱的需求的功能；

满足人类自尊需求的功能；

满足人类自我实现需求的功能；

满足社会整合和维持的社会团结和控制需求的功能。

具体到农村社区和城市社区功能则有所侧重：

农村社区的功能：经济功能的市场化和行政化；社会交往和参与功能的向心性；社会团结和控制功能的情理性；社会身份分化和显现功能的日益冲突；社会互助和保障功能的继续维持；文化延续和精神寄托功能的连贯性。

城市社区的功能：经济功能和保障功能的融合；社会交往和参与功能的选择化；社会团结和控制功能的弱化；社会身份分化和显现功能的强化；社会保障和服务功能的外部依赖；文化延续和精神寄托功能的多元化。

四、传统社会与现代社会组织特点比较

以美国社会学家帕森斯为代表的功能主义者认为，现代社会和传统社会各自有着八个方面的特点：

（1）现代社会政治组织、经济组织和教育组织等组织单位的专业化程度比较高，传统社会的组织单位的专业化程度比较低；

（2）因为组织的专业化程度比较高，所以现代化社会的组织功能是非自足的，需要相互依赖，传统社会的组织单位的功能自足性强，缺少功能分化；

（3）现代社会，伦理具有普遍主义的性质，传统社会由于家庭亲属关系强，伦理具有特殊主义性质；

（4）现代社会的国家权利是集中但不专制，而传统社会的国家权力分散但比较专制；

（5）现代社会关系是理性主义、普遍主义、功能有限和感情中立的，传统社会的社会关系是传统的、个别的、功能无限的和具有感情色彩的；

（6）现代社会具有发达的交换媒介和市场体系，传统社会的交换媒介和市场体系不发达；

（7）现代社会具有高度发达的科层组织，传统社会的科层组织少且建立在个别性社会关系上；

（8）现代社会家庭向小家庭发展，家庭功能在缩小，传统社会的家庭结构是多样化的，家庭功能是多层次的。

第二节　社区的历史演变

一、中国城市基层管理的历史沿革

（一）街道办事处的出现和建立

1954 年 12 月，第一届全国人民代表大会常务委员会第四次会议通过了《城市街道办事处组织条例》，并颁布实施。该条例以法律的形式确立了城市街道办事处的设立条件、性质、任务和作用。其规定：街道办事处是市辖区或者不设区的市的人民委员会的派出机关，其主要任务是办理市、市辖区的人民委员会有关居民工作的交办事项，指导居民委员会工作，反映居民意见和要求。

1955 年起，全国各地城市都根据此条例建立健全了街道办事处组织。街道办事处的工作对象主要是"单位体制"以外的社会闲散人员和家庭妇女。

（二）居民委员会的出现和建立

1954 年 12 月，第一届全国人民代表大会常务委员会第四次会议通过了《城市居民委员会组织条例》，并颁布实施。该条例以法律的形式确立了居民委员会的设立、性质、任务和作用。其规定：居民委员会是城市基层群众性居民组织；居民委员会的任务是办理有关居民的公共福利事项，反映居民的意见和要求，动员居民响应政府号召并遵守法律，领导群众的治安保卫工作，调解居民间的纠纷等。

该条例颁布后，全国各地城市都陆续建立、健全了居民委员会组织，到 1956 年，建立健全居民委员会的工作基本上完成。

（三）街居制形成

1954 年 12 月，两个条例的颁布，标志着我国基层城市组织管理的基本体制——街居制从法律到实践初步完成了构建过程。

我国的街道办事处和居民委员会之间的关系十分明确，它们是指导与被指导关系，即街道办事处指导居民委员会的工作。

（四）街居制的破坏

1958 年"大跃进"和人民公社化运动，破坏了原先建立起来的街居体制，城市基层政权及其派出的街道办事处，甚至居民委员会组织都被"党政合一"、"政社合一"、"工农商学兵"五位一体的人民公社所取代，街居绝大多数名存实亡。

1962 年后，城市人民公社逐渐解体，街道办事处和居民委员会组织逐步得到了恢复。

（五）体制转轨挑战街居制

1978 年十一届三中全会后，国家拨乱反正，街居制得到了肯定和恢复，并在改革开放和以经济建设为中心，以及国家经济体制逐步转型为社会主义市场经济的新形势下不断调整变革，在组织结构、人员构成、管理方式、社会职能等方面都得到了前所未有的发展。一是工作任务加重，由过去的三项变成了九项，即：发展、管理街道经济；进行城市管理；开展民政工作；开展社区服务；进行人口管理；维护社会治安，进行综合治理；精神文明建设；配合政府行政管理；指导居委会工作。二是工作对象扩大。三是组织机构不断健全完善。四是组织职能范围进一步拓展。

（六）城市基层社区的形成、发展

20 世纪 80 年代中后期，城市经济社会体制在改革中逐步发生变化，原来的单位体制逐渐解体，人们的生活需求不再完全由单位统包解决，而是更多地转向市场和社会，"单位人"逐步向社会、社区回归；非国有经济的大量出现和发展，国有经济的改革及其向市场经济体制转换，带来了大量的游离于单位之外的人群，还有成千上万的农民工涌入城市，这些都给城市基层管理带来了一系列的问题，都需要城市基层组织的变革来发挥其应有的社会整合和社会控制功能，需要其发挥教育、培训、社会管理的功能，以适应新的经济形势，处理社会变革带来的多种问题。社区及社区服务顺应而生。

（七）现代社区的变化

各社区之间在规范、价值观念以及行为模式上的差异程度已显著降低。社区的许多地方性功能已为"大社会"的普遍统一的功能所取代。在同一个大社会里，此处社区居民与他处社区居民之间，其相似之点多于相异之点。随着大城市、大都会的发展，社区地域范围的疆界也不如以往那么分明了。一个大城市往往包含着若干个原先相对独立的社区，但在市政府的机构设置和行政区划分上则又可能与原先各社区的地域分界不一致。

长期以来，满足成员日常谋生的需要，是社区的基本功能之一，社区居民一般都是在本社区内就地劳动谋生。这种情况已经发生了变化，现代社区的许多居民每天都到本社区以外的地方去上班。因此，社区成员之间除了具有当地居民的共同利益，还分别具有各自从社区以外谋取生计的种种不同利益。

这种情况就从社会纽带和社会交往上削弱了社区地域疆界的确定性。由于全国性的企事业组织和政治、文化团体的出现，地方社区里的工厂、商店、社会团体等，有不少就是这些全国性组织系统中的下属单位和分支机构，其决策主要是听命于本系统的上级组织而不是当地社区。因而，作为地方社会的社区，其自主性也有所削弱。

二、中国农村社区管理的历史沿革

(一) 乡管理体制的建立

解放初期,我国实行土地改革,不仅改变了旧有的土地关系,还将我国农村的广大农民组织了起来,建立起了农民协会(简称农会)。农会承担了基层政权的职能,对基层社区事务进行管理。土改完成后,国家开始在区、县之下设立乡或者行政村作为我国农村基层管理组织,乡或行政村由一个或几个较大的自然村联合组成,设乡或行政村人民代表会议和乡或行政村人民政府。1954年《宪法》通过后,在原来的基础上,开始扩大乡所管辖的范围,并逐步撤销行政村的建制,乡成为了农村基层政权组织的普遍形式。

(二) 农村人民公社体制的产生和演变

1951年至1958年,我国农村广大农民积极参加农业生产合作社,并不断向高级化方向发展,这为人民公社的建立打下了基础。

1958年9月,中共中央政治局扩大会议通过了《关于在农村建立人民公社的决议》,决定把各地成立不久的高级农业生产合作社,普遍升级为大规模的、政社合一的人民公社,到10月份,全国74万个农业生产合作社合并成为26000多个人民公社,从此,我国农村基层管理体制进入人民公社时期。

(三) 农村乡村管理体制的重建

1978年中共十一届三中全会后,我国社会进入了改革开放的新时期,家庭联产承包责任制的实行动摇了人民公社存在的经济基础,冲击了"政社合一"的人民公社体制。1983年,在政社分离,重建乡政府的同时,以生产大队为基础的基层群众自治组织——村民委员会开始设立。建立在村民自治基础上的乡村管理体制逐步建立起来。

1982年,《宪法》提出废除人民公社"政社合一"的体制,明确了村民委员会这一基层群众性自治组织的法律地位,并规定乡以下要实行村民自治,这为农村管理体制的构建奠定了基础。

1983年10月,中共中央、国务院联合发出《关于实行政社分开建立乡政府的通知》,要求各级党政部门执行宪法的规定,建立乡政府,实行政社分开。乡政村治为特点的新乡村管理体制初步确立。

1987年11月,全国人大通过了《中华人民共和国村民委员会组织法(试行)》,并于1988年6月试行。该组织法的试行,否定了国家政权与乡村组织特别是乡政府与村委会之间的行政隶属关系,将过去领导与被领导关系转变成为了国家政权对基层自治组织的指导关系;村委会成员由村民直接选举产生,体现了民主,保障了村民的利益。

1998年11月,全国人大通过了《中华人民共和国村民委员会组织法》,明确界定了村民委员会基层群众性自治组织的性质,明确规定了乡镇政府和村民委员会之间的指导与被指导的关系,并对村民自治过程中的民主选举、民主管理、民主决策和民主监督进行了规范,正式确定了乡村管理的新型体制。

第三节 适应村委会管理转变为社区管理

城市化是随着生产力的发展,促进城乡居民生产方式、生活方式和居住方式变化的新阶段;是城乡人口、技术、资本、资源等要素相互融合、互为资源、互为市场、互相服务,逐步达到城乡之间在经济、社会、文化、生态上协调发展的渐进过程。乡村向城市社区过渡是城市化发展的必然趋势。

一、城市化是必经之路

1993年国务院批准的《北京城市总体规划》提出,要将北京建设成为经济繁荣、社会安定、各项公共服务设施和基础设施以及生态环境达到世界一流水平的历史文化名城和现代化国际城市。

积极稳妥地推进城镇化,提高城镇化水平,是"十五"时期我国国民经济和社会发展的重大战略,是促进国民经济良性循环和社会协调发展的重大措施。根据这一战略要求,《北京市国民经济和社会发展第十个五年计划纲要》提出要"实施城市化战略,加快郊区城市化进程,提高市区现代化水平"。"十五"以来,在全国城镇化总体部署中,北京被作为具有较强影响力和竞争力的国际性大都市重点加以培育。

同时,党的十七大确定了"统筹城乡发展、推进城乡一体化"的重大战略方针。这是党中央对统筹城乡发展提出的新方针和新要求,是打破城乡二元结构、加快农业和农村发展、促进农民富裕的根本途径,为下一步推进城乡经济社会协调发展指明了方向。

2006年,《北京市朝阳区"十一五"时期城市规划与建设》指出:"解决城乡二元结构是区域协调发展,实现农村城市化,提高农民生活水平,促进"三农"问题根本解决,改善生态环境,集约利用土地,拓展城市发展空间的客观需要。在"十一五"期间需要打破城乡二元结构,有效引导城镇化健康发展,构筑城乡一体、统筹协调发展的格局。

二、北京的城市化进程

北京是一个既拥有中心城市(市区),又包括广大郊区农村的大都市地区。改革开放以来,随着国民经济的快速增长和社会的全面进步,北京的城市化稳步推进。2000年年底,北京市城市中心区也由旧城区扩展到四环路以内。根据北京实施现代化建设"新三步走"的战略部署,到2010年北京要率先在全国基本实现社会主义现代化。

目前,北京已成为全国城市化水平较高的地区,正在向着现代化国际大都市的目标迈进。但是,北京的城市化发展还很不平衡,主要表现在郊区发展相对滞后。这些发展的相对滞后构筑了城乡分割的鸿沟,限制了人口的有序流动,阻碍了城市化水平的提高。为了率先基本实现现代化,必须进一步完善北京城镇体系,加快城市化步伐,显著提高城市化水平,缩小城乡差距,实现城乡协调发展和共同繁荣。

三、朝阳区城市规划

《北京城市总体规划(2004—2020)》确定在北京市域范围内构建"两轴—两带—多中心"的城市空间结构。朝阳区位于规划中心城区的东部,是兼有城市现代化建设及规划控制功能的城区。在空间上是联系并分隔中心地区及新城和周边地区的枢纽。

朝阳区空间结构由中心地区、边缘集团、绿化隔离地区(第一道和第二道绿化隔离地区)三部分组成。《北京城市总体规划(2004—2020)》明确了中心城区继续完善"分散集团式"布局,城市建设重点实施"两个战略转移",即城市建设重点从市区向远郊区县转移,市区建设从外延扩展向调整改造转移。因此,朝阳区未来城市空间布局以完善和局部调整为主,内部空间布局优化调整的重要举措是推进"组团式规划,板块式发展"战略,同时综合考虑基础性公共设施规划布局对朝阳区城市景观和空间布局的影响。

依托温榆河地区的整体规划,加上朝阳区东部高新技术产业的优势,将为朝阳区外围农村地区引入都市工业发展机遇,势必将加快崔各庄乡城市化和现代化发展步伐。

四、社区是城市化的必然趋势

由于历史和现实的、体制和政策的多种原因,导致乡村农民已基本没有耕地,农民靠外出打工或者干脆依赖"瓦片经济"维持生计。面对城乡一体化、农村城市化、转工转居、搬迁上楼、进入城保这样一些难得的历史机遇,打破原有社会管理模式,由乡村改成社区,可谓是天时、地利、人和:天时是指当前正值农村城市化加快推进的关键时期;地利指的是近郊乡村所处的地理位置及经济、社会的发展阶段;人和指的是地区百姓对大力推进农村配套改革、提高生活质量的需求。

(一)实行社区管理是提高群众生活水平的必然要求

20 世纪 80 年代以来,部分乡村多次经历了征地转居转工,村民有着强烈的城市化建设愿望,因而积累了一些如房屋老旧、外迁挂靠户多、流动人口集居等历史问题;由于长期未按城市规划实施开发建设,村民儿女衍生,也滋生了一些违法建设,导致乡村级集体经济的发展滞止,农民增收艰难,基础设施老化,用电紧张,供水困难,道路脏乱,交通拥挤,治安条件较差,有线、网线保障难,生活条件比较简陋艰苦。搬进社区则可以一劳永逸解决这些问题,提高生活质量。

(二)实行社区管理是扩大基层民主的必然要求

村委会是村民自我管理、自我教育、自我服务的群众性组织,具有明显的"村民特点",无论是选举人、被选举人还是服务对象都非村民莫属。而社区居委会作为城市居民的自治组织,具有明显的"辖区特点",其选举人、被选举人和服务对象都是辖区居民。现在乡村大部分农村居民人数占全村总人数的比例在逐年下降,因此社区居委会的体制更有利于扩大基层民主,更适应现在人员流通频繁的"大社区",增强辖区居民的社区归属感。

（三）村委会改社区管理有利于社区事务的规范化

根据《城市居民委员会组织法》，居民委员会是群众性自治组织，其职责包括：办理有关居民的公共福利事项；向当地人民委员会或者它的派出机关反映居民的意见和要求；动员居民响应政府号召并遵守法律；领导群众性的治安保卫工作；调解居民间的纠纷。实际上，社区居委会承担的社会公共管理事务越来越多。民政部《关于社区建设情况的报告》指出："据不完全统计，目前，社区承担着社会治安、社会救助、就业再就业、计划生育等100多项管理和服务工作，社区已成为城市社会建设和管理的重要组成部分。"

（四）社区管理的目标

充分发挥集中居住农民自我管理、自我教育、自我服务的作用，不断提高农民群众思想文化素质和居住区文明形象，促进农村居民向城市居民转变、农村社区管理体制向城市社区管理体制转变，努力把农民集中居住区建设成为管理有序、服务完善、环境优美、治安良好、生活便利、人际关系和谐的新型社区。换言之，就是要改变长期形成的城乡二元经济结构，实现城乡在公共政策上的平等、产业发展上的互补、国民待遇上的一致，让农村村民沐浴到与城市居民同样的财政阳光，享受到与城市居民同样的现代文明，使城乡经济社会全面、协调、可持续发展。

（五）村委会改社区管理的条件已基本成熟

2009年，部分乡村级集体经济产权制度改革后，组建了乡资源资产股份合作联社，各村以集体土地使用权入股，农民变股东，统一参与分红，农民不再以农作物收入作为生活来源，改变了原始"日出而作，日落而息"的生活形态，城市化发展导致村委会管理的目标和意义发生了变化。

各村委会成建制改建成社区居委会后，将实行社区事务管理与经济管理分离。社区居委会依法承担社区事务管理职能。村集体经济组织原有集体资产在清产核资和界定产权的基础上，属公益性的资产（如小学、幼儿园、卫生站、变电站、道路、水利设施等），按照"权随责走、费随事转"的原则委托给社区居委会代管；属经营性的资产（如市场、商铺、企业净资产或股权、集体土地，以及其他经营性房产等），将由乡资源资产股份合作联社承担集体经济经营管理职能。

乡政府帮助农民集中居住区建立治安、环卫、物管、文体等专业化队伍，指导居住区基层组织完善相关制度，规范服务管理，协调解决好日常工作中遇到的问题。

总之，城市化是一场深刻的社会变革，它改变了，并将进一步改变地区的政治、经济和社会生态；社区管理为地区注入新的生机和活力，将对地区的长远发展产生重大的影响。

第四节　社区服务

一、社区服务的定义

社区服务是在政府的福利资金和福利政策扶持援助下，在社会资源技术的积极支持帮助下，依靠社区居民的组织参与，动员社区内在的资源力量，向社区居民提供的各种服务活动。

根据这一定义,我们必须把握两个要点:第一,社区服务是以社区居民的组织参与为主体,以社区资源的开发利用为基础,以外部的支持援助为辅助,注重对社区居民的增权,防止外界的剥夺和压迫;第二,社区服务是以服务社区居民的需求为目的,以居民的互助、互利为手段,不是为了社区外部的市场导向和利润动机,防止社区服务脱离社区。

二、社区服务当中政府职责与公民参与的关系

社区服务当中政府的职责主要是:(1)投资建设、场地提供和设施配备;(2)列明相关的筹资来源,提供指导意见,形成一种社会化的资金来源结构;(3)制定相关的税收、金融和工商优惠政策,扶持社区服务的开展;(4)将社区服务列入当地的国民经济和社会发展计划,统筹规划社区服务的发展;(5)建立相关的社区服务地区性的协调指导委员会,促进社区服务的协调发展;(6)提出社区服务的队伍建设道路;(7)规定相关的综合性服务机构所必须要有的一定数目的福利性服务项目;(8)提出建立一种以福利性服务为宗旨,以经营性服务为手段,以经济效益促进社会效益的运行机制。

应该说政府在社区服务当中的职责规定是比较完善的,但是据调查研究显示,我国现在社区服务中政府的职责是不到位的,因此,必须公民参与社区服务。公民是社区服务的灵魂,只有公民参与才能促进社区服务的普及推广,只有公民参与才能促进社区资源的动员与开发,只有公民参与才能监督正式福利机构的服务成效。

三、社区服务当中专业服务和志愿服务的关系

社区服务当中的专业服务是指由专业人员提供的专业服务,在人类服务中的专业照顾主要包括医疗专业治疗服务、护士的护理性服务、精神医学的临床精神分析辅导、社会工作的临床实践辅导、教师的特殊教育等。

志愿服务是指组织和志愿者为促进人类社会的文明与发展,自愿贡献个人的时间、精力、经验、技术,在不为任何物质报酬的情况下为改善社会服务状况,促进社会发展而无偿地服务于社会生产生活的行为。志愿服务的特征为志愿性、无偿性、公益性、组织性。专业服务的优势是专业知识扎实、方法熟练、服务规范,缺陷是盲目自大、信息垄断;志愿服务的优势是服务热情、动力十足,缺陷是缺乏系统训练和专业方法。

因此,专业服务和志愿服务的关系应该是一种互补关系,即发挥其各自的优势,消除各自的缺点,只要专业服务平等和志愿者分享信息,提供指导,就会把专业功能发挥得更好;而志愿服务如果和专业人员联系,接受指导和训练,就能够提供更加专业的服务。

四、社区服务当中正式机构和非正式社会关系网络的关系

社区服务当中的正式机构是指马克思·韦伯所讲的职责明确、分工合理、功能不同的纵向科层组织,包括国家相关的政府部门、民间志愿组织和私有机构等。

正式组织的优势是组织结构明确、专业分工清楚、岗位职责明确、资源筹措充分、服务方案设计科学等。但正式机构的缺陷是缺乏人情关系、限制个人发挥、程序刻板、标准严格,有时候

无法迅速、方便地为社区对象提供及时有效的服务。非正式社会关系网络是指建立在自然交往基础上的靠情感、血缘或亲缘等关系维系的人际关系网络。

非正式关系网络是人类在传统社会条件下主要的社会交往方式，其实社区中的关系主要就是非正式的社会关系。

这种关系网络蕴涵着丰富的内涵和资源，其特点为：具有排他性，具有信任性，具有不对等性，具有不可转移性。

正因为如此，世界各个国家发展社区服务时都特别重视要强化和重新建构服务对象的社会关系网络，通过社会关系网络给服务对象提供社会帮助和支持。

但是我们也要看见这种社会关系网络的缺陷性，即社会关系网络中资本缺乏；社会关系网络有可能在一个社会关系网络中有垄断性资源和信息，但是这些信息和资源可能会排斥和歧视其他社会群体；社会关系网络内部具有剥夺性。

正式机构和非正式社会关系网络之间的关系是一种互相补充的分工合作性关系。正式机构的特点是专业性比较强，对案主问题的评估和服务设计有针对性，服务手段比较先进，而且有国家社会福利政策的资金保证，所以比较适合提供长期、复杂和深度的服务；非正式社会关系网络的特点是灵活、及时、方便和人情化，所以比较适合提供情感性支持、伦理性支持、信息性意见和短期轻度服务。

第五节　社区的公共事业

一、社区治安

（一）社区治安的定义

社区治安就是指社区治理各行为主体（政府、非政府部门、机构），依靠社区力量，强化社区控制手段，促进社区环境的有序状态。

（二）社区治安的测量指标

社区治安作为一种社会生活的秩序或状态，可以通过客观和主观的指标加以测量。

（1）客观性测量指标：社区范围内犯罪案件的发生率；社区范围内违法行为的发生率；社区范围内刑满释放人员、缓刑假释人员、劳改人员的矫治服务状态，以及重新违法犯罪率；社区范围内事故发生率；社区范围内居民之间及居民与机构之间纠纷、投诉事件发生率；社区范围内青少年成长环境安全状况；社区生活环境安全状况；社区保安设施和人员的配备情况；社区治安管理制度。

（2）主观性测量指标：居民对社区治安的满意率和满意度；居民出行时，对家中财产安全的放心度；居民夜晚出行的安全感；居民对孩子生活、学习环境的安全感；居民对邻里关系的满意度。

（三）社区治安存在的问题

目前，我国社区层面上的社会治安状况存在着许多的问题，主要表现为：

（1）刑事案件发案率居高不下，居民的生命财产没有保障，居民安全感普遍很低；

（2）不安定因素突出，因征地拆迁、劳资纠纷、下岗失业、物业管理服务质量等问题引发的上访、诉讼、争执等事端频发；

（3）社区管理松弛，人员混杂，"黄、赌、毒"等社会丑陋现象严重，居民尤其是青少年的生活成长环境恶劣；

（4）社区危房众多，道路拥堵，杂物乱堆，事故隐患严重，居民生活安全没有保障；

（5）社区水污染、空气污染、噪声污染严重，居民生存环境恶劣；

（6）邻里关系紧张，"老死不相往来"，居民互助互救意识淡薄，无法从社区网络中得到支持帮助；

（7）社区社会安全组织体系不健全，治安保卫人员配备不达标，应急防范措施不到位，处理日常性和突发性安全事故的能力严重不足。

二、社区卫生服务

（一）社区卫生服务的含义

社区卫生服务从广义上理解，是指在政府领导、社区参与、上级卫生机构指导下，以基层卫生机构为主体，全科医师为骨干，合理使用社区资源和适宜技术，以人的健康为中心、家庭为单位、社区为范围、需求为导向，以妇女、儿童、老年人、慢性病人、残疾人等为重点，以解决社区主要卫生问题、满足基本卫生服务需求为目的，融预防、保健、医疗、康复、健康教育和计划生育指导等服务于一体的基层卫生服务。

从狭义上理解，是仅仅把社区卫生或社区卫生服务看做是社区医疗服务，是指为了方便社区内群众，针对多发病、常见病，运用候诊、出诊、转诊、家庭病床等手段，为社区居民提供便捷、有效、价格适宜的医疗服务。

（二）社区卫生服务的内容

社区卫生服务的内容包括：社区医疗、社区预防、社区保健、社区康复、社区健康教育、社区公共卫生及其他转向服务。

社区卫生服务的特征是：基层性、综合性、持续性、协调性、可及性。

（三）社区卫生服务体制改革

社区卫生服务机构，是我国最基层的医疗服务机构，它数量多、分布广、贴近民众，担负着社区范围内常见病、多发病的预防与治疗，突发事件的紧急救治、转诊，计划生育指导，卫生工作宣传等重任。

城市大医院、重点医院、中心医院，属高层次的医疗服务机构，其重点服务对象应该是重病、大病、疑难杂病患者。

但由于我国长期以来受经济发展水平的总体影响，对社区卫生服务的重要性缺乏正确的认识，也没能给予足够的重视和支持，甚至将社区卫生服务机构视为可有可无的摆设，因此，国家在资源配置、人员安排上，优先重点考虑的是城市大医院和中心医院，这就使得这些少数的高层次的医院设备更加精良，技术更加先进，人员配置、素质水平、服务质量达到一流。相比之下，社区卫生服务机构规模小，设备简陋，人员配置、技术水平与大医院无法相比，这种状况造成了人们不管是大病还是小病，都要到这些少数高层次医院求诊，医院每天人满为患，病房爆满，不堪重负，而本应当承担大部分治疗和预防任务的社区医院却因技术设备落后，医疗水平有限备受人们冷落，无人或少人求医问诊，大量医疗设备和技术闲置，医务人员无事可做，最后只有关门停业。长此以往，形成恶性循环，老百姓看病难、难看病成为不争的事实。

为改变这种状况，就必须转变思想观念，进行社区卫生服务体制和机制的改革，动员全社会力量共同构建以社区卫生服务为基础，合理分工的新型城市卫生服务体系，增加基层卫生服务投入，更好地满足广大人民群众日益增长的健康需求。

（四）加强社区卫生服务措施

当前加强社区卫生服务的有效措施有三点：

一是加快发展社区卫生服务，实施促进社区卫生服务发展的政策。实行政府调控与市场配置卫生资源相结合，推进城市卫生资源配置结构的战略性调整，加快部分卫生资源向社区转移，逐步完善医院和社区卫生服务机构的资源配置比例，增强社区卫生服务供给能力。打破部门垄断和所有制界限，鼓励企业事业单位、社会团体、个人等社会力量多方举办社区卫生服务机构，健全社区卫生服务网络。

二是提高社区卫生服务水平。社区卫生服务机构的技术人员必须是具备卫生技术人员法定执业资格、通过公开招聘录用的专业合格人员，不合乎条件的坚决不予使用。坚持卫生技术人员岗位培训，提高医疗技术水平和服务质量，规范管理，建立一支专业化、规范化、乐于奉献、能够吃苦的医疗卫生队伍。

三是鼓励大、中型医疗机构的卫生技术人员支持社区卫生服务事业，到社区卫生机构为社区居民、百姓提供服务。社区卫生服务机构亦可聘请大、中型医疗机构的退休医护人员来社区卫生服务机构工作。

三、社区物业管理

物业管理是对居住、商用、工业、公共设施四种物业管理活动的总称，是指业主或物业使用者通过选聘物业管理企业，由物业管理企业按照服务合同约定，对各类物业及相关设施进行维修、养护、管理以及提供相关服务的活动。

社区物业管理主要是指对社区内居住物业的管理。是指业主通过选聘物业管理企业，由业主和物业管理企业按照物业服务合同约定，对房屋及配套的设施和相关场地进行维修、养护、管理，维护相关区域内的环境卫生、秩序和安全的活动。

社区物业管理的内容有：

（1）常规性的管理工作：房屋建筑主体的管理；房屋设施、设备的管理；环境卫生与绿化管理；公共秩序管理。

（2）特殊性的管理服务：日常生活服务；便民商业服务；社区文化服务；

四、社区文化

（一）社区文化定义

广义上讲,社区文化指居住在社区内的居民在长期实践过程中创造出来的物质文化和精神文化的总和,它囊括了社区内所有的居民活动现象。狭义上讲,社区文化指社区内除了物质文化以外的其他社区文化的总和,这些文化包括社区居民在长期实践过程中逐步形成的富有个性的群体意识、社会风尚、行为模式和生活方式等。

一般而言,社区文化可以定义为:特定社会区域中成员精神生活、生活方式和行为方式的总和,包括社区居民的思维方式、价值观念、精神状态、风俗习惯、公共道德的思想形态,以及学习、交往、娱乐、健身、休闲、审美等日常活动。

（二）社区文化特征

区域性:社区文化是一定的地理环境、生产方式、社会形态等因素相互作用的产物,它的形成和发展都带有本社区的特征。

继承性:社区文化既是一定时代、一定地域范围内的特殊产物,又是以传统文化为基础不断发展、不断积累起来的。

普遍性:社区文化是社区生活历史进程中的衍生物,它以极其普遍的方式存在于社区的每一个角落,对社区成员的生活产生影响。

共享性:社区文化是全体社区成员在实践活动中共同创造的,为社区成员所共有,并为所有成员普遍接受。

渗透性:是社区内部主流社区文化和非主流文化之间的相互渗透,二是不同社区之间通过各种传播、沟通方式产生文化交流。

社区文化有社会沟通、价值导向、心理凝聚、行为规范、文化传承、协调发展等功能。

五、社区社会保障

（一）社区社会保障定义

我国现行的社区社会保障存在的问题及其解决措施

社会保障是为保障民生以及促进社会进步,有国家和社会以立法为依据出面举办,由政府机关和社会团体实施,对因各种经济和社会风险事故而陷入困境的人群以及有物质和精神需求的全体公民提供的、福利性的物质援助和专业服务的制度和事业的总称。

改革开放 20 多年,我国的社会保障制度已经初步实现了由单位保障向社会保障的转变,城乡社区已经成为社会保障制度体系中一个相当重要的领域和责任主体。

（二）社区社会保障功能和组织体系

当前,我国城市社区社会保障功能主要有:劳动与就业服务（登记、提供）,实施最低社会保障制度(接受申请、资格鉴定、发放)，残疾人保障服务，离退休人员管理与服务，司法服务等。

我国城市社会保障制度已经形成了市、区、街、居四级组织体系。这种组织体系，在很大程度上满足了城市社区居民社会保障的需求，起到了救助贫困、保障生活、稳定社会的作用。

(三) 存在问题和解决方法

1. 缺陷和不足

(1) 由于社会保障体系与社区建设体系之间，是一种纵向与横向的关系，所以在社会保障资源配置方面，出现资源重复配置，人员与机构重复设置的情况，缺乏在社区层面上的统筹机制，从而造成了保障资源的无序发放和浪费，社区居民在社会保障资源的享用上就存在着畸重畸轻的现象。

(2) 由于市、区、街、居四级组织是不同性质的机构，前三者是属于政府或政府派出机构，最后者是城市基层群众的自治组织，它们之间的关系是指导与被指导的关系，而不是领导与被领导的关系。但在社区社会保障制度的运行中，却变成了行政性的领导与被领导的关系。社区居委会要按照指令性的标准和时限，对社区居民进行深入调查，确定城市最低生活保障待遇申请者是否具有享受资格，然后报街、区、市三级政府或政府派出机构审批，这样，社区居委会的意见起着至关重要的作用，也就使得居民委员会成为社会保障制度在社区范围内运行中一个重要的不可或缺的机构，成为政府派出机构的派出机构。这与居委会本身的职责是相抵触的。

(3) 作为社区自治组织的居民委员会在执行社会保障的指令性任务时，由于工作强度大，人手、经费十分有限，再加之各种因素的影响(成员素质、精力、信息来源、人情关系)，难免调查结论意见与事实错位，这就影响了社会保障制度的公平性、严肃性和权威性。

2. 解决办法

(1) 在组织体系的相互关系中，要促进社区居民委员会朝着群众自治组织的方向发展，要让居委会成员有更多的精力和时间去处理自治意义上的工作任务，不承担强制性社会保障中的指令性职责；居委会成员应该协助政府组织做好居民情况的调查。政府或街道办事处要设专职的调查员，深入社区进行入户调查。这样可以避免工作上的失误，减少因失误造成的损失。

(2) 在居民委员会范围的社区内，实施以服务性为主的社会保障项目(残疾人康复服务、再就业培训服务、老年人照顾服务、青少年成长服务等)。要以社区居民的广泛参与为基础，形成居民自助互助、互帮互利的局面。在社区社会保障体系中，居民既可以是保障待遇的享用者，也可以是保障资源的供应者。

本章小结

本章主要介绍了社区定义及其历史演变，乡村向城市社区过渡的发展趋势，社区服务和社区的公共事业，并对城市社区存在的若干问题也进行了分析，以帮助读者建立社区生活的归属感和认同感。本章内容建议课时为 2～4 小时。

本章参照的资料如下,对原文作者表示感谢。

【参考资料】

[1] 任长江.住宅小区物业规范化管理制度范本.北京:人民邮电出版社,2007.

[2] 韩子荣,连玉明.中国社区发展模式——安全型社区.北京:中国时代经济出版社,2005.

[3] 高潮.小城镇建设运筹与管理实务全书.北京:新华出版社,2002.

[4] 张磊.中国城市社区建设与运作模式实施手册.北京:中国城市出版社,2001.

[5] 百度百科网站.http://baike.baidu.com.

第十一章 树立良好的职业道德

教学目标

了解职业道德的产生和发展,特点和作用,清楚职业道德养成的途径和方法,并自觉遵守职业道德基本规范。

第一节 职业道德概述

职业道德是指社会上占主导地位的道德或阶级道德在职业生活中的具体体现,是人们在履行本职工作中所遵循的行为准则和规范的总和。

职业道德的含义包括以下八个方面:

(1)职业道德是一种职业规范,受社会普遍的认可。

(2)职业道德是长期以来自然形成的。

(3)职业道德没有确定形式,通常体现为观念、习惯、信念等。

(4)职业道德依靠文化、内心信念和习惯,通过员工的自律实现。

(5)职业道德大多没有实质的约束力和强制力。

(6)职业道德的主要内容是对员工义务的要求。

(7)职业道德标准多元化,代表了不同企业可能具有不同的价值观。

(8)职业道德承载着企业文化和凝聚力,影响深远。

每个从业人员,不论是从事哪种职业,在职业活动中都要遵守道德。要理解职业道德需要掌握以下四点:

首先,在内容方面,职业道德总是要鲜明地表达职业义务、职业责任以及职业行为上的道德准则。它不是一般地反映社会道德和阶级道德的要求,而是要反映职业、行业以至产业特殊利益的要求;它不是在一般意义上的社会实践基础上形成的,而是在特定的职业实践的基础上形成的,因而它往往表现为某一职业特有的道德传统和道德习惯,表现为从事某一职业的人们所特有道德心理和道德品质。甚至造成从事不同职业的人们在道德品貌上的差异。如人们常说,某人有"军人作风"、"工人性格"、"农民意识"、"干部派头"、"学生味"、"学究气"、"商人习气"等。

其次,在表现形式方面:职业道德往往比较具体、灵活、多样。它总是从本职业的交流活动的实际出发,采用制度、守则、公约、承诺、誓言、条例,以至标语口号之类的形式,这些灵活的形式既易于为从业人员所接受和实行,而且易于形成一种职业的道德习惯。

再次,从调节的范围来看,职业道德一方面是用来调节从业人员内部关系,加强职业、行业内部人员的凝聚力;另一方面,它也是用来调节从业人员与其服务对象之间的关系,用来塑造本职业从业人员的形象。

最后，从产生的效果来看，职业道德既能使一定的社会或阶级的道德原则和规范的"职业化"，又使个人道德品质"成熟化"。职业道德虽然是在特定的职业生活中形成的，但它绝不是离开阶级道德或社会道德而独立存在的道德类型。在阶级社会里，职业道德始终是在阶级道德和社会道德的制约和影响下存在和发展的；职业道德和阶级道德或社会道德之间的关系，就是一般与特殊、共性与个性之间的关系。任何一种形式的职业道德，都在不同程度上体现着阶级道德或社会道德的要求。同样，阶级道德或社会道德，在很大范围上都是通过具体的职业道德形式表现出来的。同时，职业道德主要表现在实际从事一定职业的成人的意识和行为中，是道德意识和道德行为成熟的阶段。职业道德与各种职业要求和职业生活结合，具有较强的稳定性和连续性，形成比较稳定的职业心理和职业习惯，以致在很大程度上改变人们在学校生活阶段和少年生活阶段所形成的品行，影响道德主体的道德风貌。

一、职业道德的产生和发展

职业道德是随着社会分工的发展，并出现相对固定的职业集团时产生的。人们的职业生活实践是职业道德产生的基础。在原始社会末期，由于生产和交换的发展，出现了农业、手工业、畜牧业等职业分工，职业道德开始萌芽。进入阶级社会以后，又出现了商业、政治、军事、教育、医疗等职业。在一定社会的经济关系基础上，这些特定的职业不但要求人们具备特定的知识和技能，而且要求人们具备特定的道德观念、情感和品质。各种职业集团，为了维护职业利益和信誉，适应社会的需要，从而在职业实践中，根据一般社会道德的基本要求，逐渐形成了职业道德规范。

（一）古代的职业道德

在古代文献中，早有关于职业道德规范的记载。例如，公元前6世纪的中国古代兵书《孙子兵法》中，就有"将者，智、信、仁、勇、严也"的记载。智、信、仁、勇、严这五德被中国古代兵家称为将之德。

明代兵部尚书于清端提出的封建官吏道德修养的六条标准，被称为"亲民官自省六戒"，其内容有"勤抚恤、慎刑法、绝贿赂、杜私派、严征收、崇节俭"。

中国古代的医生，在长期的医疗实践中形成了优良的医德传统。"疾小不可云大，事易不可云难，贫富用心皆一，贵贱使药无别"，是医界长期流传的医德格言。

公元前5世纪古希腊的《希波克拉底誓言》，是西方最早的医界职业道德文献。一定社会的职业道德是受该社会的分工状况和经济制度所决定和制约的。

在封建社会，自给自足的自然经济和封建等级制不仅限制了职业之间的交往，而且阻碍了职业道德的发展。只是在某些工业、商业的行会条规以及从事医疗、教育、政治、军事等业的著名人物的言行和著作中包含有职业道德的内容。

（二）近代社会的职业道德

资本主义商品经济的发展，促进了社会分工的扩大，职业和行业也日益增多、复杂。各种职业集团，为了增强竞争能力，增殖利润，纷纷提倡职业道德，以提高职业信誉。在许多国家和地区，还成立了职业协会，制定协会章程，规定职业宗旨和职业道德规范。从而促进了职业道德的普及和发展。在资本主义社会,不但先前已有的将德、官德、医德、师德等进一步丰富和完善,而且出现了许多以往社会中所没有的道德,如企业道德、商业道德、律师道德、科学道德、编辑道德、作家道德、画家道德、体育道德,等等。但是,由于资产阶级的利己主义和金钱至上的观念,使职业道德的作用在资本主义社会中受到很大的局限。也由于资本主义社会的性质,决定了某些职业道德的虚伪性,需要时提倡它,不需要时就践踏它,并往往做表面文章,自我吹嘘。

(三) 社会主义社会的职业道德

社会主义的职业道德是适应社会主义物质文明和精神文明建设的需要,在共产主义道德原则的指导下,批判地继承了历史上优秀的职业道德传统的基础上发展起来的。由于社会主义的各行各业没有高低贵贱之分,在职业内部的从业人员之间、不同职业之间以及职业集团与社会之间没有根本的利害冲突,因此,不同职业的人们可以形成共同的要求和道德理想,树立热爱本职工作的责任感和荣誉感。中国各行各业制定的职业公约,如商业和其他服务行业的"服务公约"、人民解放军的"军人誓词"、科技工作者的"科学道德规范"以及工厂企业的"职工条例"中的有些规定,都属于社会主义职业道德的内容,它们在职业生活中已经发挥了巨大的作用。

二、职业道德的特点

通过上述分析不难看出职业道德具有以下特点:

1. 职业道德具有适用范围的有限性

每种职业都担负着一种特定的职业责任和职业义务。由于各种职业的职业责任和义务不同,从而形成各自特定的职业道德的具体规范。

2. 职业道德具有发展的历史继承性

由于职业具有不断发展和世代延续的特征,不仅其技术世代延续,其管理员工的方法、与服务对象打交道的方法,也有一定历史继承性。如"有教无类"、"学而不厌,诲人不倦",从古至今始终是教师的职业道德。

3. 职业道德表达形式多种多样

由于各种职业道德的要求都较为具体、细致,因此其表达形式多种多样。

4. 职业道德兼有强烈的纪律性

纪律也是一种行为规范,但它是介于法律和道德之间的一种特殊的规范。它既要求人们能自觉遵守,又带有一定的强制性。就前者而言,它具有道德色彩;就后者而言,又带有一定的法律的色彩。就是说,一方面遵守纪律是一种美德,另一方面,遵守纪律又带有强制性,具有法令的要求。例如,工人必须执行操作规程和安全规定;军人要有严明的纪律等。因此,职业道德有时又以制度、章程、条例的形式表达,让从业人员认识到职业道德又具有纪律的规范性。

三、职业道德的作用

职业道德是社会道德体系的重要组成部分,它一方面具有社会道德的一般作用,另一方面它又具有自身的特殊作用,具体表现在:

(一)调节职业交往中从业人员内部及从业人员与服务对象间关系

职业道德的基本职能是调节职能。它一方面可以调节从业人员内部的关系,即运用职业道德规范约束职业内部人员的行为,促进职业内部人员的团结与合作。如职业道德规范要求各行各业的从业人员,都要团结、互助、爱岗、敬业、齐心协力地为发展本行业、本职业服务。另一方面,职业道德又可以调节从业人员和服务对象之间的关系。如职业道德规定了制造产品的工人要怎样对用户负责;营销人员怎样对顾客负责;医生怎样对病人负责;教师怎样对学生负责等。

(二)有助于维护和提高本行业的信誉

一个行业、一个企业的信誉,也就是它们的形象、信用和声誉,是指企业及其产品与服务在社会公众中的信任程度,提高企业的信誉主要靠产品的质量和服务质量,而从业人员职业道德水平高是产品质量和服务质量的有效保证。若从业人员职业道德水平不高,很难生产出优质的产品和提供优质的服务

(三)促进本行业的发展

企业的发展有赖于高的经济效益,而高的经济效益源于高的员工素质。员工素质主要包含知识、能力、责任心三个方面,其中责任心是最重要的。而职业道德水平高的从业人员其责任心是极强的,因此,职业道德能促进本行业的发展。

(四)有助于提高全社会的道德水平

职业道德是整个社会道德的主要内容。职业道德一方面涉及每个从业者如何对待职业,如何对待工作,同时也是一个从业人员的生活态度、价值观念的表现;是一个人的道德意识,道德行为发展的成熟阶段,具有较强的稳定性和连续性。另一方面,职业道德也是一个职业集体,甚至一个行业全体人员的行为表现,如果每个行业,每个职业集体都具备优良的道德,对整个社会道德水平的提高肯定会发挥重要作用。

第二节　职业道德的养成

一、职业道德品质的构成

职业道德行为是指从业者在一定的职业道德认知、情感、意志、信念的支配下所采取的自

觉活动。对这种活动按照职业道德规范要求进行有意识的训练和培养,称为职业道德行为养成。

职业道德行为养成的实质是职业道德品质的形成,职业道德品质的构成:

(1)道德认知,是指对道德原则和规范的认识。

(2)道德情感,是人们在一定的道德认知的基础上,对现实生活中的道德关系和道德行为的爱与憎。

(3)道德意志,是指人们在履行道德义务过程中克服自难、排除障碍的精神力量。"富贵不能淫、贫贱不能移、威武不能屈"就是这种精神的写照。

(4)道德信念,是人们对一定的人生观、道德、理论和行为原则的合理性、正义性的尊崇,以此形成人们对道德义务的强烈责任感。

(5)道德行为,指人的道德品质的外在表现。道德行为是根本,是检验道德认知的标准。

二、职业道德行为养成的途径和方法

职业道德行为养成的途径和方法有以下 5 种:

(1)在日常生活中培养。从小事做起,严格遵守行为规范,从自我做起,自觉养成良好习惯。

(2)在专业学习中训练。增强职业意识,遵守职业规范,重视技能训练,提高职业素养。

(3)在社会实践中体验。参加社会实践,培养职业情感,学做结合,知行统一。

(4)在自我修养中提高。体验生活,经常进行"自省",学习榜样,努力做到"慎独"。

(5)在职业活动中强化。将职业道德知识内化为信念,将职业道德信念外化为行为。

第三节　职业道德与人自身的发展

人总是要在一定的职业中工作生活。职业是指人们由于社会分工而从事具有专门业务和特定职责并以此作为主要生活来源的工作。人总要在一定的职业中工作生活,这是因为:

(1)职业是人谋生的手段。

(2)从事一定的职业是人的需求。

(3)职业活动是人的全面发展的最重要条件。

首先,职业活动是人生历程的重要一节。职业活动是人获得全面发展的重途径。职业道德是事业成功的保证。这是因为:没有职业道德的人干不好任何工作。职业道德是人事业成功的重要条件。每一个成功的人往往都有较高的职业道德(包括职业理想、进取心、责任感、意志力、创新精神等)。

其次,职业道德是人格的一面镜子。人的职业道德品质反映着人的整体道德素质。人的道德素质是人的综合素质的一个方面,它自身包含丰富的内容。从道德的结人的道德素质包括:道德认识、道德情感、道德意志、道德行为等内容。人内在的根本的道德价值观念,在人的整个道德素质中,居于核心和主导的地位。所以人的职业道德的提高有利于人的思想道德素质的全面提高。

上海专才管理顾问有限公司做了一项调查,对象是高薪收入且在基本素质具有共性的高级人才。结果表明,高收入者在其基本素质上的优势往往是其成功的基石。这些素质主要是:敬业精神、进取精神、良好的人际关系、合理的知识结构和做人方面的优秀品质(低调宣传自我、忍耐力强等)。由此可见职业道德行为养成对于个人自身至关重要。

第四节 职业道德与企业的发展

职业道德对企业的发展具有促进作用,主要体现在以下方面:

第一,职业道德是企业文化的重要组成部分。

企业文化的功能和价值包括自律功能、导向功能、整合功能、激励功能。职业道德在企业文化中占据重要地位,主要表现在两个方面:爱护工作环境和遵守规章制度。

(1)企业环境需要由职工来维护和爱护。

(2)职工没有严格遵守规章制度的觉悟,企业的规章制度就形成虚设。

(3)实现企业价值观、经营之道和企业发展战略目标的主体是职工。

(4)企业作风和企业礼仪本来就是职工职业道德的表现。

(5)职业道德对职工提高科学文化素质和职业技能具有推动作用。

(6)企业形象是企业文化的综合表现。

第二,职业道德是增强企业凝聚力的手段。

职业道德是协调职工同事关系的法宝。同事关系构成了企业内部人际关系的主体:

(1)正常工作形成的交往关系。

(2)工作闲暇时的非正式交往。

(3)由个人意愿而进行的工作以外的交往关系。

(4)因工作接触而结交的知心朋友。

第三,职业道德有利于协调职工与领导之间的关系。

道德有利于协调职工与企业之间的关系:职工与企业的关系协调与否,主要责任在企业。

第四,职业道德可以提高企业的竞争力。

职业道德有利于企业提高产品和服务质量。企业要提高产品质量,给顾客提供优质的服务就必须重视职工职业道德的教育和提高:

(1)掌握扎实的职业技能和相关专业知识是提高产品和服务质量的前提。

(2)工作的认真态度和敬业精神是提高产品和服务质量的直接表现。

(3)忠于企业,维护企业形象,是提高产品和服务质量的内部精神动力。

(4)严格遵守企业的规章制度,服从企业安排是提高产品和服务质量的纪律保证。

(5)奉献社会,真正以顾客为"上帝",全心全意为顾客服务是提高产品和服务质量的外部精神动力。

第五,职业道德可以降低产品成本、提高劳动生产率和经济效益。

(1)职工具备良好的职业道德有利于减少厂房、机器、设备的损耗,节约原材料,降低次品率。

（2）职工具备良好的职业道德，职工与职工之间，职工与领导之间，职工与企业之间就会保持协调、融洽、默契的关系，从而降低企业作为整体的协调管理费。

（3）职工具备良好的职业道德，提高产品和服务的质量，从而降低了企业与政府、社会和顾客的谈判交易费用。

（4）职工具备良好的职业道德，有较强的时间观念，在工作中珍分惜秒，有利于提高劳动生产率。

第六，职业道德可以促进企业技术进步。

（1）具有良好的职业道德是职工提高创新意识和创新能力的精神动力。

（2）具有良好的职业道德是职工努力钻研科学文化技术、革新工艺、发明创造的现实保证。

（3）职工具有良好的职业道德是企业保守科技机密的重要条件。

第七，职业道德有利于企业树立良好的形象、创造企业著名品牌。

（1）企业形象是企业文化的综合反映，其本质是企业信誉，商品品牌是企业形象的核心内容。职工具有良好的职业道德有利于企业形象和创造著名品牌。

（2）在现代媒体十分发达的今天，企业职工的表现直接影响企业形象和品牌。

第五节　职业道德基本规范

职业道德的基本要求是爱岗敬业、诚实守信、办事公道、服务群众、奉献社会。

一、爱岗敬业

爱岗敬业，反映的是从业人员热爱自己的工作岗位，尊重自己所从事的职业的道德操守。表现为从业人员勤奋努力、精益求精，尽职尽责的职业行为。这是社会主义职业道德的最基本的要求。

二、诚实守信

诚实守信，不仅是做人的准则，也是对从业者的道德要求，即从业者在职业活动中应该诚实劳动，合法经营，信守承诺，讲求信誉。

三、办事公道

办事公道，就是要求从业人员在职业活动中做到公平、公正、公道，不谋私利不徇私情，不以权害公，不以私害民，不假公济私。

四、服务群众

服务群众，就是在职业活动中一切从群众的利益出发，为群众着想，为群众办事，为群众提供高质量的服务。

五、奉献社会

奉献社会，就是要求从业人员在自己的工作岗位上树立起奉献社会的职业理想，并通过兢兢业业地工作，自觉为社会和他人做贡献，尽到力所能及的责任。

本章小结

本章主要介绍了职业道德的产生发展、职业道德特点和作用以及职业道德养成和基本职业道德规范。本章建议课时为 2 小时。

本章主要参考了以下资料，对原作者表示感谢。

【参考资料】

[1] 全国职工职业道德建设指导协调小组等.职工职业道德知识读本.北京：中国工人出版社，2005.

[2] 全国职工职业道德建设指导协调小组等.职工思想道德修养读本.北京：中国工人出版社，2005.

[3] 百度知道网站. http://zhidao.baidu.com.

[4] 百度百科网站. http://baike.baidu.com.

[5] 其他有关职业道德相关问题的新闻、统计数据和网络文本.

第十二章　做好充分准备，从容应对面试

教学目标

了解面试的意义，设计自己的个人简历，清楚面试着装要求，掌握面试技巧。

第一节　什么是面试

面试是一种经过组织者精心设计，在特定场景下，以考官对考生的面对面交谈与观察为主要手段，由表及里测评考生的知识、能力、经验等有关素质的一种考试活动。面试是公司挑选职工的一种重要方法。面试给公司和应聘者提供了进行双向交流的机会，能使公司和应聘者之间相互了解，从而双方都可更准确地做出聘用与否、受聘与否的决定。毫无疑问，我们讲的面试指的是应聘面试。

在整个应聘过程中，面试无疑是最具有决定性意义的一环，事关成败。同时，面试也是求职者全面展示自身素质、能力、品质的最好时机，面试发挥出色，可以弥补先前笔试或是其他条件如学历、专业上的一些不足。在应聘的几个环节中，面试也是难度最大的一环。

一个常规面试的 30 分钟里可能出现的事件和顺序大致上是这样的，但是，同样，法无定法，任何变数都会发生，掌握常规和随机应变并不矛盾，敲门，你满面笑容地进去，握手，请坐。然后面试官会给你一个很短的自我介绍，时间已经过去了 3 分钟，面试算是正式开始了。最理想的状态，你的面试官的第一个问题是：简单地介绍一下你自己吧。正中下怀，于是你开始背你写好的稿子，啪啦啪啦啪啦，你最好最多别超过 5 分钟，否则面试官十有八九会打断你，他觉得你背得太熟了。于是，面试开始 10 分钟后，真正的较量开始了。在接下来的 15 分钟之内，才是你真正抓住面试官，给他留下决定性印象的时候。15 分钟之内，一问一答，能够有几个回合呢？完全取决于你回答问题的长度。你可以一个问题用 10 分钟来回答，另一个问题用 5 分钟，这样你就让刁钻的面试官没有机会问你别的问题了；你也可以每个问题都用一句话来回答，这样你很快就可以让面试官弹尽粮绝，没有那么多准备好的问题来问你了，不过这会让面试官很尴尬，不一定对你获得职位有好处。

第二节　设计好自己的个人简历

面试很重要，但我们先不谈面试，从个人简历说起，因为简历决定了你能否参加面试。

个人简历是求职者给招聘单位发的一份简要介绍。包含自己的基本信息：姓名、性别、年龄、民族、籍贯、政治面貌、学历、联系方式；自我评价，工作经历，学习经历，离职原因及本人对这份工作的简要理解。一份良好的个人简历对于获得面试机会至关重要。

一、个人简历的主要内容

一般来说,简历应包括四个部分。

第一部分为个人基本情况,应列出自己的姓名、性别、年龄、籍贯、政治面貌、学校、系别及专业、婚姻状况、健康状况、身高、爱好与兴趣、家庭住址、电话号码等。

第二部分为学历情况。应写明曾在某某学校、某某专业或学科学习,以及起止期间,并列出所学主要课程及学习成绩,在学校和班级所担任的职务,在校期间所获得的各种奖励和荣誉。

第三部分为工作资历情况。若有工作经验,最好详细列明,首先列出最近的资料,后详述曾工作的单位、日期、职位、工作性质。

第四部分为求职意向。即求职目标或个人期望的工作职位,表明你通过求职希望得到什么样的工种、职位以及你的奋斗目标,可以与个人特长等合写在一起。

二、常用的简历格式

常用的简历格式有两种。一种是循序法,按照时间的先后,列举自己的学习,工作,培训方面的经历。另外一种是倒序法,把最新最近的写在简历前面,这种简历写法受到人力资源工作者的青睐,毕竟时间有限,要在 15 秒左右看出一个人是否有进一步接触的价值。

三、简历编写的原则

要写出一份出色的个人简历的第一原则是要有重点。一个招聘者希望看到你对自己的事业采取的是认真负责的态度。不要忘记雇主在寻找的是适合某一特定职位的人,这个人将是数百应聘者中最合适的一人。

第二条原则:是把简历看作一份广告,推销自己。最成功的广告则要有简短而富有感召力,并且能够多次重复重要的信息。你的简历应该限制在一页纸以内,个人情况介绍不要以段落的形式出现,尽量运用动作性短语使语言更加鲜活有力;在简历页面上端写一段总结性的语言,陈述你在求职上最大的优势,然后再在个人介绍中将这些优势以经历和成绩的形式加以叙述。

第三,要陈述有利的信息,争取成功的机会,也就是说尽量避免在简历阶段就遭到拒绝。

在编写简历时,要强调工作目标和重点,语言要简短,多用动词,并且要避免可能会使你被淘汰的不相关信息。要知道当你获准参加面试,简历就完成了它的使命。

简历一般以简短表形式出现,因为这样一目了然。不过文本简历,如果写得有条理性,也是不错选择。另外字迹漂亮的朋友,可以选择手写简历的方式,这会给自己加分;手写简历如何发送电子邮件?很简单,写完后扫描或数码相机拍下来(记得修图),作为图片附件发送即可。

四、个人简历的写作标准

(1) 整洁:简历一般应打印,保证简历的整洁性。

(2) 简明:要求简历一般在 1200 字以内,让招聘者在几分钟内看完,并留下深刻印象。

(3) 准确:要求简历中的名词和术语正确而恰当,没有拼写错误和打印错误。

(4) 通俗:语言通俗晓畅,没有生僻的字词。

(5) 诚实:要求内容实事求是,不卑不亢。表现自然。

五、简历的类型

一是时间型简历:它强调的是求职者的工作经历,大多数应届毕业生都没有参加过工作,更谈不上工作经历了,所以,这种类型的简历不适合毕业生使用。

二是功能型简历:它强调的是求职者的能力和特长,不注重工作经历,因此对毕业生来说是比较理想的简历类型。

三是专业型简历:它强调的是求职者的专业、技术技能,也比较适用于毕业生,尤其是申请那些对技术水平和专业能力要求比较高的职位,这种简历最为合适。

四是业绩型简历:它强调的是求职者在以前的工作中取得过什么成就、业绩,对于没有工作经历的应届毕业生来说,这种类型不适合。

五是创意型简历:这种类型的简历强调的是与众不同的个性和标新立异,目的是表现求职者的创造力和想象力。这种类型的简历不是每个人都适用,它适合于广告策划、文案、美术设计、从事方向性研究的研发人员等职位。

不要困惑于自己采用哪一种简历比较好,首先你要准备一份基本型的建立,即具备简历构成要素的简历,然后根据自己应聘的单位和岗位进行针对性优化。

六、投放简历

当你制作好简历后,接下来就是向招聘单位发送简历了。打印出来邮寄这种传统方式虽然给招聘企业节省纸张,但不建议采用,因为通过电子邮件接收简历已经成为趋势。

哪里找招聘信息?电视、报纸、杂志都用招聘信息,而更多的招聘信息来源于网络。网络招聘信息集中地是各大招聘网站,就北京来说,如今题网、智联招聘等,另一个是区域门户网站;更有针对性的是企业网站或行业网站。

发送完简历后,接下来就是漫长的结果等待,其实通常面试通知都在三日内得到,最长的一周内,就会有答复。超过一周即可放弃而找下一家企业。

第三节   面试的着装准备

面试准备要做的功课很多,例如心理准备、材料准备,应聘单位的行业和发展情况等。在北京还要有一项准备要做好,为了在指定时间内准时到达面试地点,还要有交通准备,迟到可是面试大忌。

我们重点介绍着装,这里的着装要求不仅仅适用于面试第一面,在职场中,在公共场合着装都需要如此。

一、男士面试的着装要求

(一)西装要笔挺

在现代社会的公关社交活动中,人们普遍认为"西装革履"是现代职业男士的正规服饰,就求职面试活动而言,穿西装也是最为稳妥和安全的,因此,西装一般成为许多求职者的首选装束。然而,穿西装也有许多讲究:

(1)颜色的选择。应聘者最好穿深色的西服,灰色、绿色和深蓝色都是不错的选择,它们给人以稳重、可靠,忠诚、朴实、干练的印象。

(2)面料的选择。穿天然织物做的衣服。人造织物的光泽和质地给人一种廉价的感觉。通常不像天然织物做的衣服那样有种吸引人的"下垂"感。而且,这种面料常常留有人体的气味,还不易去除。从更细微的角度说,让人把你同"人造"联系起来总不大好,因为这会给人以虚假和缺乏深度的感觉。

(3)西装要得体。体瘦的人,如果着深蓝色或中粗竖条的西装,会露出其纤细、瘦弱的缺憾,而穿米色、鼠灰色等暖色调,图案选用格子或人字斜纹的西装,就会显得较为丰满、强壮。瘦高的人,宜穿双排扣或三件套西装,面料选用质感和温暖感觉的,不要选用廓形细窄而锐利的套装。瘦矮的人穿西装时,可用胸袋装饰手帕,为增加胸部的厚度,还可在内袋装入钱包、笔记本等物品。体胖的人可穿用深蓝、深灰、深咖啡色等西装,忌米色、银灰等膨胀色,如果是带图案的西装,宜用 0.5~2 厘米的竖条。西装的款型可选用直线型的美国式,这会显得廓形锐利且苗条。

男士西装十忌:

① 忌西裤短,标准的西裤长度为裤管盖住皮鞋;

② 忌衬衫放在西裤外;

③ 忌衬衫领子太大,领脖间存在空隙;

④ 忌领带颜色刺目;

⑤ 忌领带太短,一般领带长度应是领带尖盖住皮带扣;

⑥ 忌不扣衬衫扣就佩戴领带;

⑦ 忌西服上衣袖子过长,应比衬衫袖短 1 厘米;

⑧ 忌西服的上衣或裤子的口袋内鼓鼓囊囊;

⑨ 忌西服配运动鞋;

⑩ 忌皮鞋和鞋带颜色不协调。

(二)衬衫要理想

衬衫必须是长袖的。有些衬衣的袖口上有简单的链扣,给人以格外注重细节的感觉。衬衫应当是白色或淡蓝色,不带图案或条纹。印有交织字母的衬衫对你可能有利也可能不利,有些面试者会认为这代表有个性,成功以及自信,而其他人则认为这是炫耀,甚至有点粗俗。

最安全的办法就是避开印有交织字母的衬衫。跟西服一样,衬衫的最理想布料也是天然织物。要穿那些经过精心缝制、专业洗涤、中度上浆(挺括)的全棉衬衫。

(三)领带要选好

有些专家说,在你跟面试者握手时领带首先受到关注。它可以使一套昂贵的西服显得很廉价,也可以便普通的穿着给人的印象提高一个档次。领带的面料选用100%的纯丝即可。不要使用亚麻或毛料,前者容易缩水,后者显得太随便。合成织物显得廉价,而且打出的结也不美观。如果穿白色或浅蓝衬衣,就比较容易挑选与之相配的领带。领带应当为西服增色,且不能与西服的图案有任何冲突。领带的宽度随衣服款式的不同而不同,穿西服时,安全的着装规则就是领带宽度要接近西服翻领的宽度。传统的图案如立体形、条纹、印花绸以及不太显眼的蜗旋纹布等都是可以接受的。行政主管们一直喜欢立体宽条纹,因而这种布料被称为“权力条纹”。不过,要避开带有圆点花纹、图画(如:动物、猎狗的头等)、体育形象(如马球棍和高尔夫球棒等)以及设计者的徽标的领带。很多面试人员认为徽标尤其令人讨厌,它使人缺乏安全感,好像你需要设计者的认可才能证明你的着装品位。给领带精心打结,这几年又开始流行小而紧的领结。系好的领带不要超过你的裤腰带。

(四)皮鞋要擦亮

注意使你的鞋面保持锃亮,鞋跟要结实,破旧的鞋跟会使人显得疲软而委靡,系带的皮鞋一定要检查鞋带是否干净且系紧了。松开或未系的鞋带会给你带来不安全感甚或可以将你绊倒。另外,切勿把黑鞋与棕色西装搭配,这样会十分不谐调。

(五)袜子要够长

如果你选择的是一双鞋面较低的无带鞋,这些对你尤其重要。无论如何,袜子的颜色应当和西服相配。通常应选蓝、黑、深灰或深棕色,不要穿颜色鲜亮或花格袜子。袜子要够长,使你在叠起双腿时不至露出有毛的皮肤,这样十分不雅观。而且要有足够的弹性,使它们不至于从腿上滑下或缩成一团。

(六)头发要干净、自然

求职者去应聘时要保持头发整洁,精心梳理,不要给人油光发亮、湿淋淋的感觉;发型简单、朴素、稳重大方,不要留鬓角,最好不要留中分头;头发也不能压着衬衣领子;胡须最好刮干净,不要留人丹胡、络腮胡。

(七)公文包要简单

简单细长的公文包是最佳选择。如果适合你的职业,携带一个整洁的文件夹。避免带任何会使人想起推销员的皮包。还要注意看看包带或扣是否好使,把包拉上,看看是否能开合自如。当然,别忘了把必备的简历等资料装进去。

（八）注意手和指甲

手是人体中活动最多的部分之一，也常常是人们目光的焦点，因此，在面试人看你之前，先看看自己的手，必使其洁净而不要留长指甲。

（九）小饰物要简单适宜

（1）皮夹。一件小巧的钱包不易使口袋鼓起变形。但钱包里的东西应是必需品。千万不要把各种信用证、家庭生活照等塞在里面。

（2）手表。一块手表不仅是为了计时用的，而且应是一件装饰品。在你支付能力范围内选择高质量的并和你的衣服相配的名牌。另外，也不应戴米老鼠之类的手表。

（3）手帕。放一块折叠雅致的手帕在你的西装上部的小口袋中，不仅可增加一个男人的情调，而且还可在出现尴尬局面时用它作掩饰。

（4）项链、装饰别针、手镯、耳环等饰物都是男性求职者面试时十分忌讳的。

（十）注意个人卫生

身上的怪味应清除。面试时，应试人和主试人的距离一般不会很远，如果你身上散发出汗臭味、腋臭味、烟味等怪味，主试人闻到了肯定会厌恶，这也要影响面试效果。因此，面试前务必把身上的怪味清除掉。清除怪味的办法有多种。

一是面试前的那餐饭菜不要吃洋葱和大蒜，也不要喝酒，以免口腔怪味刺人，酒气熏天。饭后漱漱口，最好刷刷牙。

二是面试前洗个澡，这既可以把汗臭味冲洗掉，把腋臭味冲淡，也可以使你更加精神抖擞。

三是面试前别吸烟，烟味会萦绕不散，气味难耐。

四是可以在身上适度地抹些香水，香水既可驱散其他气味，又沁人心脾，香水需提前两三小时抹，可擦在耳后、衣领处。手肘内侧、手腕、胸前及膝盖内侧，不要把香水直接喷在衣服上。香水的味道应选择清淡型的，如玫瑰香型、米兰型和黄角兰型。其他具有性挑逗作用的香水切忌选用。

二、女士面试的着装要求

（一）女士面试服饰礼仪

女人是爱美的天使，世界因为有了她们而更加绚丽可爱，在这个时尚开放的年代，女士服饰色彩缤纷，形态万千，因此，其着装问题就显得比男士更复杂些。

女士着装以整洁美观、稳重大方、协调高雅为总原则，服饰色彩、款式、大小应与自身的年龄、气质、肤色、体态、发型和拟聘职业相协调、相一致。

（二）服装的选择要得体

女士求职服装一般以西装，套裙为宜，这是最通用、最稳妥的着装，不论年龄，一套剪裁合体的西装、套裙和一件配色的衬衣或罩衫外加相配的小饰物，会使你看起来显得优雅而自信，会给对方留下良好的印象。切忌穿太紧、太透和太露的衣服。袒胸露背一般是西方女士参加社交活动的传统着装，但在我国却不一定适合；不要穿超短裙（裤），不要穿领口过低的衣服；夏天，内衣（裤）颜色应与外套协调一致，避免透出颜色和轮廓，否则，会让人感到不庄重、不雅致，也给人轻佻之感，这是求职之大忌。

大量的求职实践表明，不论是应聘何种职业，保守的穿着会被视为有潜力的候选人，会比穿着开放的求职者更容易被录用。女性求职者服装的颜色可有多种选择，有些女性认为面试时一定要穿黑色套装，这种穿法虽然十分稳重，但是现在社会已能接受一些较鲜艳的颜色，比如，谋求公关、秘书职位的女性穿黄色服装就容易被主试人接受，因为黄色通常表现出丰富的幻想力和追求自我满足的心理。红色能显示人的个性好动而外向，主观意识较为强烈而且有较强的表现欲望，这种颜色感染力强，容易打动主试人，令他振奋，使他印象深刻。不过，女性应该避开粉红色，这种颜色往往给人以轻浮、圆滑、虚荣的印象。

（三）鞋子要便利

女士如何穿鞋也有学问，总的原则是应和整体相协调，在颜色和款式上与服装相配。面试时，不要穿长而尖的高跟鞋，中跟鞋是最佳选择，既结实又能体现职业女性的尊严。设计新颖的靴子也会显得自信而得体。但穿靴子时，应该注意裙子的下摆要长于靴端。

（四）袜子也很重要

袜子不能有脱丝。时装设计师们都认为，肉色作为商界着装是最适合的。为保险起见，你应在包里放一双备用，以免脱丝能及时更换。另外，不论你的腿有多漂亮，都不应在面试时露着光腿。

（五）饰物要少而精

（1）公文包或手提小包。带一个即可，不要两个都带。在多数面试场合，携带公文包比手提小包体现出更多的权威。你可以把手提包的基本内容放进一个无带小提包，然后把它装进公文包内，但不要装包塞得满满的。如果你个子较矮小，包则不宜过大，这样会极不协调。

（2）帽子。不管你是否戴帽子，对此你必须持谨慎态度。假如你的帽子与你全身很相配，就请选择一顶既无饰边也不艳丽却很雅致的帽子。一般有面纱的松软宽边的法式帽子在生意场上易使人心烦。

（3）首饰。应尽量少戴首饰。避免几个手指都戴戒指。拇指戒指不能为人接受。耳环应当小巧且不引人注目。为了使你感到舒适，注意力集中，戴的耳环不要过长，以免发出叮当的声响或者触及脖颈，甚至挂到衣服上。朴实无华的项链就挺好，但别戴假珍珠或华丽的人造珠宝。令人喜爱的手镯是完全可以接受的，但镯子上的小饰物应当避免，其他刻有你名字首字母的首饰也应避免。面试时一定不要戴脚镯。总之，戴首饰的重要原则是：少则美。

（4）眼镜。眼镜会使一些人外表增色，也可能使一些人显得不协调。尽量选择适合自己的镜框，式样宜新为好。另外，千万不可戴太阳镜（护目镜）去面试，当然更不能戴反光镜。假如你非戴眼镜不可，可选择隐形眼镜。

（5）围巾。一条漂亮的围巾有画龙点睛的妙用。一些女士喜欢蓝灰色服装，但穿蓝灰色衣服往往会使面部发暗,如果配上一条色彩浓郁、风格热烈的尼龙围巾,就能达到生气勃勃的效果。如果穿一套藏青色的西服,应围一条纯白的围巾,既能显托红唇黑眸,又能保持藏青色清爽如水的气质,衬托出女性的敏捷和果断。另有一些女青年,喜欢穿银灰色的衣服。银灰色是高雅大方的色彩,但若围巾搭配不当,便会显得呆板平淡。

(6)丝巾。丝巾飘逸清秀的特点最能烘托出女性的美,但选择丝巾时一定要注意与衣服的协调搭配。如花色丝巾可配素色衣服,而素色丝巾则适合艳丽的服装。

(六)发式要适宜

在选择发型之前,应该先分析研究一下自己的脸型,有了彻底的了解后,才会选择出最适合脸型的发型。

一般来讲,掌握以下几个原则即可:

(1)高额角、低额角。如果你的脸型属高额角,发梢应向下梳,做刘海或波浪,让你的头发遮盖一部分前额;若是低额角,发梢应尽量离开前额往上梳,如果你偏爱刘海,必须要短,决不能低于发线,避免使额头看来更低。

(2)宽额角、窄额角。宽额角,发梢应从两边向中间梳,用波浪遮掩住太宽的额角。对窄额角的年轻女士来说,情况正好相反,头发应沿两边向后梳,如果你做了刘海,则发卷切不要让它伸延至太阳穴前。

(3)高颧骨、低颧骨。高颧骨,两鬓的头发往前梳,超过耳线,盖住颧骨,刘海不妨略长些,但不可梳中分式。至于低颧骨的年轻女士,两边的头发应往后梳,不要遮耳线,两鬓可以做发卷,以中间分开更好。

(4)大鼻子、小鼻子。大鼻子,头发应梳高或向后梳,避免中分,因为中分会使你鼻子显得更大,最好不要蓄刘海。小鼻子的年轻女士头发绝不要往上梳,应让刘海下垂,遮住发线,但刘海不可留得过长。

(5)突下巴、缩下巴。突下巴,两边及额前的头发,都应该向上梳,让发线显露出来,脑后微微往上梳。缩下巴,额前和两鬓的头发,都应向前梳,宜盖住额头,脑后头发要低而丰满。

(6)粗短颈子。头发四面向上梳,应蓄短发,永远不要让头发遮盖发线。细长颈子,头发要向后梳,避免选择较短的发式。

(七)化妆要淡而美

对于女性求职者,化妆一定要坚持素质淡的原则,切不可浓妆艳抹。

(1)嘴唇。嘴唇是脸部最富色彩,最生动的地方,也是最吸引人的部分,所以无论如何要使嘴唇显得有润泽感。年轻女士宜用紫色口红,避免用大红或橙红,过于刺目的嘴唇会给人以血盆大口的印象,使主试人唯恐避之不及。唇线不可画得太深,那样会使你的嘴显得突出和虚假。

(2)眼睛。眼睛是心灵的窗户,因此眼睛在面试时的作用是举足轻重的。为了使眼睛在面试时能动人而传神,面试之前就应稍加修饰,例如女士可以描一描眉毛,使之更加妩媚。眼睛小的,可以在眼睛四周轻轻地描上眼圈,但不能描得太黑太深,不要露出修饰的痕迹。单眼皮者也未必一定要去拉双眼皮,有的单眼皮传达出的眼神更坦率、更亲切。如果你有近视、斜视和眨眼之类的毛病,就有必要戴上一副眼镜去面试,不要让眼睛的毛病贻误了你取胜的机会。

（3）鼻子。我们说修饰鼻子，并不是要你去整容。你可以在鼻梁上略施淡粉，因为面试时如果灯光太亮，会使鼻子出油发亮，如果天气太热，鼻梁上也容易出汗。有粉刺鼻、酒糟鼻和鼻炎者，最好提前到医院去诊治，以免妨碍面谈的效果。平常鼻毛长的人，面试前要格外注意修剪，如果鼻毛横行，主试人见了一定会感到恶心。另外，鼻端上或眼角里不要留有污秽积物。

（4）香水。选择香水要与自身的气质相配，香味宜淡，闻上去要给人以舒畅的感觉。

（八）注意手和指甲

女人的手通常是其气质外观的一个方面。为充分显示其魅力，应保持干净，指甲应修剪好，千万不要留长长的指甲，另外不要涂艳丽的指甲油。因为长指甲会使人联想起你是什么都不干的大小姐。爱美之心人皆有之，但对于求职者而言，其服饰除了要符合一般社交场合服饰的共同要求外，更要注重和突出服饰的职业特点，使你的着装打扮与你应聘的职业相称，给人一种鲜明的职业形象的感觉。

如你拟应聘的职业是教师、工程师、干部等岗位，打扮就不能过分华丽、过分时髦，而应该选择庄重、素雅、大方的着装，以显示出稳重、文雅、严谨的职业形象。

如果你拟应聘的职业是导游、公关、服务等岗位，你就可以选择华美、时髦的着装，以表现活泼、热情的职业特点。

第四节　面试技巧

一、面试评测的内容

从理论上讲，面试可以测评应试者任何素质，但由于人员甄选方法都有其长处和短处，扬长避短综合运用，则事半功倍，否则就很可能事倍功半。因此，在人员甄选实践中，并不是以面试去测评一个人的所有素质，而是有选择地用面试去测评它最能测评的内容。

（一）仪表风度

这是指应试者的体型、外貌、气色、衣着举止、精神状态等。像国家公务员、教师、公关人员、企业经理人员等职位，对仪表风度的要求较高。研究表明，仪表端庄、衣着整洁、举止文明的人，一般做事有规律、注意自我约束、责任心强。

（二）专业知识

了解应试者掌握专业知识的深度和广度，其专业知识更新是否符合所要录用职位的要求，作为对专业知识笔试补充。面试对专业知识的考察更具灵活性和深度。所提问题也更接近空缺岗位对专业知识的需求。

（三）工作实践经验

一般根据查阅应试者的个人简历或求职登记表，作些相关的提问。查询应试者有关背景及过去工作的情况，以补充、证实其所具有的实践经验，通过工作经历与实践经验的了解，还可以考察应试者的责任感、主动性、思维力、口头表达能力及遇事的理智状况等。

（四）口头表达能力

面试中应试者是否能够将自己的思想、观点、意见或建议顺畅地用语言表达出来。考察的具体内容包括：表达的逻辑性、准确性、感染力、音质、音色、音量、音调等。

（五）综合分析能力

面试中，应试者是否能对主考官所提出的问题，通过分析抓住本质，并且说理透彻、分析全面、条理清晰。

（六）反应能力与应变能力

主要看应试者对主考官所得的问题理解是否准确，回答的迅速性、准确性等。对于突发问题的反应是否机智敏捷、回答恰当。对于意外事情的处理是否得当、妥当等。

（七）人际交往能力

在面试中，通过询问应试者经常参与哪些社团活动，喜欢同哪种类型的人打交道，在各种社交场合所扮演的角色，可以了解应试者的人际交往倾向和与人相处的技巧。

（八）自我控制能力与情绪稳定性

自我控制能力对于国家公务员及许多其他类型的工作人员（如企业的管理人员）显得尤为重要。一方面，在遇到上级批评指责、工作有压力或是个人利益受到冲击时，能够克制、容忍、理智地对待，不致因情绪波动而影响工作；另一方面工作要有耐心和韧劲。

（九）工作态度

一是了解应试者对过去学习、工作的态度；二是了解其对现报考职位的态度。在过去学习或工作中态度不认真，做什么、做好做坏者无所谓的人，在新的工作岗位也很难说能勤勤恳恳、认真负责。

（十）上进心、进取心

上进心、进取心强烈的人，一般都确立有事业上的奋斗目标，并为之而积极努力。表现在努力把现有工作做好，且不安于现状，工作中常有创新。上进心不强的人，一般都是安于现状，无所事事，不求有功，但求无过，对什么事都不热心。

（十一）求职动机

了解应试者为何希望来本单位工作，对哪类工作最感兴趣，在工作中追求什么，判断本单位所能提供的职位或工作条件等能否满足其工作要求和期望。

(十二) 业余兴趣与爱好

应试者休闲时爱从事哪些运动,喜欢阅读哪些书籍,喜欢什么样的电视节目,有什么样的嗜好等,可以了解一个人的兴趣与爱好,这对录用后的工作安排常有好处。

(十三) 单位介绍与回答应试者问题

面试时主考官还会向应试者介绍本单位及拟聘职位的情况与要求,讨论有关工薪、福利等应试者关心的问题,以及回答应试者可能问到的其他一些问题等。

二、应对面试的技巧

(一) 面试中的非言语技巧

如前所述,面试中的非言语信息是考官面试评价的重要依据之一,这就要求我们在面试中注意应用各种非言语技巧,以赢得考官的好感。

1. 面试对姿势的要求

正如前面提到的面试开始时一样,面试时的姿势,应和日常工作、学习中的标准姿势差不多。坐姿要正,站姿要直,走路不急不慢,手臂摆放自然。正确的坐姿,让人看后觉得应考者精神振奋,朝气蓬勃。

谈到姿势,不可不提到在许多应考者中出现的下意识小动作,如下意识地看手表(让主考官觉得你对面试或提问有些不耐烦);坐着时双腿叉开,摇晃不停或不住地抖动;讲话时摇头晃脑,用手掩口;或用手不住地挠后脑勺;或不停地玩弄随身携带的小物件等。这些小动作会使考官分神,并很有可能引起他们的反感,使其感觉应考者或是太紧张,或是缺乏教养,或是坏习惯太多,结果对面试不利。

2. 面试对情感控制的要求

面试是一个公共的考核场所,它要求每一个参与者心平气和,一切超出常规的感情流露都不适宜,不管出现什么样的情况,都应控制好自己的感情。

如果考官提的问题让你很不高兴或不愿意回答,甚至还有令人难堪的提问,这时应考者应保持头脑冷静,不可匆忙回答问题。一般来讲,主考官不会与应考者为难作对,果真出现这种情况,通常总是预先设计好的一种"战术",意在测试应考者的应变能力和心理承受能力。若应考者听完提问后火冒三丈,反唇相讥,恶语相加,那就是中了考官设计的"圈套"了,无疑,这次面试不会有任何结果。

同样,应考者与考官争论某个问题是不明智的,即使你理由充足,也应心平气和,以说理的方式表明自己的立场,以显示出自己不是见风使舵之徒。如果争论太激烈,感情冲动,褒贬与自己观点立场不一的人,反而会弄巧成拙。当然,应考者也不可在考官面前过多地谈论你的专业或特长,因为考官未必都懂你的专业,谈多了反而使考官认为你在卖弄自己。

3. 面试对倾听的要求

面试考官就广泛的问题向应考者征询、提问,并根据应考者的回答和表现对他们的能力、素质、心理特点、求职动机等多方面内容进行评价。在主要问题谈过之后,考官可能会提出一些比较敏感、尖锐的问题,以便深入、彻底地了解应考者的情况,为录用抉择提供更加充足的信息。为了能在面试的重要阶段获得考官的认同和赞许,赢得关键阶段的胜利,面考者应学会倾听。

这种倾听的要点是,先不要有什么成见或决定,应密切注视讲话的人所要表达的内容及其情绪。这样才能使后者畅所欲言,无所顾忌。而后听的人才能得到比较真实而完整的信息,以供他作为判断和行动的依据。

优秀的谈话者都是优秀的倾听者,不论你口才如何,若不懂得倾听,就不会给人留下好印象。虽然面试中发问的是考官,回答的是应考者,应考者答话时间比问的时间多,应考者还是必须做好倾听。

别人讲话时留心听,是起码的礼貌,别人刚发问就抢着回答,或打断别人的话,要始终表现出对谈话者的尊重与信任,这是一条根本原则。你对考官表现出信任,考官才能相信你的话,这是人际关系中的互动原理,任何单方面的要求都将遭到心理上的排斥。你要求别人尊重你,你先得尊重别人。

4. 面试对目光的要求

面试时与考官保持视线的接触,是交流的需要,也是起码的礼貌,更是应考者自信的一种表现。面试时若回避对方目光,会被考官认为你或许太胆怯,心中无底;或许太傲气,不将考官放在眼中。正常状态下,应考者应将大部分时间望着向自己发问的那位主考官,但不要一直将目光盯着对方的眼睛,这会让人觉得你太咄咄逼人,会被认为向主考官挑战。正确的方法是把目光放在对方额头上或鼻梁上,这样会使对方觉得你是在聚精会神地和他交流。保持目光的自然、轻松、柔和,传达出你的真实思想,这是应考者在面试时所必备的要求。

5. 面试时精神紧张的克服办法

陌生的环境,被陌生的人提问,事关自己今后一段时间的发展前途,不可能不紧张,一定的紧张会促使应聘者更加集中注意力投入面试。但若紧张过了头,则对面试不利,有时会使应考者的注意力不集中,甚至可能将事先准备的内容忘得干干净净,头脑一片空白。你可以通过下列办法克服紧张的情绪:

(1)要做好充分的准备工作。预计到自己临场可能很紧张,应事先请有关教师或同学充当主考官,举办模拟面试,找出可能存在的问题与不足,增强自己克服紧张的自信心。

(2)应反复告诫自己,不要将一次面试的得失看得太重要,应该明白,自己紧张,你的竞争对手也不轻松,也有可能出差错,甚至可能不如你。同等条件下,克服了紧张,大方、镇定、从容地回答一个提问,你就会取得成功。

(3)不要急着回答问题。主考官问完问题后,应考者可以考虑5~10秒钟后再作回答。在回答时,要注意语速不要太快,太快容易使思维与表达脱节,快了也易表达不清。而你一旦意识到这些情况,会更紧张,结果导致面试难以取得应有的效果。所以切记,面试从头到尾,讲话不急不慢,逻辑严密,条理清楚,让人信服。

(4)如果真的紧张得厉害,难以控制,最明智的办法就是坦白告诉主考官,例如说:"对不起,我确实有点紧张,可不可以让我先冷静一下,再回答您的问题?"通常主考官都会同情你,并因你的诚实真诚留下好印象。而你也因为讲了出来,觉得舒服多了,因而紧张程度大大减轻。

(二) 面试中的言语技巧

1. 面试对语言的基本要求

在语言方面,应考者谈话的内容和说话的方式同等重要。主考官不仅对应考者讲了些什么关心,也对应考者怎样讲、讲话时的语调、声音的高低、讲话速度等方面感兴趣。所以对应考者而言,只要讲话条理清楚,不急不慢地通过表情、语调、声音等诸方面的配合,传达出自己真诚、乐观、热情、大方的态度,就会收到良好的效果。

2. 注意不良语言习惯和面试用语

面试中应考者说话要谨慎,不要使用一些不良的用语和语言习惯,具体要注意以下一些方面:

(1) 使用极端评价。

语义的确定性应适时而定。有的应考者形成一种语言习惯,就经常使用绝对肯定或很不确定的词语。例如一些应考者总是说:"肯定是……"、"绝对是……",显得比较固执或夸张;另一些应考者却老把"也许"、"可能"、"差不多"、"还可以吧"等挂在嘴边,显得缺乏自信。这两种情况对于面试结果都会有不良影响。

(2) 语言呆板、乏味。

有的应考者说话时词语显得特别贫乏,回答问题就像小学生解问答题一样:"因为……所以……",这样即使内容很精彩,但也会令人感到乏味。所以,应考者应尽可能地变换句式,使用同义词或近义词等。当然,这一点说起来简单,要真正做好还得靠平时的功底和有意识的训练。

(3) 不要轻易假定对方知道某事。

有的应考者经常使用:"众所周知……"、"正如每个人所了解的那样……"等话语,似乎面试现场的每一个人都知道或认可这些事。这样的话易造成考官心中的逆反心理,"我就不知道……"。

(4) 不让考官插话。

有些应考者前一句话刚完,马上又抢着说下一句话,并在话题连接的部分插入无意义的"所以"、"而"等连接词,让自己的语言"外壳"水泄不通,难以让考官插话以做出适当的响应。例如某应考者这样说:"我要说的就是这些……所以……换句话说……"。要知道,面试是一种双向沟通,所以得让考官有插话的机会。

(5) 说话时不注意考官的反映。

有的应考者一进入面试情境就很投入,这本是好事。但有的应考者可能太投入了,以至于只顾自己滔滔不绝地说,对考官的反映一无所知,这样就起不到良好的面试效果。因为也许考官嫌你太啰唆了,可你还是在充分地发挥自己的"口才",这样会起到相反的效果;也可能考官正对你的某种观点感兴趣的时候,你却突然转到一个其他的无关话题上,这都是不善于"察言观色"的结果。我曾有一位朋友,在一次很关键的晋职面试中,本来对问题的回答已经很完整了,可是他自己还想多说点,结果考官都有点不耐烦了,可他一点也没觉察,还在那儿不着边际地说,结果当然是很不理想。比较好的做法是,应考者边回答问题边观察考官的反应,以便及时调整自己的回答。

3. 面试中出现沉默时的办法

面试时出现半分钟左右的沉默是正常的,但有时主考官为试验一下应考者的心理承受能力,会故意长时间地不讲话,造成长时间的沉默。许多没有经验或经验不足的应考者对此往往不知所措,惶恐不安,甚至说了一些不该说或毫无意义的话,造成自己被动。好的应对办法是利用这一时间,对前面所讲的话题加以补充;或者也可以提出一些你对用人单位尚不了解的问题,还可以利用这部分时间介绍一些你个人的有关详细情况。

这里顺便要提一下的是少数性格内向的应考者在面试时只是以简单的词汇(如:只回答"是"或"不是")来回答考官的提问,而不能对自己的情况、对某一问题的观点加以详细的阐述,这样的态度与做法,用人单位一般难以接受。相反,平时讲话滔滔不绝的应考者,此时也应有所节制,不能让大家光听你一人讲,果真那样,效果也很差。

4. 评价自己的过去要小心

在面试时,可能是对方提出各种问题,其中的一个中心议题是让你对你自己作一番评价。这类问题的提法虽有不同,但大致会有:

(1)你是通过什么渠道看到本单位的招聘信息的?

这是该单位对其招聘广告效果的测试和调查,这种问题虽然有不尽公平之嫌,但在此你还是据实回答为好。

(2)你认为自己过去工作中最值得骄傲的一件事是什么?

这是在对你的思维模式和心理特征进行调查,你自己在应答时,应尽量显示自己积极主动好胜进取的一方面。

(3)你如何评价你过去所在的单位?

这是一道非常危险的题目,一方面,这可能意在考查你的人格是否健全。有些人,属于心智发育不全者,总是爱在背后说三道四、议论人非,这是非常不可取的,没有哪个正经的单位会吸收那些能给工作带来不必要的麻烦和增加人际关系成本的员工的。在此,只应对以往的单位作事实判断,诸如企业性质、从业范围、人员构成等,不去涉及其经营状况等商业秘密,尽量避免价值判断,像其经营思路是否正确、用人是否妥当、关系是否融洽、客户是否挑剔、前景是否看好、老板是否有过人之处,等等。要知道,品评别人在很多时候是犯忌的。

(4)你认为自己有什么劣势或缺陷吗?

一般地,这种问题是在面试中经常出现的。在回答这种问题时,除了像经验、年龄、学历、性别、外语、专业等一目了然的外在情况外,可以将自己的优势稍加转化,像认真的反面就是有些叫劲、麻利的反面就是急求事功、磊落的反面就是处理人际关系上的简单化、忠实的反面就是不善交际等,通常情况下,这类问题并非起决定性作用。

5. 女性巧妙回答敏感话题

用人单位在考虑聘用女职员时,常担心婚姻和家庭会影响工作,所以面试时往往会提出一些相关的问题。因此,能否回答好这些问题,关系到求职是否成功。现向女性应考者推荐几种应答方法。

(1)家庭和事业你觉得哪个更重要?

你最好抱着工作至上的态度,可以这么回答:我会结婚,但我认为女人最重要的是能够保持自己的活力,工作对现代女性来说尤为重要。

（2）婚后你是否计划在近期内生育？

你可以这么说：我很重视自己的事业，因此我的决定以不影响我的工作和单位的利益为前提，会理智地处理好这个问题，我相信我的丈夫是个明事理的人，他一定会理解和支持我的！

（3）你对倒茶、扫地、复印资料等琐事怎么看？

你可以这样回答：只要工作需要，哪怕是再不起眼的小事，我都会认真地做。

（4）如果单位派你到外地出差，你的男友不同意你去，你该怎么办？

你最好这么回答：单位安排我出差，是工作上的需要，我和我的男友都是热爱工作和事业的人，相信我的男友会支持我。如果他不同意，我也会说服他。

以上只是招聘单位可能会问到的问题，其目的都是在"旁敲侧击"地"考验"你。女应考者千万不要忽视这些"小问题"。

（三）面试过程中的硬伤

1．不善于打破沉默

面试开始时，应试者不善于"破冰"，而等待面试官打开话匣。面试中，应试者又出于种种顾虑，不愿主动说话，结果使面试出现冷场。即便能勉强打破沉默，语音语调亦极其生硬，使场面更显尴尬。实际上，无论是面试前或面试中，面试者主动致意与交谈，会留给面试官热情和善于与人交谈的良好印象。

2．与面试官"套近乎"

具备一定专业素养的面试官是忌讳与应试者套近乎的，因为面试中双方关系过于随便或过于紧张都会影响面试官的评判。过分"套近乎"亦会在客观上妨碍应试者在短短的面试时间内做好专业经验与技能的陈述。聪明的应试者可以列举一两件有根有据的事情来赞扬招聘单位，从而表现出你对这家公司的兴趣。

3．为偏见或成见所左右

有时候，参加面试前自己所了解的有关面试官或该招聘单位的负面评价，会左右自己面试中的思维。误认为貌似冷淡的面试官或是严厉或是对应试者不满意，因此十分紧张。还有些时候，面试官是一位看上去比自己年轻许多的小姐，心中便开始嘀咕："她怎么能有资格面试我呢？"其实，在招聘面试这种特殊的采购关系中，应试者作为供方，需要积极面对不同风格的面试官即客户。一个真正的销售员在面对客户的时候，他的态度是无法选择的。

4．慷慨陈词，却举不出例子

应试者大谈个人成就、特长、技能时，聪明的面试官一旦反问："能举一两个例子吗？"应试者便无言应对。而面试官恰恰认为：事实胜于雄辩。在面试中，应试者要想以其所谓的沟通能力、解决问题的能力、团队合作能力、领导能力等取信于人，唯有举例。

5．缺乏积极态势

面试官常常会提出或触及一些让应试者难为情的事情。很多人对此面红耳赤，或躲躲闪闪，或撒谎敷衍，而不是诚实地回答、进行正面解释。比方说面试官问："为什么5年中换了3次工作？"有人可能就会大谈工作如何困难、上级不支持等，而不是告诉面试官：虽然工作很艰难，自己却因此学到了很多，也成熟了很多。

6. 丧失专业风采

有些应试者面试时各方面表现良好，可一旦被问及现所在公司或以前公司时，就会愤怒地抨击其老板或者公司，甚至大肆谩骂。在众多国际化的大企业中，或是在具备专业素养的面试官面前，这种行为是非常忌讳的。

7. 不善于提问

有些人在不该提问时提问，如面试中打断面试官谈话而提问。也有些人面试前对提问没有足够准备，轮到有提问机会时不知说什么好。而事实上，一个好的提问，胜过简历中的无数笔墨，会让面试官刮目相看。

8. 对个人职业发展计划模糊

对个人职业发展计划，很多人只有目标，没有思路。比如当问及"您未来5年事业发展计划如何"时，很多人都会回答说"我希望5年之内做到全国销售总监一职。"如果面试官接着问"为什么"，应试者常常会觉得莫名其妙。其实，任何一个具体的职业发展目标都离不开你对个人目前技能的评估以及你为胜任职业目标所需拟定的粗线条的技能发展计划。

9. 假扮完美

面试官常常会问："您性格上有什么弱点？您在事业上受过挫折吗？"有人会毫不犹豫地回答："没有。"其实这种回答常常是对自己不负责任的。没有人没有弱点，没有人没有受过挫折。只有充分地认识到自己的弱点，也只有正确地认识自己所受的挫折，才能造就真正成熟的人格。

10. 被"引君入瓮"

面试官有时会考核应试者的商业判断能力及商业道德方面的素养。比如：面试官在介绍公司诚实守信的企业文化之后或索性什么也不介绍，问："您作为财务经理，如果我要求您一年之内逃税1000万元，那您会怎么做？"如果你当场抓耳挠腮地思考逃税计谋，或文思泉涌，立即列举出一大堆方案，都证明你上了他们的圈套。实际上，在几乎所有的国际化大企业中，遵纪守法是员工行为的最基本要求。

11. 主动打探薪酬福利

有些应试者会在面试快要结束时主动向面试官打听该职位的薪酬福利等情况，结果是欲速则不达。具备人力资源专业素养的面试者是忌讳这种行为的。其实，如果招聘单位对某一位应试者感兴趣的话，自然会问及其薪酬情况。

12. 不知如何收场

很多求职应试者面试结束时，因成功的兴奋，或因失败的恐惧，会语无伦次，手足无措。其实，面试结束时，作为应试者，你不妨表达你对应聘职位的理解；充满热情地告诉面试者你对此职位感兴趣，并询问下一步是什么；面带微笑和面试官握手，并谢谢面试官的接待及对你的考虑。

第五节　获知面试结果

面试虽然结束了,但是应聘却没有结束,面试结束后还应做到以下几点:

(1)在面试后的一、两天内,应该给面试具体负责人写一封短信,感谢他为你所花费的精力和时间,为你提供的各种信息。这封信应该简短地谈到你对公司的兴趣,你有关的经历和你可以成功地帮他们解决的问题。

(2)如果一星期之内没有接到任何回音,你可以给主试人打个电话,问他"是否已经作出决定了?"这个电话可以表示出你的兴趣和热情,还可以从他的口气中听出你是否有希望。

(3)面试看起来很成功,但结果你还是落选了,对此,你不要大惊小怪。面试时,大多数的主试人都尽量隐藏他们的真正意图,不会轻易让你看出来。万一他人通知你落选了,你也应该虚心地向他人请教你有哪些欠缺,以便今后改进。一般来说,能够得到这样的反馈并不容易。

(4)如果你在打电话打听情况时觉察出自己有希望中选,但最后决定尚未作出,那你就在一个星期后再打一次电话催催。

(5)每次打电话后,你还应该给他们写封信,哪怕他们已经暗示你可能落选了。这样做的原因是:一是你觉得有必要重新强调一下自己的优点。二是你又发现了一些新的理由、成绩或经验,有必要让他们知道。得到一次面试机会不容易,不要轻易放弃希望。

例:面试后的感谢信

尊敬的XXX先生:

感谢您昨天为我面试花费的时间和精力。和您谈话觉得很愉快,并且了解到许多关于贵公司的情况,包括公司的历史、管理形式以及公司宗旨。

正像我已经谈到过的,我的专业知识、经验和成绩对贵公司是很有用的,尤其是吃苦钻研能力。我还在公司、您本人和我三者之间发现了思想方法和管理方法上的许多共同点。我对贵公司的前途十分有信心,希望有机会和你们共同工作,为公司的发展共同努力。

再一次感谢您。希望有机会与您再谈。

本章小结

本章主要介绍了面试的意义,如何设计自己的个人简历,以及面试着装要求,重点介绍了面试技巧。本章建议课时为2小时。

【参考资料】

[1]公务员考试研究中心.面试.北京:化学工业出版社,2010.

[2]朱庆芳.面试攻略(新编公务员录用考试教材).北京:中国铁道出版社,2010.

[3]百度知道网站.http://zhidao.baidu.com.

[4]百度百科网站.http://baike.baidu.com.

[5]其他有关面试的相关问题的新闻、统计数据和网络文本。

第十三章　认识职场，做好职业规划

教学目标

了解认识企业的用人制度和管理方法，立足新岗位规划好自己的职业生涯，参加职业教育，管理好时间，不断提高自己的就业竞争力和自身素质。

第一节　认识企业的用人制度和管理方法

本节内容围绕"企业用人"这一核心涉及了企业管理的多个领域，但都浅尝辄止。无论是组织机构设置、定岗定编、岗位说明书制定还是绩效考核和 6S 管理，这些内容对于企业管理者而言，每一节都是一门专业课程；但对于企业职员而言，尤其是未经历过学历教育的大多数农村劳动力"准职员"而言，预先了解这些内容和术语，明白他们的基本要求，就可以消除上岗后的无所适从感，顺畅地融入到企业中去。

一、企业定义以及经营流程

（一）什么是企业

企业就是指依法设立的以营利为目的、从事商品的生产经营和服务活动的独立核算经济组织。

在计划经济时期，"企业"是与"事业单位"平行使用的常用词语。

《辞海》1979 年版中，"企业"的解释为："从事生产、流通或服务活动的独立核算经济单位。"

"事业单位"的解释为："受国家机关领导，不实行经济核算的单位。"

企业包括各种独立的、营利性的组织，并可进一步分为公司制企业和非公司制企业。在我国，公司分为有限责任公司和股份有限责任公司两种类型，后者如合伙制企业、个人独资企业、个体工商户等。公司与企业是两个概念，只是企业的一种组织形式，因此公司是企业，但企业未必都是公司。

（二）企业经营流程

企业是经济组织，是人的要素和物的要素的结合，企业具有经营自主权和赢利性。整个企业经营活动就是一条价值链，其中基本的活动是为客户产生价值，辅助的活动则为基本活动提供支持。而这些活动共同构成企业的经营流程。

流程是一个或一系列连续的、有规律的活动，这些活动以确定的形式进行，并实现特定的目标。最简单的流程有一个输入和一个输出，输入经过流程后变成输出。合理的流程应该使输出价值大于输入，而不是等于甚至小于输入。那么，输出额减去输入额之差就是毛利，产生企业利润，企业得以生存发展。

二、组织结构图和定岗定编

（一）组织机构图

组织是指由两个以上的人为达成共同的目的而组合起来的群体，它在职务范围、责任、权力、相互关系等方面形成的结构体系即是组织结构。

企业组织结构，通俗地说就是将企业的管理层和执行层从最高排到最低，通过一个结构把他们串起来，一般用图示方式体现。

从组织结构图可以看到公司的管理模式、各级部门职责划分和隶属关系。

也就是说，公司的组织结构设计最终反映和落实到岗位设计上，而岗位设计以组织设计为前提和基础。

（二）定岗和定编

岗位是指组织中为完成某项任务而设立的工作职位。定岗定编是确定岗位和确定岗位编制的合称，前者是设计组织中的承担具体工作的岗位，而后者是设计从事某个岗位的人数。但在实际工作中，这两者是密不可分的，当一个岗位被确定之后，就会自动有人的数量和质量的概念产生。

定岗的过程就是岗位设计的过程。岗位设计也称为工作设计，是指根据组织业务目标的需要，并兼顾个人的需要，规定某个岗位的任务、责任、权力以及在组织中与其他岗位的关系的过程。它所要解决的主要问题是组织向其成员分配工作任务和职责的方式。

定编即员工人数设计，不仅仅是个数量问题，而且是结构、技能和费用成本等多方面的问题。在进行员工数量设计时，要有多方面的考虑。

定岗定编后，以现有的组织结构图和岗位职责为基础即可编写科学规范的岗位说明书。

三、岗位说明书

岗位说明书是指对岗位工作的性质、任务、责任、环境、处理方法以及对岗位工作人员的资格条件的要求所做的书面记录。它是根据岗位分析的各种调查资料，加以整理、分析、判定所得出的结论，编写成的一种文件，是岗位工作分析的结果。

岗位说明书，是表明企业期望员工做些什么、员工应该做些什么、应该怎么做和在什么样的情况下履行职责的总汇。岗位说明书包括以下主要内容：

（1）基本资料，包括岗位名称、岗位编号、汇报关系、直属主管、所属部门、工资等级、工资标准、所辖人数、工作性质、工作地点、岗位分析日期、岗位分析人等。

（2）岗位分析日期，目的是避免使用过期的岗位说明书。

（3）岗位工作概述，简要说明岗位工作的内容，并逐项加以说明岗位工作活动的内容，以及各活动内容所占时间百分比,活动内容的权限;执行的依据等。

(4)岗位工作责任,包括直接责任与领导责任,要逐项列出任职者工作职责。

(5)岗位工作资格,即从事该项岗位工作所必须具备的基本资格条件,主要有学历、个性特点、体力要求以及其他方面的要求。

编制岗位工作说明书的目的,是为企业的招聘录用、工作分派、签订劳动合同以及职业指导等企业管理活动提供原始资料和科学依据。我们在应聘时一般都会遇到填写类似的表格,如应聘登记表等,这些表格的设计依据就来自岗位说明书。

四、员工手册

员工手册主要是企业内部的人事制度管理规范,同时又涵盖企业的各个方面,承载传播企业形象和企业文化功能。它是有效的管理工具,员工的行动指南。

员工手册的组成部分如下:

(1)前言:对这份员工手册的目的和效力给予说明。

(2)公司简介:使每一位员工都对公司的过去、现状和文化有深入的了解。可以介绍公司的历史、宗旨、客户名单等。

(3)总则:一般包括礼仪守则、公共财产、办公室安全、人事档案管理、员工关系、客户关系、供应商关系等条款。这有助于保证员工按照公司认同的方式行事,从而达成员工和公司之间的彼此认同。

(4)培训开发:一般新员工上岗前均须参加人力资源部等统一组织的入职培训;以及公司不定期举行的各种培训提高业务素质以及专业技能。

(5)任职聘用:说明任职开始、试用期、员工评估、调任以及离职等相关事项。

(6)考核与晋升:一般分为试用转正考核、晋升考核、定期考核等。考核评估内容一般包括:指标完成情况、工作态度、工作能力、工作绩效、合作精神、服务意识、专业技能等。考核结果为"优秀"、"良好"、"合格"、"延长"及"辞退"。

(7)薪酬:员工最关心的问题之一。应对公司的薪酬结构、薪酬基准、薪资发放和业绩评估方法等给予详细的说明。

(8)福利:阐述公司的福利政策和为员工提供的福利项目。

(9)工作时间:使员工了解公司关于工作时间的规定,往往和费用相关。基本内容是:办公时间、出差政策、各种假期的详细规定已经相关的费用政策等。

(10)行政管理:多为约束性条款。比如,对办公用品和设备的管理、各人对自己工作区域的管理、奖惩、员工智力成果的版权声明等。

(11)安全守则:一般分为安全规则、火情处理、意外紧急事故处理等。

(12)附件:与以上各条款相关的或需要员工了解的其他文件。如财务制度、社会保险制度等。

阅读员工手册,可以了解企业文化、企业的特质,也可以了解企业的管理特点,以及日常行动指南。要注意的是,当前企业流行的做法是在员工手册的晋升和考核部分引入绩效考核系统。

五、绩效考核

绩效考核也称成绩或成果测评,绩效考核是企业为了实现生产经营目的,运用特定的标准和指标,采取科学的方法,对承担生产经营过程及结果的各级管理人员完成指定任务的工作实绩和由此带来的诸多效果做出价值判断的过程。

绩效考核目的是通过推行员工绩效管理制度,帮助员工加深理解自己的职责和目标,充分调动员工的积极性和创造性,在公司营造绩效导向的氛围,促进公司各项目标的实现。

在很多人心中都有意无意地把绩效考核与奖惩画上等号,认为绩效考核就是淘汰、惩罚不合格的员工,升迁、奖励优秀的员工。这样想也不无道理,毕竟对员工进行优、良、中、差的评定结果应该有物质形式上的体现,但绩效考核体系不应该单纯为了奖惩员工而设立和存在,它应当成为提升企业整体绩效和员工个人绩效的推进器。武断地把绩效考核等同于一种奖惩手段也是陷入了绩效管理认识上一个比较常见的误区。

在实践中,绩效考核应该从强调人与人之间的比较转向每个人的个人自我发展诊断,变考核者与被考核者的对立关系为互助伙伴关系,考核的目的应该更多地定位为企业与员工多方受益、共同发展。

对于企业而言,绩效管理是企业文化的一部分,公正科学的绩效考核可以优化自身的组织结构,提升整体业绩,对于员工来说,绩效管理营造出了一种积极向上的工作环境,通过绩效考核,使员工正确地认识自己的优缺点,及时对自身的发展方向进行修正,从而获得更多的发展机会和更大的发展业绩。

现代化企业大都选择 ERP 等软件来进行绩效考核管理。

并非任何企业都能实施绩效考核管理,处于成长期、成熟期的企业,建立了完整的战略目标体系、目标责任体系、组织结构体系才能把各项目标落实到各级责任人,使绩效考核成为可能。因此企业绩效考核是企业进入成长、成熟期的产物,是随企业变革而不断完善创新的过程。

六、6S 现场管理

"6S 管理"因其英文单词均以"S"开头,因此简称为"6S"。主要内容是整理(SEIRI)、整顿(SEITON)、清扫(SEISO)、清洁(SEIKETSU)、修养(SHITSUKE)和安全(SECURITY)。

6S 管理是现代企业行之有效的现场管理理念和方法,其作用是提高效率,保证质量,使工作环境整洁有序,预防为主,保证安全。6S 的本质是一种执行力的企业文化,强调纪律性的文化,不怕困难,想到做到,做到做好,如果将作为基础性的 6S 工作落实,就能为其他管理活动提供优质的管理平台。

(一) 执行 6S 的好处

一是提升企业形象:整齐清洁的工作环境,吸引客户,增强信心;

二是减少浪费:避免场地杂物乱放,有用东西无处放;

三是提高效率:良好环境,心情,摆放有序,省时省力,减少搬运作业;

四是质量保证:做事认真严谨,杜绝马虎,品质可靠;

五是安全保障:通道畅通,宽广明亮,人员认真负责,事故少;

六是提高设备寿命:清扫、点检、保养、维护;

七是降低成本:减少跑冒滴漏,减少来回搬运;

八是工作状态直观:一目了然,异常现象明显化,及时调整作业。

通过6S管理可以创建人人有事做,事事有人管的氛围,落实一人一物一事的管理的法则,明确人、事、物的责任。分工明确是为了更好的合作。

(二)办公室 6S 管理的一般规定

6S管理虽然最初用于商品卖场,但推而广之,在车间、办公室都适用。办公室是个窗口,发挥着树立企业良好的对内对外形象作用。办公室可通过明确个人责任区来管理。个人责任区是指个人的桌面、抽屉、电脑、文件柜以及个人办公室的地面、墙面、天花板、窗台以及相关办公设备和设施。每个人均有责任做好个人责任区的 6S 工作。下面是用于办公室的 6S 管理规定。

(1)整理:对办公室物品进行分类处理,区分为必要物品和非必要物品、常用物品和非常用物品、一般物品和贵重物品等。员工每天下班离开办公室之前,均须整理个人桌面。桌面允许摆放的物品包括电脑、电话、文具架和茶杯,其他物品一律不得保留;个人抽屉应每星期整理一次,对三个月内用不到的东西,应从抽屉里清理走,最下面一个抽屉用于存放私人物品。

(2)整顿:对非必要物品果断丢弃,对必要物品要妥善保存,使办公现场秩序井然、井井有条;并能经常保持良好状态。这样才能做到想要什么,即刻便能拿到,有效地消除寻找物品的时间浪费和手忙脚乱。文件柜要每半个月整顿一次,并按大小、类别、使用频率等进行分类建档,贴上标签;若有变动,标签应及时更新;对舍弃的文件、资料,应遵照安全、保密的原则进行销毁。

(3)清扫:对各自岗位周围、办公设施定期进行彻底清扫、清洗,保持无垃圾、无脏污。不能在办公室内随意张贴文件、通知、宣传品等。对有关资料、书籍、文件等应归类定置管理,并保持井然有序;及时清扫、清洗办公设备,保持办公室无垃圾、无脏污。

(4)清洁:维护清扫后的整洁状态。提倡禁烟,任何人不得在办公室内吸烟。发现员工在禁烟区吸烟,按有关规定进行处罚。

(5)修养:将上述四项内容切实执行、持之以恒,从而养成习惯。接听电话及接待来访客人时言行应大方得体;工作时间提倡使用普通话;注意仪表与形象,做到着装整齐,梳妆适宜,以饱满的精神投入工作。

(6)安全:上述一切活动,始终贯彻一个宗旨——安全第一。

实行 6S 管理,是理顺工作现场秩序和提高工作效率的重要管理手段。6S 管理引用到办公室管理,能有效地加速办公室工作环境和工作状况的调整及改良,最终结果:提高了工作效率;同时置身于优美的办公环境,也有一种美的感受。

现代企业意识到人在企业发展中的重要作用,通常由专设的部门:人力资源部,来履行这一职责。

这也是为什么我们去某些企业面试首先接触的是企业的人力资源部门负责人员。那么人力资源部对我们是否能够得到自己应聘的职位起到非常关键的作用。

第二节　立足新岗位,规划职业生涯

通过前面的章节我们初步了解了企业用人的一些管理方法、面试的内容、规则和技巧。除了要有这些知识准备,我们还要客观地分析自己的优势和劣势,了解自己的特点,知道自己适合做哪一类工作,并据此调整自己的职业路线,以走出对自己对新环境的"陌生期",这是一个"从肯定到否定再到肯定"的螺旋上升的过程。这个过程就是个人的职业规划。

一、什么是职业规划

职业规划,是职业生涯规划的简称,就是对职业生涯乃至人生进行持续的系统的计划的过程,它包括职业定位、目标设定、通道设计三部分内容。通常所说的职业生涯设计实际上是指对职业通道的设计。

二、职业规划原则

职业规划有以下几个原则:

一是择己所爱。从事一项你所喜欢的工作,工作本身就能给你一种满足感,你的职业生涯也会从此变得妙趣横生。兴趣是最好的老师,是成功之母。调查表明:兴趣与成功概率有着明显的正相关性。在设计自己的职业生涯时,务必注意:考虑自己的特点,珍惜自己的兴趣,择己所爱,选择自己所喜欢的职业。

二是择己所长。任何职业都要求从业者掌握一定的技能,具备一定的能力条件。而一个人一生中不能将所有技能都全部掌握。所以你必须在进行职业选择时择己所长,从而有利于发挥自己的优势。运用比较优势原理充分分析别人与自己,尽量选择冲突较少的优势行业。

三是择己所学。道理同第二点。一个人一生中不能将所有技能都全部掌握,但我们可以通过已经学习和再学习来掌握将要上岗所应掌握的技能。比如北京对育婴师需求庞大,如果你掌握该专业技能并有本地户口优势,那么你的竞争力当然是同行比不了的。而你以前学的工种是家政,那么在此基础上,补充育婴师的知识技能,你就可以轻松上岗进入优势行业。

四是择世所需。社会的需求不断演化着,旧的需求不断消失,新的需求不断产生。新的职业也不断产生。所以在设计你自己的职业生涯时,一定要分析社会需求,择世所需。最重要的是,目光要长远,能够准确预测未来行业或者职业发展方向,再做出选择。不仅仅是有社会需求,并且这个需求要长久。例如,我们本期要培训的工种有保洁员、物业管理员、绿化工,这三个职业无疑是长久的,只要所在的物业环境不变,那么保洁员、保安员、绿化工这类工种就必然存在。

五是择世所用。职业是个人谋生的手段,其目的在于追求个人幸福。所以在择业时,首先考虑的是自己的预期收益——即个人幸福最大化。明智的选择是在由收入、成就感和工作付出等变量组成的函数中找出一个最大值——选择职业生涯中的收益最大化原则。基于这一原则,我们的职业规划不是一成不变的,当机会合适时,我们可能会选择跳槽和自己创业。但这种机缘的把握不是靠等待,而是骑马找马。

三、个人职业规划的基本步骤

1. 确定志向

志向是事业成功的基本前提,没有志向,事业的成功也就无从谈起。俗话说:"志不立,天下无可成之事。"立志是人生的起跑点,反映着一个人的理想、胸怀、情趣和价值观,影响着一个人的奋斗目标及成就的大小。所以,在制定生涯规划时,首先要确立志向,这是制定职业生涯规划的关键,也是你的职业生涯中最重要的一点。

2. 自我评估

自我评估的目的,是认识自己、了解自己。因为只有认识了自己,才能对自己的职业作出正确的选择,才能选定适合自己发展的职业生涯路线,才能对自己的职业生涯目标作出最佳抉择。自我评估包括自己的兴趣、特长、性格、学识、技能、智商、情商、思维方式、思维方法、道德水准以及社会中的自我,等等。

3. 职业生涯机会的评估

职业生涯机会的评估,主要是评估各种环境因素对自己职业生涯发展的影响,每一个人都处在一定的环境之中,离开了这个环境,便无法生存与成长。所以,在制定个人的职业生涯规划时,要分析环境条件的特点、环境的发展变化情况、自己与环境的关系、自己在这个环境中的地位、环境对自己提出的要求以及环境对自己有利的条件与不利的条件等。只有对这些环境因素充分了解,才能做到在复杂的环境中避害趋利,使你的职业生涯规划具有实际意义。环境因素评估主要包括:组织环境、政治环境、社会环境和经济环境。

4. 职业的选择

职业选择正确与否,直接关系到人生事业的成功与失败。据统计,在选错职业的人当中,有 80% 的人在事业上是失败者。正如人们所说的"女怕嫁错郎,男怕选错行"。由此可见,职业选择对人生事业发展是何等重要。如何才能选择正确的职业呢? 至少应考虑以下几点:

(1)性格与职业的匹配。

(2)兴趣与职业的匹配。

(3)特长与职业的匹配。

(4)内外环境与职业相适应。

5. 职业生涯路线的选择

在职业确定后,向哪一路线发展,此时要作出选择。即,是向行政管理路线发展,还是向专业技术路线发展;是先走技术路线,再转向行政管理路线……由于发展路线不同,对职业发展的要求也不相同。因此,在职业生涯规划中,须作出抉择,以便使自己的学习、工作以及各种行动措施沿着你的职业生涯路线或预定的方向前进。通常职业生涯路线的选择须考虑以下三个问题:

(1)我想往哪一路线发展?

(2)我能往哪一路线发展?

(3)我可以往哪一路线发展?

对以上三个问题，进行综合分析，以此确定自己的最佳职业生涯路线。

6. 设定职业生涯目标

职业生涯目标的设定，是职业生涯规划的核心。一个人事业的成败，很大程度上取决于有无正确适当的目标。没有目标如同驶入大海的孤舟，四野茫茫，没有方向，不知道自己走向何方。只有树立了目标，才能明确奋斗方向。目标犹如海洋中的灯塔，引导你避开险礁暗石，走向成功。目标的设定，是在继职业选择、职业生涯路线选择后，对人生目标做出的抉择。其抉择是以自己的最佳才能、最优性格、最大兴趣、最有利的环境等信息为依据。

通常目标分短期目标、中期目标、长期目标和人生目标。短期目标一般为一至二年，短期目标又分日目标、周目标、月目标、年目标。中期目标一般为三至五年。长期目标一般为五至十年。

- 短期规划。职业规划为三年以内的规划，主要是确定近期目标，规划近期完成的任务。
- 中期规划。一般为三至五年，规划三至五年内的目标与任务。
- 长期规划。其规划时间是五至十年，主要设定较长远的目标。

7. 制订行动计划与措施

在确定了职业生涯目标后，行动便成了关键的环节。没有达成目标的行动，目标就难以实现，也就谈不上事业的成功。这里所指的行动，是指落实目标的具体措施，主要包括工作、训练、教育、轮岗等方面的措施。例如，为达成目标，在工作方面，你计划采取什么措施，提高你的工作效率？在业务素质方面，你计划学习哪些知识，掌握哪些技能来提高你的业务能力？在潜能开发方面，采取什么措施开发你的潜能？对这些问题都要有具体的计划与明确的措施，并且这些计划特别具体，以便于定时检查。

8. 评估与回馈

俗话说："计划赶不上变化。"影响职业生涯规划的因素诸多，有的变化因素是可以预测的，而有的变化因素难以预测。在此状况下，要使职业生涯规划行之有效，就须不断地对职业生涯规划进行评估与修订。其修订的内容包括：职业的重新选择；职业生涯路线的选择；人生目标的修正；实施措施与计划的变更，等等。

通常我们的职业通路是操作人员→中层管理人员→高级管理人才。凡事预则立，不预则废。我们务必要立足新岗位来精心规划自己的职业生涯。希望我们的引导性培训结课后，我们每个人都能够制定一个自己的 3 年内的职业规划蓝图。

第三节　通过职业教育不断提升自身素质

一、黄炎培与中国职业教育的发展

中国职业教育已有近百年的历史，其开创者就是中国著名教育家、大职业教育第一人黄炎培老先生。1917 年 5 月 6 日"中华职业教育社"在上海宣告成立。黄老联合蔡元培等 48 位著名教育家、实业家署名发表了《宣言书》。书中描述了当时社会现状，明确指出教育之最大危机在于毕业即失业，就业者所学亦不能适于用。

黄炎培于 1913 年在《教育杂志》上发表《学校教育采用实用主义之商榷》,对"癸卯学制"颁布以来中国教育尤其是普通教育发展中的问题作了考察,指出学生在学校中所受到的道德、知识、技能训练,走上社会后毫无用处。这就从理论上论证了改革普通教育,加强学校教育与个人生活和社会需要之间联系的必要性。文章发表后,在民国初年的教育界激起强烈反响,形成早期实用主义教育思潮,引发人们教育观念的变化。

1917 年中华职业教育社成立后发表的《中华职业教育社宣言书》,标志着以黄炎培为代表的职业教育思潮的形成。自此起,黄炎培的职业教育思想不断发展、成熟。反映民族资本主义工商业发展和改革普通教育的需要,黄炎培早期职业教育思想更多以解决个人生计问题为重,认为职业教育的要旨有三:"为个人谋生之准备","为个人服务社会之准备","为世界、国家增进生产力之准备"。20 世纪 20 年代起,黄炎培把职业教育的目的概括为"使无业者有业,使有业者乐业"。即既强调个人谋生,也重视服务社会;既强调职业技能训练,也重视职业道德教育;既强调一技之长,也重视全面发展。更多地探讨了职业教育内部的规律问题。

20 世纪 20 年代中后期,黄炎培总结近十年职业教育发展的经验,提出"大职业教育主义"的观念,即办职业教育必须联络和沟通所有教育界和职业界,参与全社会的活动和发展,更多地探寻了职业教育外部环境的适应问题。至此,黄炎培的职业教育思想基本成熟。进入 30 年代后,民族危机加剧,黄炎培积极投身于民族救亡事业,职业教育思潮逐渐消退,但其职业教育思想继续影响着此后年代中国的职业教育实践。

黄炎培认为中国的教育"乃纯乎为纸面上之教育。所学非所用,所用非所学",改良之道"不独须从方法上研究,更须在思想上研究"。他的结论是采取实用主义,发展职业教育。

黄炎培职业教育思想的特点:

注意教育与生活联系。黄炎培在职业指导上的要求就是"帮助个人选择、预备、决定及增进他的职业",使他们能够做到"敬业乐群"和"裕国利民"。

注意教育与劳动结合。黄炎培把"尊重劳动"作为职业教育所奉行的重要信条,把"劳工神圣"、"敬业乐群"作为中华职业学校的校训。

注意学和用的联系。黄炎培反对劳心劳力分离,注意学和用的联系,主张手脑并用,"要使动手的读书,读书的动手,把读书和做工两下联系起来",只有手脑两部联合才能产生世界文明。

二、参加职业教育,提高职业素质

职业教育是指使受教育者获得某种职业或生产劳动所需要的职业知识、技能和职业道德的教育。

如对职工的就业前培训、对下岗职工的再就业培训等各种职业培训以及各种职业高中、中专、技校等职业学校教育等都属于职业教育。职业教育的目的是培养应用人才和具有一定文化水平和专业知识技能的劳动者,与普通教育和成人教育相比较,职业教育侧重于实践技能和实际工作能力的培养。

职业教育是社会发展的产物,是人类文明发展的产物,也可以说是人自身发展的产物,而且是发展到某个特殊时期的产物。职业教育受益于社会,社会也可受益于职业教育,促进社会发展是职业教育的应有之义和神圣职责。

为培养和提高劳动者从事各种职业所需要的知识和技能而进行的教育和训练。亦称职业教育。职业培训是国民教育的一个重要组成部分。它同普通教育既有联系，又有区别。两者都是开发智力、培养人才，但是职业培训是直接培养劳动者，使其掌握从事某种职业的必要的专门知识和技能。

职业培训是直接为适应经济和社会发展的需要，对要求就业和在职劳动者以培养和提高素质及职业能力为目的的教育和训练活动。其含义：

（1）是一种以劳动者为特定对象的劳动力资源开发活动；

（2）是一种以直接满足社会、经济发展的某种特定需要为目的的定向性培训；

（3）它通常是按照国家职业分类和职业技能标准进行的规范性培训。

职业培训的种类包括技能培训、劳动预备制度培训、再就业培训和企业职工培训，依据职业技能标准，培训的层次分为初级、中级、高级职业培训和其他适应性培训。培训工作主要由技工学校、就业训练中心、社会力量办学等各级各类职业培训机构承担。

1. 技工学校

技工学校是培养技术技能型人才的主要基地。招生对象主要是初中毕业生，学制 3 年。技工学校实行教学实习与科研生产相结合。经过几十年的改革发展，技工学校已形成初中高级培训并村，学历教育与职业资格证书教育相结合，多层次、多功能、多元化的职业培训体系，遍及机械、电子、航空、电力、石油、冶金、铁路等近 30 个部门和系统。1998 年，全国共有技工学校 4362 所，在校生 181 万人，毕业生 68 万人。其中国家及重点技工学校 266 所，高级技工学校 63 所。

2. 就业训练中心

就业训练中心是培训失业人员的重要基地。其培训对象主要是失业青年和失业职工。就业训练中心组织就业前训练和转业训练，多以实用技术和适应性培训为住，学制灵活，少到 1～3 个月，多到 6～12 个月。

3. 社会力量办学

社会力量办学是企业组织、社会团体及其他社会组织和公民个人利用非国家财政性教育经费，面向社会举办的培训机构。社会力量办学主要实施以职业技能培训为主的职业资格培训、技术等级培训、劳动就业职业技能培训。全国此类社会力量办学机构达 2 万多所，年培训能力达 1000 多万人。

为使职业培训工作更好地适应劳动力市场的发展，针对劳动者就业的需要开展多层次、多形式的培训，并促进培训与就业紧密结合，原劳动部制定了《综合性职业培训基地的基本要求》，组织进行综合性职业培训基地和集团试点工作。通过进一步深化办学体制改革，扩大培训利用现有办学条件和挖掘师资、设施设备等方面的潜力，将技工学校或就业训练中心建成兼有职业需求调查、职业培训、职业技能鉴定、职业指导并与职业介绍紧密联系的多功能的综合基地，充分体现培训与就业相结合、培训为就业服务的功能，并发挥示范和辐射作用。职业培训集团主要是依托培训、就业、鉴定等职能机构的紧密协作，加强本地区职业培训实体的联合，为劳动者培训、鉴定与就业提供全方位、一体化的服务。

第四节　科学管理自己的时间

时间管理作为本章的最后一节，似乎与我们前面的知识关系不大，但实际上，本节内容是确保我们学好培训课程的一个重要前提。我们都是成年人，在社会和家庭中扮演着不同角色，无法像自己孩子那样全身心投入到学习中，这就更需要我们有正确的时间管理意识，并真正体现在的自己的生活和工作中去。我相信，能够科学管理自己时间的人，无论起点如何，必将成就一番事业。

时间可以花费在不同的事情上，因此就有了工作或学习时间、休闲时间、家庭时间、个人时间、思考时间等。

1. 工作或学习时间

时间用在工作，或用在学习上，称为工作或者学习时间，它是为了谋生以及充实生活。

学习是谋生前的准备，或者是工作时的进修，也是为了充实生活。工作并不是你生命的全部，活到老、学到老的终身学习的观念已经来临。学习的重要性与日俱增，每个人都必须抽出一部分时间来学习新知识或者熟悉新事物。

2. 休闲时间

休闲时间包括休息、睡眠及体育活动。人生就像马拉松比赛一样，你别一开始就猛冲，浪费甚至透支了你的体力，要懂得放松，要养成一种良好的睡眠、休闲以及运动的习惯，才能把每一个人的身体状况调整到最佳状态。

3. 家庭时间

家庭是你休息最佳的避风港，只有家人与你休戚与共。你要跟家人真心地相处，不要斤斤计较，懂得珍惜亲情。

4. 个人时间

个人时间是用来修身养性、充实自我的，是完全属于个人独自占有的时间。个人时间就是自己跟自己约会的那种时间。每个人不论是求学还是工作，甚至在家中，都有一种不允许被侵犯的个人时间，利用这些时间人们可以充实自己。

5. 思考时间

思考时间就是自己思考、总结和反思的时间。思考时间可着重用在计划自己未来的发展，也可用在反省以前自己所做的事情是否正确，是不是值得等。思考如何再改进，如何再调整，如何让自己变得更好。一旦发现了一些好的想法，或者是一些好的理念就应该立刻把它记下来。

一、时间的运用

时间运用分为几类时间：大块时间、首要时间、零碎时间、固定时间、安静时间、弹性时间、交通时间。

1．大块时间

你每天都要用一大部分的时间来完成当天重要的事情，大块的时间至少需要两个小时。其实也可以分散地安排大块时间，这样安排时间你便会觉得身心愉快，且会产生一种成就感。

2．首要时间

首要时间与大块时间接近，它指每天早晨的那段时间。一日之际在于晨。有人把早晨的时间用来进修，有人把早晨的时间用来运动，有人把早晨的时间用来做一些重要的思考，因人而异。

3．零碎时间

零碎时间看起来好像不太重要，但是这种时间如果能够把它积少成多，化零为整，把那些小块时间充分利用起来，以很少的时间来做一些小事，坚持下来，也是非常可观的。零碎时间称为时间的存储器。

4．固定时间

如果觉得某项工作在某个时段内进行效果最好，把它固定下来，就称为固定时间。

5．安静时间

读书也好，工作也好，是否能够专心有效，环境因素的影响是很大的，不少办公室都让人感觉非常吵闹，工作经常受到干扰，这时可以由大家互相来约定，安排一段安静的时间。

6．弹性时间

每一项工作都需要时间，最好是留有弹性，即预估的时间应该稍微宽裕些。可以在两三项工作之后，安排一个弹性时间，来弥补以前还没有做完的事情，或者说是留作被干扰以后的调节时间。弹性时间不能够太长，10分钟甚至20分钟是比较适当的。

7．交通时间

一般人对交通时间都是用两个字来形容：抱怨，特别是居住在大城市或者都市里的人。所以要工作有效率，就要学习如何去缩短或利用你的交通时间，例如早点出门，晚点回家，选择走哪条路线，坐车的时候你还可以思考一些问题，可以听听音乐，看看书，充实自己。

二、管理时间等于管理自己

时间管理是在日常事务中有目标地应用可靠的工作技巧，引导并安排管理自己及个人的生活，合理有效地利用可以支配的时间。时间管理的关键就是事件的控制，即把每一件事情都能够控制得很好，例如，如何安排你的生活，怎样去规划你的职业生涯或者工作的步骤。

很多人都有一句口头禅，请他帮一个忙，或者有什么事情找他，一般他总会讲：我没有时间。那他到底什么时候有时间呢？成功者与失败者最大的差异性：失败者总会说，我没有时间。而一个成功的人，他一定会说自己能腾出时间来。

赢得时间，就可以赢得一切。因为时间管理的关键就是事情的控制，所以能够把事情控制得很好，就能够赢得时间。因为时间就是生命的本身，连自己生命本身都管理不好，还能管理些什么呢？

时间管理的基本思路就是让自己活得更快乐，因为人生的过程中，不是快乐就是痛苦，所以时间管理的基本目的就是更能够活出你自己,有意识地掌控你自己的生命,这叫做自己做决定。而不是为他人生活,不是为了某一项事情,或者成为被别人利用的一种工具。

如何看待时间,如何运用时间,就是心态和心境的表现。良好的时间管理,是一种习惯的养成。有的人去锻炼,重视他的身体健康,他早晨起来去运动或者锻炼,他就是在善用每一天的这个时段,这是一种好习惯。有的人有固定思考的时间,把这个时间运用在规划未来上,这也是一种运用时间的好习惯。

在时间管理中,存在许多误区。那就是忙、盲、茫。要走出时间管理的误区,就要抛开这三个字。不要乱忙,也不要盲目,甚至也不是那种茫茫然,走出时间管理的误区就是马上行动,调整好心态,调整好自己的思想,改变你的心境。

在学习时间管理的过程中,首先要建立一个全方位的概念,就是你的心理层面、社会文化层面、精神层面一定要健康,同样物质层面也是能够满足的。只有这种健康满足了,才能够提升到和谐、快乐,所以要学习从工作中去寻找工作的意义。例如,为什么要做销售工作,销售工作是除了那种物质的满足外,还有什么?你可能学到的是人际关系的拓展,学到了怎么样去跟别人沟通,同时也学到了怎么样去表达自己,如何去安排时间等。也就是说,要从工作中去找到它的意义。从人际关系中,使自己能够成熟或者成长;在人与人之间相处的过程中,学会接纳别人,学会尊重别人。

著名心理学家马斯洛认为生理的需求、安全的需求、自尊的需求、社会的需求一直到自我实现的需求,构成了人的需求体系。他把自我实现视为最高层次的人生经验。但是在晚年的时候他做了一个修正,认为人生最高层次的经验不是自我实现,而是自我的超越。也就是生活的目标是超越自我。

管理时间等于管理自己。首先把人生的几个领域来重新给予定义,或赋予一种解释,这八个领域包括健康、家庭、工作、人际关系、理财、心智、休闲以及心灵。

每个人都希望自己生命有意义,都希望自己的家庭幸福,工作满意,人际关系和谐,希望自己的生命充满喜悦,但是你应该怎么样来对待它,才能达到人生的目标呢?每个人的人生目标是不同的。如果你浪费时间,你可能就得不到幸福的家庭,在工作上也没有好的发展,甚至在人际关系上也会处于紧张状态。所以你必须来思考,你现在面对的家庭也好,面对你的健康也好,面对你的工作也好,面对你的人际关系也好,你怎么样把它做得更好,你该如何管理时间。

你的生命里还有多少时间?你计算过吗?如果你以平均80岁寿命来计算,你一共有29200天,请计算一下,你自己已用去多少天,还剩下多少天?

从这个数据,可以得到一个认知,没有人能够肯定他的未来到底有多少时间,没有人可以肯定他可以活多少时间。

时间对每一个人都是平等的;每个人每天都拥有相同的时间;但是时间在每个人手中的价值却不同。

你应该学会如何管理好自己的时间,同时管理时间还要让自己的时间增值,还要让自己更有成就感。大部分的人抱怨他们的时间不够,抱怨他们的事情做不完,而对每一个有成就的人来说,时间管理是他们生活中很重要的一环。每一分钟,每一秒钟过去了,它不可能再回头,问题是如何有效地利用每个人每一天的24小时。研究时间管理,你必须首先知道,1小时没有60分钟,事实上1小时你能利用到的真正的时间可能只有那几分钟而已。

三、时间管理的步骤

时间管理怎么样很轻松地把它管好,要成为自己的时间管理的大师,一切便要从简单的计划开始。其实只要你能好好地安排时间,分成次序,很有系统,很有组织,你便可以在每天得到更多。以下是时间管理的三个步骤:

一是列单。首先把你要做的事情一项一项地记录下来,并养成良好的习惯。如果记性不太好,最好及时记下想做的事情。记事本有很多,有电子记事本、笔记本等,借助于它把你要做的事情记下来。

二是组织。组织是根据列好的清单分门别类,再依据重要性安排次序,以及想清楚每项事情应该怎样来处理。

三是删除。完成组织以后,看看排在最后的事情是否必要,如果没有必要,就把它删掉。

将上述的三个步骤,即列单、组织、删除,变成日常生活的习惯,管理好时间我们会获得成就感。当以上的步骤办妥以后,你就会发现,自己比没有计划的日子完成的事情多了,人也感觉到有成就感了。这个成就感就是优质计划的回报。而这个回报,让你感觉到所付出的努力并没有白费。

可见,要成为一个出色的时间经营者,要管理你自己,并不是一个非常困难的工作。但是缺乏一个良好的时间管理系统就坏处多多。很多人因为不会制订计划,不会评估每天工作的重要性以及加以调配,而感到自己的工作非常沉重,压力很大。缺乏时间管理的人,容易感到灰心、愤怒和焦虑,而且没有多大的成就,甚至缺乏自尊,没有办法真正地享受生活。

时间管理跟你的情绪管理有直接的关系。为什么呢? 很简单的一件事情,就是每天你要诚恳地诚实地面对你自己。如果你这样做,情绪自然会变得更热忱。如果你是诚恳的,你是积极的,你的生活会更轻松,更富有活力,能成为自己时间管理大师的人可以享受快乐的心情和丰收的成果。周围的人也会因为你做得很好而受惠。

时间对每一个人都是平等的,每个人都拥有相同的时间,但是时间在每个人手上的价值却不同。你应该学会管理好自己的时间,同时管理时间还要让自己的时间增值,让自己更有成就感。

本章小结

本章主要介绍了企业用人制度和管理方法,职业规划的原则和步骤,以及职业教育的发展史和当前职业教育情况,最后介绍了如何科学管理自己的时间。本章建议课时为 2 小时。

【参考资料】

[1] 王关义,等. 现代企业管理[M]. 北京:清华大学出版社,2007.

[2] 米靖. 中国职业教育史研究[M]. 上海:上海教育出版社,2009.

[3] 里尔登. 职业生涯发展与规划[M]. 侯志瑾译. 北京:中国人民大学出版社,2010.

[4] 百度百科网站. http://baike. baidu. com.

[5] 其他有关问题的新闻、统计数据和网络文本。